日本最漫长的一天

日本のいちばん長い日

〔日〕半藤一利 著

张庆怡
王唯斯 译
蒋　露

新世界出版社

图书在版编目（CIP）数据

日本最漫长的一天 / (日) 半藤一利著 ; 张庆怡，蒋露，王唯斯译 . -- 北京 : 新世界出版社，2019.8
ISBN 978-7-5104-6089-0

Ⅰ . ①日… Ⅱ . ①半… ②张… ③蒋… ④王… Ⅲ . ①日本投降 (1945) —史料 Ⅳ . ① K265.706

中国版本图书馆 CIP 数据核字 (2016) 第 310349 号

日本最漫长的一天

策划统筹：阮　航
作　　者：(日) 半藤一利
译　　者：张庆怡　王唯斯　蒋　露
责任编辑：秦彦杰
责任校对：宣　慧
责任印制：王宝根
出版发行：新世界出版社
社　　址：北京西城区百万庄大街 24 号(100037)
发 行 部：(010) 6899 5968　(010) 6899 8705 (传真)
总 编 室：(010) 6899 5424　(010) 6832 6679 (传真)
http://www.nwp.cn
http://www.nwp.com.cn
版 权 部：+8610 6899 6306
版权部电子信箱：nwpcd@sina.com
印　　刷：北京亚通印刷有限责任公司
经　　销：新华书店
开　　本：880mm × 1230mm　1/32
字　　数：210 千字　　　印张：12.5
版　　次：2019 年 8 月第 1 版　2019 年 8 月第 1 次印刷
书　　号：ISBN 978-7-5104-6089-0
定　　价：68.00 元

序言

对于今天的日本和日本人来说，最重要的事情恐怕就是借助“平衡感”来获得恢复能力了。当然，由于国内外形势的变化而造成的左右摇摆不定也是迫不得已的事。只是，能否在适当的时机重新找回失去的平衡，往往会决定一个民族，抑或是一个人的命运。

我在拙著《火焰在流动》中重点探究了日本人“忠诚心”的起源和本质，这在日本民族精神结构中处于核心地位。我查阅了很多资料，回顾了大约从幕府末期以来日本人走过的道路，发现日本虽然经历了巨大的动荡，但是重获平衡的能力绝不亚于世界上的任何国家和民族。这种能力在这一个世纪里造就了今天的日本，使其成为雄踞于亚非两大洲之上的唯一一个近代化国家，甚至是“发达国家”。

同样，日本战败后也是如此。二十年前的八月十五日，日本遭遇了与幕府末期同样的“剧烈动荡”。就像已经发生过无数次那样，这场动荡再次考验了近代日本民族的“平衡感”。

战败使日本遭遇了建国以来最严重的剧变。而透过观察当时处于日本中枢位置的人们所采取的一举一动，我们可以感受到当时日本社会所经历的剧烈震颤。试想一下，如果将其与幕府末期的情况相比较的话，一定会得出非常有意思的结果。

文艺春秋“战史研究会”的各位同仁策划了《日本最漫长的一天》这本书。他们尽可能地搜集各种史料，编著成了这部作品。本书所讲述的故事可以算得上是一场“二十四小时维新”，在国民大众不知不觉中悄然进行着。

因此，本书并不仅仅是对“停战日”回忆的罗列，而是得益于那些封存已久的珍贵资料，成了一部以日本人的精神结构为主题的二十四幕“长篇连续剧”。

这部连续剧的出场人物都恪守着一颗“日本式的忠诚心”，彼此命运交织，然而，却没有一个大政治家或者总导演可以纵观大局，并且做出冷静的判断。所以，一场场在其他国家没有上演过的喜剧和悲剧就不可避免地降临在了日本社会的方方面面，一出充满惊险与悬念的大戏就此诞生。

当然，这部连续剧并没有将故事演绎到淋漓尽致。因为即使是在二十年后的今天，也有很多战争的亲历者不愿说出事情本来的样子，拒绝以真实的面貌呈现在读者面前。虽然说“战后时期已经过去”，但是战败这个“强震”之后的余震仍在看不见的地方持续着。

在本书中，我找到了自己在《火焰在流动》中苦苦找寻的一个关于日本特性问题的答案。另外，如果说本书描绘了以战败为契机而发生剧变的日本民族崭新的历史篇章，不免有些牵强。但是，我们透过作者的笔触，至少可以看到这段新历史的开端。

昭和四十年七月

大宅壮一

导读

这是一部全景展示日本战败投降之前的 8 月 14 日中午至 8 月 15 日中午、围绕《终战诏书》而发生的一系列事件的著作。这本书的价值并不在于教会我们什么，而是让我们能够知道，日本在最终覆亡背后发生了什么，这个过程中，日本的各方势力、各个阶层对待投降这个问题的不同态度。理解历史，首先就是要明了历史的细节。掌握历史的点点滴滴，有助我们更好地反思历史，为我们认识当今的日本提供帮助。

在我们了解这本书到底说了些什么之前，必须首先谈一下本书的作者半藤一利。

半藤一利是日本著名作家，生于 1930 年，是战争中成长起来的一代。在 1945 年 3 月的“东京大轰炸”中，半藤一利为逃命而慌不择路掉进了中川河，差点丧命，虽然没有上战场，但半藤显然对战争是有亲身感受的。正是这种经历，让成年后的半藤希望重新审视这段历史，也正是这种道路的选择，让半藤成为当今日本昭和史领域的著名学者。

半藤毕业于东京大学的国文科，1953 年进入“文艺春秋新社”，在出版社工作期间，半藤有幸参与了战争亲历者的相关材料的搜集工作，并主持了“学习太平洋战争之会”。1963 年，半藤策划了一次座谈会，邀请了 28 名 1945 年 8 月 15 日日本无条件投降时的政界军界相关人员，请他们讲述那一天到底发生了什么，他们又是怎样看待这一历史性转折的。5 个小时的座谈内容最终集结成册，发表在 1963 年 8 月的《文艺春秋》上，这就是最初的《日本最漫长的一天》，后来经过半藤的增补和加工，1965 年出版了单行本。

《日本最漫长的一天》曾两次被改编成电影，在日本有着很大影响。在中国国内也有着一定的影响力，在豆瓣电影评分中，《日本最漫长的一天》超过了 8 分，这几乎已经是“佳作”的层次了。而半藤一利的著作，比之于电影，其描述的更为全面、细致，也更能让我们知道，在那 24 小时中，日本到底发生了什么，我们应该怎样来评判日本朝野在那一天内的反应。

这本书，我们应该关注什么

一、“国体”是个大问题

对于中国读者而言，《日本最漫长的一天》内容异常地丰富，如果我们对日本的历史与文化缺少了解，在理解日本人对情况的反应以及行为上确实存在一定的困难，也就减少了我们阅读的乐趣。所以，找到一些理解日本的关键词是非常必要的。

“国体”在这本书中经常出现。所谓的国体，与我们现在政治学意义上的国体完全不同。现在我们说的国体，那就是国家的性质，但是日本所谓的国体是指“以天皇为中心的秩序”。具体而言，国体的内涵包括：神国思想，也就是认为天皇是天照大神的子孙，被神授予永久的统治权；皇国史观，就是以天皇为中心的历史观；以《教育敕语》为代表的鼓吹忠君报国的道德观；家国同构论，将日本视为一个大家族，天皇是家庭的家长。

本书的开头完全是围绕着“国体”来展开的，我们会发现日本与盟军之间围绕投降条件的折冲交涉始终是围绕国体展开的，而在后来的日本统治阶层内部的矛盾与斗争中，对于“坚持国体”的不同的态度，也是斗争的主要原因。为什么国体这么重要？事实上是因为国体本身是日本明治维新以来的统治性的意识形态。江户幕府时代的日本非常落后，而在明治政府取代江户政权之后，面临的一个重要的问题就是如何实现日本的“富国强兵”，而要达到这个目的，不仅要整合上层，也需要让中层、下层人民也随着上层的指挥棒来行进，如同印度的“弄蛇者”一样，只要听到上层的“笛声”，下层民众就会完全按照指令来前进。这就是国体的来源。明治时期的那些统治精英们，将天皇神化，首先实现民众对天皇的崇拜，同时通过家国同构，将日本全国比拟为一个大家庭，而天皇则是“怀有仁慈之心的大家长”，民众只要对天皇忠诚，就能实现其人生的最大价值。不过，按照日本昭和史泰斗保阪正康的说法，生造出来的国体，明治的统治精英们是不信的，都是用来欺骗老百姓的。

然而为什么在日本已经穷途末路，无论在政治、军事还是经济上都无法撑下去的时候，日本政府以及军方，仍然要将“维护国体”置于最重要的地位呢？这是因为，在国体被制造出来以后，一方面它承担的是意识形态的功能，整个社会，从上至下，都通过这种意识形态整合起来，并深深嵌入行政系统。正如日本思想家丸山真男所说的，不仅正规的国家结构是国体的派生物，这种国体的思维与日本自古以来的家族结构紧密贴合，其尾端甚至伸到了偏僻的小山村。

因此，对于投降前的统治精英而言，他们明白国体的意识形态在整个统治结构中的作用，它不仅是核心的思想，也是黏合各个部分的重要中介，如果国体被否定，日本已有的统治结构就会彻底散架，在他们眼中那时的日本真的是“国将不国”了。马克斯·韦伯曾经说过，“人是悬挂在自己编织的意义之网上的动物”。对于日本的统治阶层而言，国体所构成的网络正是他们存在的意义，一旦这个意义之网被否定，不仅他们的地位无法确保，他们生存的意义也将崩塌。

必须指出的一点是，二战后的日本，字面上的国体已经被彻底否定，大部分的民众也不再将天皇视为神，同时也不再盲目地遵从天皇。但正如丸山真男所指出的那样，国体这个意识形态并非凭空产生，而是在日本既有的“家国同构”的思维中萌生、发展出来的。国体被否定，但“家国同构”思维的基础即日本的集体主义的思维不可能被否定。在日本人的心目中，日本就是一个大团体，同时也有很多很多的小团体，大团体的核心是天皇，而在各个小团体中，也有自己的“天皇”，以维持集体的凝聚力，所以常常有人说日本人有很强的集团执行力，这种执行力并不是凭空产生的，在二战的时候这种凝聚力的来源是国体，在国体被否定之后，各个团体由各自不同的意识形态来支撑。从这一点，我们可以知道日本文化中的一些问题。

二、日本文化容易将想象当作真实

这本书谈到，日本投降前外务省还在盼望苏联能够根据《苏日中立条约》，作为第三方充当日本与盟国之间和谈的中介。当然，后来这成了笑谈，甚至被当作日本人愚蠢至极的例证。但是，在我们嘲笑他们不识时务的背后，也不能忽视，之所以日本人缺少实事求是精神，实际上是有较深的文化成因的。

社会心理学上有所谓的“自我服务偏差”，也就是说个体倾向于以有利于自身的方式来进行自我知觉。无论是西方还是东方，中国还是日本，自我服务偏差的问题都存在，也会体现在社会的各个层面。不过，一些文明，比如中国，也会孕育出纠正自我服务偏差的方法，如强调换位思考、强调实事求是。孔子所称的“恕”，也就是“己所不欲，勿施于人”，就是一种换位思考，从别人的角度思考问题，可以有力地纠正自我服务偏差。但是如果缺乏这种纠正的精神，就会在偏差的道路上越走越远，最终导致事态难以收拾。

日本投降前的一段时间，日本统治者缺少的正是“实事求是”的精神。那时候的日本，正如书中那些当时管理工农业部门的官员所讲述的那样，日本早已是穷途末路，处于崩溃的边缘，彻底的无条件投降是最佳的选择，唯有这样才能保全日本。但从一开始，不仅是军部，文官也是拒绝无条件投降的，这不仅是因为要“维护国体”，从另外一个角度而言，对当时的情势未能认清，或者说是从心底里不愿意接受现实，导致他们做出了错误的决策。无论是苏军的参战还是美国扔下原子弹，其实都是可以避免的。书中也不止一次地惋惜，日本的统治层在这样紧急的问题上，浪费了太多的时间。但从另外一个角度来看，日本在那种情势下，很难做出正确的决策，其原因就是上面说到的极端的“自我服务偏差”总是按照自我的想象来看待外界。

在第三者看来，日本那时候已经完全失去了翻盘的希望，但却有很多人仍然相信，可以通过积极的抵抗来“以战求和”，这不仅是对对方缺乏清晰的判断，对自己也缺乏真正的了解。当这种自我服务偏差发展到极致的时候，就会将“精神力”置于无上崇高的位置，所谓的“神风特攻”就是这种思想的体现。同时，将竹枪等连武器都算不上的东西发给老百姓，要进行所谓的“一亿玉碎”，更是让人觉得可怜又可悲。相信通过这种“抵抗”来求取胜利，这已经是超出正常人思维的走火入魔了。

在书中，大篇幅地讲述了日本年轻的参谋军官仿照

"二二六"政变，谋划"清君侧"来实现对政权的控制以阻止投降、继续战争。当然，在那种情况下，即使政变成功了，也不能改变战争的进程，但对于这些少壮派军人来说，并非是因为他们有血气之勇，拒绝投降，而是他们真的相信能够通过他们自己的手来改变战争的结果。这当然是一种妄想，对于一些能够参与具体事务的人而言，通过"事实的教育"，可以在一定程度上纠正自我服务偏差，但是对于这些少壮派军人而言，连这种事实的教育都缺乏机会。

日本保守派大佬、日本最大报纸《读卖新闻》的主宰者渡边恒雄在2005年日本战败60周年的时候，搞过一个对战争历史的所谓"考证"，最后得出的一个重要的"结论"就是日本是毁在了那些少壮派的参谋身上，指责他们将战争指引向了错误的方向。这样的归因当然是非常容易的，但将所有的责任推到参谋的身上则有失公允，"纸上谈兵"的参谋们只不过是其中最典型最突出的一群人而已，整个日本社会在此问题上都有较强的自我服务偏差，只是程度不同而已。

三、缺乏责任意识的日本统治层

关于日本人的责任意识的问题，二战后日本最伟大的思想家丸山真男早已经在他的著作中予以阐释，他引用了不少东京审判中甲级战犯的供词，这些供词都否定自己在发动战争问题上的责任，将所有的问题都推给了集体。甚至在如何决策对美开战的问题上，也几乎找不到到底是谁做出最终决策的清楚的证据。姑且不论如何开战的，在决定是否应该投降的时候，同样也没有人有明确的责任意识。

作为首相，铃木贯太郎已经有了战争不能再进行下去的意识了，但他不愿意做出明确的决策来结束战争；天皇裕仁也迟迟不愿承担结束战争的责任；作为陆军首脑的陆军大臣阿南惟几，也不愿承担约束下属迎接投降的责任。在责任不明确的情况下，一次次的商议没有结果，最后丧失了最佳的投降的时机。

为什么会缺乏决策的责任意识？从个人意识的角度进行分析，具有坚强的自我的人，才能有明确的责任心。之所以缺乏决策的责任心，首先是惧怕决策失败带来的后果，这是自我软弱的表现。但我们如果再深究一下的话，这种责任感的缺乏，也是日本所谓的集体主义的副产品之一。维持群体的秩序的要因，就是避免在群体中出现一个绝对的权威。在日本的传统决策体系中，往往没有一个绝对的一锤定音式的人物，从反面来讲，不出头、不成为群体中承担责任的人，也就成为日本人的处事方式。所以没有人愿意来承担责任。日本人强调“共意”，也就是一旦一个群体形成倾向性的意见之后，其中的成员即使有不同的意见，也不会当面反驳，这样的话就破坏了群体的规矩，这是日本人在行为模式上所不能忍受的。正是因为往往找不到一个决定者，所以就给了群体中的成员，在决策出现错误的时候逃避责任的借口。

二战后，不仅东条英机等甲级战犯声称自己并无决策责任，也有许多人认为天皇在发动战争的问题上并无责任。如果局限于明确的命令等责任承担方式的话，我们确实会被他们的逻辑所困扰，但正如上面说到的那样，“共意”才是日本决策的精髓，战争的重大决策，是包括天皇在内的日本统治层共同做出的，所以他们都应该承担责任。

上面说的是决策的责任，还有社会责任的问题。阅读此书给我最突出的感觉就是，无论是讲述者还是书中的衮衮诸公，除了强调国体对于维系日本生存的所谓的重要责任之外，对于日本国民的责任，极少有人提起。

对于一国的统治者而言，根本重要的是如何管理好国家，为民众争取福祉。但对明治维新之后的日本统治层而言，这种社会责任感也是缺失的，正是因为这种缺失，才让她一步步走上了对外侵略的道路。

之所以有这种缺失，我们可以从一个角度来进行解释。众所周知，二战中日本的陆军和海军势同水火，甚至达到了老死不相往来的地步。为什么？原因很简单，陆军和海军都是一个团体，一个集体，大家注重的都是自己小团体的利益，对更大的团体的利益就持完全无视的态度。而在战争的最后阶段，其实日本统治层并非是铁板一块的，他们都代表着各方自己的利益，他们的言行，目的大多都是为了维护他们自己的团体的利益。而在这个时候，老百姓的利益，往往就被置于非常不重要的地位了。

阅读此书时我们需要注意的问题

一、阿南惟几不是英雄

此书中，阿南惟几的个人形象非常突出，在日本人的观念中他甚至是一个英雄，这本书实际上也是将阿南作为正面人物来描写的。对日本人而言，阿南惟几主要有以下几个方面值得称道。第一，作为陆军大臣，极力维护陆军的利益。日本社会中，维护群体的利益往往是第一位的，阿南维护陆军的利益是理所当然，即使这种维护从方向上来说是错误的，同时也是误国的，也往往能获得原谅。第二，是对天皇的忠诚。尽管他并不愿意投降，但同时他也强调，只要天皇做出“圣断”，作为臣子只有服从的义务，而不能违逆“圣意”。第三，是在投降的时候，仍然“忠诚于自身的决断”，在“圣断”与“理念”之间不能两全的情况下，选择剖腹自杀。如果我们只看表面，阿南惟几完全是一个悲剧英雄的模样。原著中已经将阿南惟几抬得很高，而近几年改编的电影则将他抬得更高，特别是与罪孽深重的“怕死鬼”东条英机相比，阿南惟几确实能够博得不少日本人的同情。

那么，阿南惟几值得不值得同情？回答当然是否定的。这里就涉及“武士道”的问题。笔者在观看美国电影《血战钢锯岭》之后，听观众说到“日本人才有信仰”。这实际上是对日本文化的巨大误解。我们过去对日本武士道进行过彻底的否定，将其视为军国主义的基础而加以批判。但在一段时间以来，国内出现了一定程度上肯定武士道的思潮，将其视为日本文化的精髓，认为它代表了勇敢、忠诚与义气，甚至从功利主义的角度进行阐释，认为日本战后经济发展的巨大成功，武士道精神的功劳不可抹杀。

阿南惟几其行为确实表现得很像一个武士，不仅他，当年日本投降的时候，在日本侵略的前线，有更多的日本军官剖腹自杀。这种行为难道是值得同情的？当然不是。即便是被某些人赞扬的所谓武士道，也并不值得予以肯定。

武士道是非常狭隘的。武士道的根本就是在封建体制下家臣与主君之间的个人从属关系，所有的规则与道德，都不具普遍性，只在武士之间适用，很多时候他们的道德律条甚至是扭曲的、反人伦的。比如描绘武士须遵守的规则的《武家义理物语》曾记载武士神崎式部受同僚武士森冈丹后之托，在旅程中照顾森冈的儿子丹三郎，途中渡河时丹三郎不幸溺水身亡，神崎就对同行的自己的儿子胜太郎说："受人之托忠人之事，但现在丹三郎因自己疏忽而溺水身亡，若你还活在这世间出现在森冈丹后面前，则我作为武士将脸面无存。"受到父亲的明示之后，胜太郎即自己投水而亡。

这个故事在中国人看来简直匪夷所思。若是一个独立个体，应该通过某种行为来道歉或者补偿来承担责任。但神崎却让自己的儿子胜太郎同样投水而死，以平衡因自身过失导致的丹三郎的死亡。剥夺别人（儿子）的生命来承担自身过失的责任，这种做法在中国文化中也是无法被容忍的，但是在日本社会，却被认为是"武士的美德"。

正因为武士道的眼光都是向内的，所以它避免不了狭隘。阿南惟几再是"悲剧英雄"，也是日本对外侵略的军国主义造成的，同时他还是武士道的牺牲品。对他而言，剖腹自杀是一种"尽忠"的行为，但他狭隘的视野永远看不到，他应该尽忠的对象不仅仅是天皇，也不仅仅是他所在的日本陆军，而应该是为日本这个国家、为日本的未来。真正的"勇士"

应该忠诚于自己的独立的判断，而阿南显然不是一个真正的勇士。

许多人都谈到过，为什么在二战期间纳粹德国有此起彼伏的反希特勒的运动，甚至还进行过并未成功的暗杀，而在日本除了左翼的日本共产党等极少数人之外，几乎未见成形的反战运动，有的只是对战争的狂热的心理。这既是上述的以“国体”为中心的教育所造就的，同时，与武士道的宣传与要求也是分不开的。

国内经常有人说，中日同属儒教国家，这是天大的误解。著名国学大师李泽厚与著名思想家陈来等都曾经提到过，日本在引进儒学的时候并未引进“仁”，也就是日本文化并未接受仁，之所以不能接受，因为仁强调的是一种宽容、开放性的“爱”，而这恰恰与封建时代的日本强调只能“爱自己的主君”的文化是冲突的，在开放与封闭之间，选择了封闭，在宽广与狭隘之间，选择了狭隘。日本人对阿南惟几的同情是基于他们狭隘的观点，而作为中国人看待阿南惟几这个人的时候，如果也抱同样的感情，那么就是完全失去了我们中国人看问题应有的立场。

再回来说日本的信仰问题。明治维新之后，日本人“毁佛灭释”，压制基督教，表面上是抬高了日本神道教的地位，但实际上正如日本著名文化学者梅原猛所说的那样，神道教也被甩在了一边，明治政府树立的是“国家神道”，也就是本文刚开头所说的“国体”的核心。国家神道宣扬天皇是神，宣扬为天皇献身的神圣性，将民众的生命置于卑微的地位。从现代意义上讲，国家神道就是邪教。

在明治维新之后为侵略战争充当炮灰的日本普通民众，从某种程度上讲是邪教的牺牲品。对国家神道的信奉，已经不是我们普通意义上讲的信仰了，而是对邪教的狂热。阿南惟几对国家神道的信奉，也并非是真正的信仰，所以他并不值得我们同情。

二、裕仁天皇与战争无法切割

谈论天皇，在日本是一个不大不小的禁忌，在日本的正规出版物中，对当今的明仁天皇一般都是极为正面的报道，而对明仁天皇之父裕仁天皇的战争责任问题，很多时候也都是讳莫如深的。很少有文章或者著作会直接针对这个问题进行探讨。

《日本最漫长的一天》这本书，对天皇的描写基本是正面的。此书一开始就描写了 1945 年 8 月 9 日的“御前会议”，裕仁是这么说的：

“吾不忍国民深陷涂炭之苦、文化横遭破坏、世界人类蒙受不幸。吾之任务，乃是将自祖先之处接受的这个国家传于后代。时至今日，吾认为唯有让尽可能多的国民能幸存下来，以使他们能再起。”

如果我们不了解日本侵略战争的历史的话，看到这话，肯定会感觉到天皇裕仁完全是一副“明君”模样。不仅体恤战争中的民众疾苦，还谈到了要保护文化，甚至说到了战争给世界上的民众带来了不幸。

8 月 15 日天皇发布的《终战诏书》的一段，将上面这段话的意思做了扩展。

“盖谋求帝国臣民之康宁，同享万邦共荣之乐，斯乃皇祖皇宗之遗范，亦为朕所眷眷不忘者；前者，帝国之所以向美英两国宣战，实亦为希求帝国之自存于东亚之安定而出此，至如排斥他国之主权，侵犯他国之领土，固非朕之本志；然交战已阅四载，虽陆海将兵勇敢善战，百官有司励精图治，一亿众庶克己奉公，各尽所能，而战局并未好转，世界大势亦不利于我。加之，敌方最近使用残酷之炸弹，频杀无辜，惨害所及，实难逆料；如仍继续作战，则不仅导致我民族之灭亡；并将破坏人类之文明。如此，则朕将何以保全亿兆赤子，陈谢于皇祖皇宗之神灵乎！此朕所以饬帝国政府接受联合公告者也。”

话说得更加有模有样，似乎日本是在做善事，但因为天不照应，所以让日本陷入了困境。在此情况下，日本不得不“终止战争”，注意，这不是投降，日本之所以接受《波茨坦公告》，不是因为意识到自己的错误，而是打不过了。诏书中说得很明白。

在这段话中，我们也可以看到天皇裕仁对向“英美宣战”的看法，裕仁本身说的是“为了让帝国自存于东亚”。这与当前右翼所宣扬的所谓“太平洋战争是自卫战争”如出一辙。

我们再来看看当年对美等国的宣战诏书是怎么写的。

“……夫确保东亚之安定以利世界和平，实为列祖列宗之宏猷，朕所拳拳服膺无时或忘者也。……今兹不幸与美英两国肇启兵端，洵非得已，岂朕本愿哉。前者，中华民国不解帝国之真意，妄自滋事，扰乱东亚之和平，终使帝国操戈而起，于兹四年有余矣。……美英两国则支援残存政权，助长东亚之祸乱，假和平之美名，逞制霸东方之野心，并进而勾结与国，于帝国之周围增强武备，向我挑衅，并对帝国之和平通商横加阻碍，终于断绝经济关系，给予帝国生存以重大威胁……长此以往，帝国多年来争取东亚安定之努力，势必化为泡影；而帝国之存在，亦将濒临与危殆。帝国势逼处此，为生存与自卫计，惟有毅然奋起，粉碎一切障碍。”

将侵略的责任都推到了其他国家的身上，且不论英美在1941年珍珠港事件之前对日的态度，宣称中国扰乱和平，才导致日本对中国的侵略，日本侵略中国是因为“中国不听日本的话”，这种强盗逻辑如果放到现在，简直让人又好气又好笑。

当前，不仅日本人替天皇裕仁开脱战争责任，将所有的责任都推到军部身上，天皇在他们的描写之下只是一个被军部控制的傀儡，天皇本身是爱好和平的。这种看法完全是违逆了事实。美国作家赫尔伯特·比克斯曾撰写了《真相：天皇裕仁与侵华战争》一书，得出的结论是“在战前长达20多年的时间里，裕仁独立于政府和官僚政治，在一个彼此制约的复杂体制中，行使了实权和权威。他熟知战争和外交情势，具有渊博的政治和军事知识；他参与制定了国家政策，并向陆海军将领们发布大本营命令；他在制定日本战争战略方面发挥了积极的作用，并指挥了对中国的所有军事行动。”

比克斯的研究给我们揭示了更深层的事实，不过，我们从上面几份诏书中，其实也可以看出裕仁对战争真正的态度。

无论是宣战诏书还是终战诏书，裕仁念兹在兹的都是所谓的“皇统”，在裕仁看来，其执政的终极价值就是在强盛时扩大日本的地盘与势力范围，在困境时维持自身的统治并将皇统传至下一代。对裕仁而言，最害怕的就是其所承担的天皇皇统的断绝。将宣战诏书与终战诏书相比较，就可以看出，在终战诏书中所谓的“排斥他国之主权，侵犯他国之领土，固非朕之本志”完全就是一句谎言。裕仁之所以接受《波茨坦公告》，完全就是因为实在打不下去了，如果有一线的胜机，对其而言是不会轻易放弃进取的。

我们可以从诏书以及裕仁自 1931 年“九一八”事变以来的言行来分析，可以明白的一个事实是裕仁并不是一个傀儡，从本书的记述中我们也可以看得出来，裕仁在最后的“圣意”具有非常的分量，既然在战败时都有那么大的权威，在开战时的权威只能比战败时更高而不可能更低，所以日本为模糊天皇的战争责任所提出的那些借口，实际上是不成立的。

我们在阅读此书的时候，一定要注意不要被记述中将天皇描写为正面人物的这种写法所引导，最终被遮盖了我们理解事实的眼睛。

三、破坏秩序的“下克上”受到日本社会的肯定

本书中最大的篇幅都是在描写烟中、椎崎等少壮派军人如何筹划、实施政变的，当然，政变的目的很简单，就是阻止上层停止战争，继续作最后的垂死抵抗，在几乎不可能的情况下，他们仍然相信日本仍有胜机。

且不论他们当时的心态到底如何，在普通中国人的心目中，日本人是最注重秩序的，最重视集体的，同时也是最听命令的，而且军队又是等级森严的地方，强调的是令行禁止，在日本陆军中发生叛乱，往往是难以理解的一个问题。

然而，底层少壮派军人的造反，这远不是第一次，比较大的就有 1932 年的“五一五”事件和 1936 年的“二二六”政变，当然，这里有统制派军人和皇道派军人之间的内斗的因素，但政变最关键的根子却还在于对“国体”的理解上。

最让人觉得诧异的是，在 8 月 15 日当天，居然还有横滨的一名大尉率领 40 名学生，自称“国民神风队”，坐着卡车上东京来刺杀首相等他们眼中的“投降派”，来“清君侧”。

在日本近代，这些搞政变的人在给他们的行为寻找合理性的时候，都是打着清除天皇身边的“奸佞”的旗号，在他们的心目中，他们才是真正的绝对的忠诚。

我们可以探寻这些造反者的心理。他们无疑是国体的真正的信奉者，也可以说是中毒最深的那一部分人。丸山真男认为，欧洲的法西斯主义是自下而上的法西斯主义，而日本的法西斯主义则是自上而下的法西斯主义，实际上是由官僚们一手制造出来的，其典型的产物就是所谓的国体。但官僚们在制造出这种法西斯主义之后，这种法西斯主义就会自我生长、自我变形，官僚阶层渐渐失去了对其的掌控。官僚一开始实际上就是想利用这种意识形态实现全社会的动员，实现强兵富国，为其对外扩张提供基础，同时官僚阶层眼中的这种意识形态所构成的体系，他们应该是居于上层和主导地位的。但是作为被动员的个体，在接受这种意识形态之后，在接受了“一君万民”的理念之后，当日本的对外扩张出现挫折或者国内出现问题的时候，他们自认为是意识形态最纯粹的拥有者与执行者，之所以出现问题，并非是意识形态本身有问题，而是那些高高在上拥有权力的“官老爷”的问题，是他们遮蔽了天皇的“圣明”，是他们的行政行为导致了挫折。因此，下层的军官乃至民众，就可以打着清君侧的旗号来干倒那些高高在上的官僚阶层。

日本传统文化并不否定这种秩序的破坏者。江户时代赤穗地方的城主浅野长矩被吉良上野介侮辱愤而杀伤吉良，被幕府判定切腹自杀，浅野 47 个家臣最终复仇成功杀死了吉良，这就是日本非常著名的《忠臣藏》的故事，这些家臣显然是当时幕府统治秩序以及法律秩序的破坏者，但这样的行为直至今日都受到日本社会的普遍肯定。

在日本的传统的意识形态中，那些“清君侧”的少壮派军人虽然被视为是天皇统治体系的“反贼”，但是在民众的心目中，他们往往是被同情的对象。比如在明治维新之后，被称为“维新三杰”之一的西乡隆盛发动反政府的武装叛乱，最终自杀身亡。尽管身为“反贼”，但在日本民间自始至终都是被同情的对象。在这本书中，作者刻意在表面上秉持一种“中立”的立场，对这些困兽犹斗的少壮派军人，态度相对是比较和缓的，我们在阅读这本书时应该注意这一点。

中国现代国际关系研究院日本研究所副研究员

霍建岗

目录

序幕

“不予理会。”

《波茨坦公告》摇撼了东京的中枢神经。在决定日本命运的这一天，也就是七月二十七日的早上，天空万里无云，仿佛预示了无尽的酷热。前一天，有关人员推断这天晚上应该不会发生什么变动。然而就在深夜时分，从国外传来的电波像一枚锋利的楔子，直直地插进了日本的历史长河中。

开战已经四年了，站在日本的角度上来看，战局令人万念俱灰。单枪匹马地与全世界为敌，是投降还是抗争到底，决定日本命运的时刻迫在眉睫。面对着这种局势，很多人一方面觉得很突然，另一方面又感觉到这是必然的结果。但是这掩盖不了混乱和紧张，特别是在军部里面，弥漫着浓浓的震惊和惊慌失措的气氛。早上刚刚进入军部开始上班的军人们，不约而同地叫喊着同一句话：“喂！里面没有斯大林的名字吗？！”其实，并没有向日本宣战的苏联部长会议主席不在公告署名之列也是理所当然的事情。军人们在平复了震惊之情后才意识到这一点。

最先接到公告的是外务省。外务省首脑在几个月前就开始秘密地考虑着结束这场战争了。但是军部高呼“本土决战”，国民们也深信不疑，在那种气氛中终究没有谁能说出“结束战争”这几个字。这次有了公告撑腰，他们感觉到自己必须站到主导位置上去了，不，是已经变成了“主角”。

外务省次官松本俊一、条约局局长涩泽信一，以及政务局局长安东义良围坐在外务大臣东乡茂德周围召开了紧急干部会议，彼此交换了意见。最后达成一致结论——外务省的干部们同意接受《波茨坦公告》。但是还有一个引人关注的问题，那就是苏联。虽然作为中立国家的苏联政府在波茨坦确实就日本问题发表过意见，但是却没有加入这个公告。这难道不意味着苏联会一直保持中立的态度吗？公告应该接受，但日本不是正在请求苏联进行和平斡旋吗？抛开对苏工作而立刻接受公告实在不是一个让人满意的决定。于是他们一致认为，暂时观望事态的发展对于日本来说可能是最明智的选择。

经过一番讨论，东乡外务大臣于上午十一点进宫参见天皇陛下，向天皇报告了外务省所做出的决定，毕恭毕敬地献上了《波茨坦公告》的临时翻译文件并做了一番解释。那一刻，东乡的声音非常低沉，而且颤抖着。

他主要向天皇说明了以下几点：公告中没有苏联部长会议主席的署名；关于日本国体及天皇的地位问题都非常的含糊不清；“无条件投降”这个词只是针对军队来说的。

让人难以忍受的沉默持续了一阵子，终于，天皇开口了。

“不管怎样，这样一来离战争结束也就不远了吧，单单这一点就必须支持你们啊。虽说还有很多可以商榷的地方，但是原则上来说除了接受也没什么别的办法了。不接受的话战争就会继续，不能再让国民生活在水深火热中了。”

接到天皇的旨意之后，一点半，外务省召开了最高作战指导例会①。除了东乡外务大臣，其余五个人都认为公告只不过是一纸声明而已。而在下午召开的内阁例会上，东乡外务大臣主张的“静观政策”也得到了全体阁僚的赞成。至此，政府已经确定了“静观”之策。然而，他们没有意识到，自

---

① 最高作战指导会议的构成人员为以下六名：首相、外相、陆相、海相（以上为政府方）、参谋总长、军令部总长（以上为统帅部方）。除了以上名单，正规构成人员有权根据需要添加其他阁僚为会议成员。通过该会议，可以对国务和统帅，即政略和战略的统一、调节等所谓的作战指导进行调控。

己已经铸成大错，因为《波茨坦公告》的最后一部分俨然声明道：“我们坚决不接受除了以上条件以外的任何要求。”也就是说，同盟国对于其他任何交涉以及言行都不会再给予回应。但是，不论是在最高战争指导会议还是内阁会议上，竟然没有一个人将此视为“最后通牒”①。

次日，也就是二十八日，在内阁情报局的指示下，各大早报都面向全体国民刊登了《波茨坦公告》，只是各大报纸都删去了会造成国民斗志消沉的条款②，也没有公布政府的官方回应，没有任何张扬，非常的低调。为了不降低国民的战争热情，甚至在报纸的醒目版面刊登了令人斗志昂扬、充满激情的文字。《读卖报知》以“荒唐！对日投降条件”为题刊登了公告的提要，宣称“迈向战争最后阶段，帝国政府不将此视为问题”。

《朝日新闻》以两段标题的形式登出了“大字报——政府置之不理”；《每日新闻》更是豪言壮语道：“荒唐！击碎自以

---

① 德川梦声通过日记将那一天发生的事情详实地记录了下来，由此声名远扬。而在七月二十八日的记述中，根本没有提到关于《波茨坦公告》的只言片语。另外，在高见顺日记记载的七月二十八日中，是这样描写的：“我在烛光中读着报纸。对于英国的政变、《波茨坦公告》的广播，以及美英蒋对日投降条件的广播，《读卖新闻》和《每日新闻》都用了‘荒唐’这个形容词。”紧接着，日记引用了该篇新闻报道。

② 被删减的语句为同盟国“不会将日本民族奴隶化，也不会使日本国民灭亡”，“日本国军队在解除武装之后，允许士兵返乡，给予其从事和平的生产生活的机会”等部分。

为是的美英蒋共同宣言，将圣战坚持到底。”

受到新闻报纸的煽动，这一次军队中央部门的态度忽然强硬起来。面对政府略显怯懦的决定——“在苏联政府做出回复之前暂不发布官方回应”，军队统帅部表示了强烈的不满。从战争一线也源源不断地发来责问的电报。军令部次官大西泷治郎中将等人也多次劝解首相铃木贯太郎，表示这次应该坚决向盟军各国奋起反击，昂扬斗志。陆军中央对此也做出了响应。

政府夹在外交以及军队旺盛的抗战热情中间，左右为难。恰巧这天下午安排了记者招待会，于是作为折衷，铃木首相在记者面前发言的基调最终确定为轻描淡写。就此，军方的情绪也姑且得到了安抚。

下午四点，记者询问起铃木首相对于《波茨坦公告》的看法，首相一脸沉重的表情回答道：“我认为《波茨坦公告》与《开罗宣言》相比，其实就是换汤不换药。政府认为其没有丝毫重大价值可言，将不予理会。我们将一如既往地向着战争结束而迈进。”

然而，当这段僵硬的发言通过对外广播网向全世界播出后，日本首相的观点被各国放在了极为重要的位置上。文中的“不予理会”在国外的报纸上被曲解成了“日本 reject（拒绝）接受《波茨坦公告》”。而且众所周知，这被当作了日后原子弹事件以及苏联对日宣战的借口。

虽然留给日本的时间已经所剩无几了，但是这宝贵的时光还是在一天天地被虚度着。当时政府以及统帅部并没有意识到，除了接受《波茨坦公告》之外已经别无他法。所有的目光都集中在苏联的一举一动上，除此之外没有任何行动，甚至已经大致决定了赴苏联进行和平谈判的特使随行人员。以前首相近卫文麿为中心，有外务次官松本俊一、加濑俊一、驻哈尔滨总领事宫川船夫、高木惣吉少将、松谷诚大佐，以及酒井镐次、富田健治、伊藤述史、松本重治、细川护贞等近卫的知心朋友。另外，前外务大臣重光葵作为苏联通也出现在了候补名单里。

但是，当时的日本并没有觉察到，其实希望很渺茫。只是麻木地怀着空想等待着苏联的回复，其实比什么也不做还要糟糕。明明懂得一失足成千古恨的道理，还是碌碌无为地任由时间匆匆流逝。

只有东乡外务大臣一个人眼看着迟迟没有任何进展而焦急地坐立不安。而在内阁会议上，铃木首相的发言却总是背道而驰：“急于结束战争会导致前线军官和士兵们的叛乱，从古至今就有一句话——将在外，君命有所不受。”东乡外务大臣对此十分愤慨，却又无计可施。

从木户幸一内大臣和近卫首相开始，越来越多的人失去了对于铃木的信任。任凭时光流逝，徒劳地等待着苏联的回复，而完全不考虑国内的状况，这使得越来越严重的焦虑和不安弥漫在日本领导层中。

然而铃木首相，只是一直等待着。

“对待磨难，必须坚韧不拔。”

八月六日清晨，广岛的天空万里无云，格外晴朗。七点零九分，雷达监测到三架B29轰炸机的信号，警报鸣响。然而敌机却迟迟没有现身，警报于七点三十一分解除。广播中称，刚刚过去的只是肩负侦察任务的敌机。听罢，四十万广岛市民心中像卸下了一块石头一样，长舒一口气之后，投入了日常的工作中。

八点十五分，大爆炸伴随着剧烈的强光降临到了这个悲惨的城市。这一颗原子弹的到来将四十万广岛市民笼罩在了“死亡”的阴影之中。广岛市瞬间从地球上消失了。

在位于东京的日本中枢机构中，海军省最先接到了广岛毁灭的噩耗。八点三十分，从吴镇守府传来了第一封电报。海军省于正午时分决定派遣调查团。而过了一段时间陆军中央才得知这个消息。由于此时广岛市的通信网络已经完全瘫痪，第二总司令部（位于广岛）的报告经由吴镇守府才得以传至中央。

而一直到临近傍晚，内阁才通过内阁书记官长迫水久常，从陆军省那里得知了这个消息。天皇也大约在同一时间得到了侍从武官长莲沼蕃传来的报告——“广岛毁灭，已经形如死城”。

天皇虽然瞬间沉下了脸色，但也没有继续询问下去。

八月七日早上，美国总统杜鲁门通过广播发表声明，称“我们斥资二十亿美元进行了一次历史性的赌注，而且我们成功了。六日在广岛投下的原子弹将会给战局带来革命性的变化，如果日本不愿意投降，我们将会继续在其他城市投下原子弹”。从外务省得知此事的藤田尚德侍从长急匆匆地直奔御文库，将此事报告给了天皇。天皇命令其向政府以及陆军做出更加详细的报告。

然而，陆军虽然隐隐约约感觉到了危险的存在，但是又抱着一线希望，猜测这可能只是盟军的宣传手段或者说是谋略，于是在兴奋和混乱中继续故作强硬，装出一副很冷静的样子。同时，全面禁止对外泄漏消息，在情报局、科学技术院，以及军队有关人员之间频繁召开会议，讨论向国民公开此消息的方式及内容。最终得出结论：在通过正式的调查确认此消息为事实之前不允许使用“原子弹”这一字眼。就这样，日本帝国对忽然出现在这个世界上的全能统治者说了“不”，这无疑是致命的一击。

下午三点三十分，大本营通过广播向国民告知了此事。寥寥几句，却已经让人毛骨悚然。

> 一、敌军几架B29战机于八月六日，也就是昨天袭击了广岛市，当地蒙受了巨大损失；
>
> 二、关于敌军在攻击中使用了新型炸弹一事，目前正在详细调查中。

消息播出之后，首相宅邸的来客源源不断，这些人各执一词，有主张立刻停止战争的，有宣扬应该维护日本国体的，也有人认为应该坚持皇国使命，绝不动摇。然而政府丝毫没有为其所动，并没有做出任何承诺。

次日，也就是八日的早上，报纸上刊登了前一天大本营通过广播公开的“新型炸弹“之事。而日本政界及舆论界所关注的，则是美国总统杜鲁门的声明。没有人相信大本营所猜测的“谋略”之说。当天下午，东乡外务大臣进宫参见天皇，面带坚定之色。而外务大臣在御文库地下室受到了天皇

首相铃木贯太郎

的接见，他详细地向天皇报告了英美从昨天开始的关于原子弹爆炸的轰炸式报道。

听罢，一个重大的决定在天皇的心里诞生了。

地下室里回荡着天皇低沉的声音："战争已经到了这么严重的地步，需要动用这么杀伤性的武器。那些还想继续战争的想法简直是荒唐至极。我们需要抓住有利时机，不能浪费宝贵的时间，尽快以最少的损失结束战争。请你把我的意思传达给木户内大臣和铃木首相。"

铃木首相接到天皇投降的旨意后，本想当天立即紧急召开最高作战指导会议，但是由于其中两三个成员的时间关系，会期不得不延至第二天早上。

正巧此时，铃木首相接到了一个决定性的报告。被派往广岛的调查团在现场发回报告，确认了原子弹爆炸的消息。得知此事，迫水书记官长敲响了首相的办公室大门。

"明早九点，必须召开内阁会议决定今后的方针了。"

首相回答道："就这么办。"

接着，又以平淡的语气继续说下去："明天开会的时候，我会直接宣布战争该结束了。官长，给我准备发言稿吧。”

就这样，首相决心已定。但是具体的停战方案还悬而未决，这一天又要白白地浪费了——不，并没有浪费，这是决定性的一天。

迫水久常书记官长

八月九日凌晨三点，首相宅邸响起了急促的电话铃声。迫水书记官长半睡半醒中听出是同盟通信外信部长的声音。

“不得了了！旧金山广播里说苏联向日本宣战了！”

天刚蒙蒙亮，书记官长就带着各路消息和发言稿急匆匆地来到首相宅邸。而铃木首相面不改色地回应道：“该来的还是来了啊。”

凌晨五点，东乡外务大臣也抵达了首相宅邸。首相开门见山地说：“就在今天这个内阁会议上结束这场战争吧。”

内阁在此之前主张的将苏联作为居中调停国来主持和平的行动已经以失败而告终。所以按照往常的政治惯例来看，铃木首相应该因此引咎辞职。书记官长一见到首相就表明了这一点。但是首相这次已经下定了决心，所以并不打算理会这个惯例，而是准备火中取栗，放手一搏了。

上午十点三十分，在皇宫紧急召开的最高作战指导会议上，铃木首相突然发言道：“最近相继发生了广岛的原子弹事件，还有苏联参战事件，继续战争已经是不可能的事情了。我们只有接受《波茨坦公告》，结束战争。除此之外，别无他法。我想听听各位的意见。”

让人难以忍受的沉默充斥着会场，持续了几分钟。阿南惟几陆军大臣和梅津美治郎参谋总长一行人一直在考虑，要从根本上讨论一下要不要继续战争这个问题。

米内光政海军大臣最先开口了。

“大家不要都不说话啊，这样解决不了任何问题，大家都说说自己的看法吧。如果是接受《波茨坦公告》，是干脆无条件投降呢，还是用一些条件来交换呢？我觉得我们必须要讨论一下这类问题啊。”

海军大臣米内光政

这番发言之后，会议的主题好像陡然一变，变成了“在接受公告这个前提下，应该附加什么条件”这个话题了。

然而，随着会议的进行，讨论陷入了一个进退两难的境地。

米内海军大臣和东乡外务大臣认为，要接受《波茨坦公告》，能够保证“不改变天皇在宪法中的地位”就足够了；但是阿南陆军大臣、梅津参谋总长，以及军令部总长丰田副武则认为，就算是为了保护天皇制，也要在上述条件的基础上加上“占领范围小，动用兵力少，占领时间短”“解除武装”和“战犯移交日本人处理”这三条。铃木首相的意见则更接近于海军大臣和外务大臣的说法。

参谋总长梅津美治郎

阿南陆军大臣表示，以上这四个条件其实也仅仅是能勉强地将现有的国体维持下去，如果连这些都不能保证，只是一味地无条件投降的话，那无论是对天皇还是对国家，都是极其不负责任的做法。

“作为一国之臣，把皇帝拱手交给敌人，哪怕是捍卫了国体，对我来说也是无论如何都接受不了的。苏联是个不守信用的国家，而美国完全不知人道为何物，我坚决反对随随便便将皇室交给他们！”

外务大臣质问道：“如果因为提出了其他三个条件而出现

不可控制的局面该怎么办?”陆军大臣回敬道:“那就只能最后放手一搏了。虽然没有必胜的信心,也不敢断言一定会胜利,但是也不一定会失败啊。”

会议出现了分歧。但是现场气氛还是一如既往的平静,没有激烈的争辩。会议在阴沉沉的氛围里进行着。而就在这一过程中,又有一个不幸的城市惨遭原子弹爆炸的洗礼,那就是长崎。

忽然接到如此噩耗,所有人的脸色都黯淡下来。最高作战指导会议超出了预定时间一小时,却迟迟没有得出结论。由于接下来还安排了内阁会议,所以暂时休会。内阁会议连同晚饭时间,第一阶段从下午两点半开始一直持续了三个小时,第二阶段则从下午六点半一直持续到了夜里十点。但是,在要不要接受《波茨坦公告》这个问题上,阁僚们还是没能达成一致意见。

大家都清楚,日本已经没有太多的余力来继续这场战争了。

阿南陆军大臣义愤填膺地说道:“我十分清楚现在的局势,但即便如此,也要坚持战斗,我认为现在应该有这样的决心!”

争论一直在持续着,就在僵持不下的时候,文部大臣太田耕造像是突然想到了什么一样,对首相说道:“对苏关系决裂，还有刚才的内阁意见不统一之责任，按道理来说内阁不是应该集体辞职的吗？内阁总理您怎么看呢？”

这是一次非同寻常的发言。事实上，请求苏联进行斡旋以求和平一事已经上奏给了天皇。但是，由于错误估计了形势而导致惨败，集体辞职是理所应当的事情。

铃木首相睁开紧闭的双眼，漫不经心地说道：“我们不打算集体辞职，我们内阁有这个决心，来解决摆在眼前的问题。”

内阁成员中，有几个人的目光注视着阿南陆军大臣。因为如果陆军大臣在此问题上跟太田文部大臣站在同一条战线上的话，就可以强迫内阁全体成员辞职。

然而陆军大臣就像丝毫没有听到刚刚的口舌交锋一样，仍旧是挺直腰杆端坐在那里。

陆军内部的成员开始紧锣密鼓地向阿南陆军大臣施压。被人从内阁会议中途叫出来的陆军大臣，听到是参谋次长河边虎四郎中将悄声提出的这样一番建议：在全国颁布戒严令，发动政变，推翻内阁，从而建立起军阀政权。

然而，阿南陆军大臣丝毫不为所动。他以平静但强有力的口吻向内阁成员们讲道：就算是要结束战争，也绝对有必要使同盟国答应这四个条件；日本以国家的命运和民族的声誉为赌注，为自存自卫而奋战至今；如果任由对手摆布，在国体的存续前途未卜的情况下无条件投降的话，这岂不是太不负责任，也太悲惨了吗？被人束缚着手脚，还怎么能够捍卫自己的国体呢？

“如果就这样结束战争的话，大和民族在精神上也就名存实亡了。”

陆军大臣如此主张，且态度坚决。

到晚上十点钟，第二阶段的内阁会议已经没完没了地持续了七个小时，铃木首相宣布暂时休会。此后，首相表示要再次召开最高作战指导会议，以谋求政治战略的统一，然后再继续进行内阁会议。其实首相真正的目的是把这次最高作战指导会议当作御前会议，借助天皇的旨意干干脆脆地把事情给定下来。

接到召开御前会议的通知，最担心的当属大本营了。

“为什么要召开御前会议啊，结论到底是什么？！”

书记官长听到了电话另一边的怒吼声。

“还没有结论，已经向天皇陛下请示过了。”

“这算什么……已经拿到陆海军总长的花押了？”

要召开御前会议，从法律上来说是必须要得到首相、参谋总长以及军令部总长用来表示同意的花押的。而迫水书记

八月九日的御前会议

官长在这一天上午就已经拿到了花押。

“这次实在是事发突然，但是，如果每次发生紧急情况都为了拿到花押不断地来打扰两位总长，那时间肯定是来不及的。请总长在这份文件上签字。当然，正式开会的时候，我们肯定会遵照以往的手续，提前告知总长，以求万无一失。”

陆、海军两位总长并没有看透这其中隐藏的计谋，爽快地签上了花押。

到这里，御前会议的必要手续已经准备齐全了。

八月九日晚十一点五十分，御前会议在御文库的地下防空洞中召开，会议围绕接受《波茨坦公告》这一主题而展开。出席会议的除了最高作战指导会议的成员，还有枢密院议长平沼骐一郎。此外，陆、海军军务局长和书记官长也陪同出席了会议。所有人挤在只有十五坪[①]的狭窄空间里。换气装置形同虚设，防空洞里闷热得让人窒息。然而，谁也没有多余的精力在意那温度，不时有人拿着白色的手绢擦拭着额头上渗出的汗珠。

成员们就这样在天皇面前商议着，事先没有任何准备。大家把声音压得很低，防空洞里弥漫着严肃、一丝不苟的气氛。然而，围绕着到底是提一个还是提四个条件，会议出现了三对三的僵局。两方阵营分别是东乡、米内、平沼；阿南、梅津和丰田。

不知不觉到了十日的凌晨两点，依然没有得出一致的结论。这次会不会又是无果而终呢，还是首相真的会采取强硬的手段投票表决？所有人都在内心揣摩着首相接下来的选择，急切的目光一下子全部集中在了首相身上。

这时，首相慢慢地站起身，缓缓地开口了。

“会议已经持续了两个小时，遗憾的是现在仍然是三对三的局面，迟迟拿不出结论。但是事态已经到了刻不容缓的地

① 译者注：坪为日本面积单位，一坪约为三点三平方米。

步，这次我们就破例一次，拜托天皇为我们做出一个圣明的决策。”

一瞬间，四周弥漫起紧张的气息，对陆、海军长官来说，这是个意想不到的打击。

天皇应首相的请求，身体微微前倾，平静地说道：“那么，我就说一下我的意见吧。我赞同外务大臣的意见。”

一时间，狭小的空间被死一样的沉寂笼罩着。

天皇继续说着，低沉的声音听起来好似身体已经被榨干了一样。

“空袭越来越严重了，如果继续下去的话，不但生灵涂炭，文化也将遭到灭顶之灾。我不希望看到世界人民因此陷入更加沉重的不幸中去。我的任务就是将祖先留给我们的日本继续传承下去，直至子子孙孙。我们必须挽救我们的国民，哪怕是只有一个人也好，要为他们创造出无限的未来。除此之外，我们别无他法。

“当然了，不得不命令如此善战的军队解除武装，我也很心痛。还有，将昨天还忠诚地效忠于我的人当作战犯送上刑场，我的内心也一直经受着巨大的煎熬。但是我认为，现在必须这样做。哪怕非常不舍，也要强忍悲痛做出割舍。我强烈体会到了明治天皇在三国干涉还辽时的心情，决定这次要强忍眼泪，同意外务大臣的意见。”

就这样，日本投降的命运已成定局。八月十日凌晨两点三十分已过。是夜，一轮明月静静地嵌在夜空中。透过澄明的夜色，可以看到皇城院子里那棵古老的松树在摇曳着，甚至能够数得清松叶几何。拂晓时分，远处传来了鸡鸣阵阵。刚刚过去的一夜，没有发生任何空袭。

首相走出地下通道，来到门口的停车廊。这时，紧随其后跨上楼梯的陆军军务局长吉积正雄毫不客气地挡在了首相面前。

“首相，您忘记我们的约定了吗？今天这样的结论真的可以吗？”吉积中将正颜厉色地逼问着，像是要扑上来一样。

首相只是温和地笑着，没有言语。突然，阿南陆军大臣结实的身躯挡在了两人中间，想要尽可能地阻止吉积做出什么过激的举动。

陆军大臣阿南惟几

“吉积，算了吧。”

陆军大臣边说边拍着军务局长的肩膀。

其实，军务局长的愤慨也不是不能理解。迫水书记官长明明已经受首相之命，表示在御前会议之前会提前告知总长，而且这次也不会得出结论，但首相还是厚颜无耻地擅自请天皇来做出决断。这简直就是将陆军玩弄于股掌之间啊。

御前会议结束后，一班人马立刻马不停蹄地召开了内阁会议。虽然其中经过了一番细致的商议，但最终内阁会议还是全盘采纳了御前会议的决定。期间，阿南陆军大臣向铃木首相提问道："如果敌人对于天皇大权的态度还是非常模糊的话，是否要继续战争呢？""毋庸置疑。"首相回答道。陆军大臣就这一个问题又询问了米内海军大臣，也得到了同样的回答。最终，在时针快要指向凌晨四点的时候，全体阁僚在必要的文件上签上了花押，然后才陆续散去。阿南陆军大臣也毫不犹豫地按上了花押。而操心不止的东乡外务大臣仿佛就在一夜之间，愁白了头发。

军令部总长丰田副武

陆军出身的国务大臣安井藤治很是同情自己在士官学校的同期生，同情陆军大臣的心情和立场。他趁着周围没什么人，坦率地说道："阿南，最近一定很辛苦吧？像你这么操心的陆军大臣可没有第二个了啊。”

“但是啊，安井，我定是不会在这届内阁在任的时候辞职的。我总觉得能拯救这个国家的还得是铃木内阁。所以我决心同他一道，同舟共济，一直坚持到底。”

阿南陆军大臣坚定地说道。

“天皇还有个叫秩父宫的弟弟吧。”

八月十日上午七时许，就在大部分国民还睡眼惺忪之时，一道求和电文紧急地由外务省发至驻中立国瑞士和瑞典的日本公使手中，向他们通告了政府接受《波茨坦公告》的决定，并表示“公告中不应包含任何有损天皇陛下皇权的要求”。这也就是之前通过商讨而得出的第一项条件。同时要求驻瑞士公使加濑俊一和驻瑞典公使冈本季正分别将此电文转达给美国、中国、苏联和英国。

陆军中央听闻如此圣断，不免惊愕至极。虽然不能说完全没有预料到，但是内心最恐惧的事情就这样变成了现实，让幕僚们几近疯狂。上午九时，阿南陆军大臣召集陆军省各课的高级部员，深情地诉说道：“让我们严整军纪，不乱一丝一毫地团结在一起吧。”他的脸上写满了悲壮。

“到了如此地步，我们唯有谨遵圣断。是和是战，就取决于敌人的回复了。”

就在这时，一个课员质问道：“大臣您说过，是进是退只管追随您就好了，那意思是您也在考虑‘退’咯？”

一瞬间，一阵凉飕飕的气息笼罩了地下防空洞。“彻底抗战”的大方针哪里去了呢？

陆军大臣厉声喝道：“有牢骚的话就先把我阿南干掉！”

然而，尽管陆军大臣极力阻止事态的发展，随着时间的流逝，陆军部内抗战派的行为还是越来越露骨。不论是公然叛变还是秘密行动，他们身上总是散发着一种与政府的决定背道而驰的嚣张气焰。

从下午一时起召开了要员会议。大多数要员都对政府的方针表示了赞同——只要能保证天皇制的存续，就同意接受《波茨坦公告》。然而陆军出身的前首相小矶国昭以及东条英机则对此提出了强烈的反对。怒火中烧的小矶愤然说道：“今天这开的是哪门子会啊？简直就是做出决定之后再来通知我们一声罢了。这究竟是遵照了谁的想法啊！”

首相依然摆出一副什么都不知道的样子端坐着。东乡外务大臣慌忙地将目光移开，不情愿地回答道：“当然是遵照圣旨。”

“那我就没什么可说的了。”小矶怅然若失地说道。

东条仿佛要将小矶的发言吞噬掉一样，大声说道：“下官也同意小矶大将的说法！”

日本帝国就这样踏上了一条投降之路。同盟通讯社于下午七时许（华盛顿时间凌晨五时）通过无线电短波宣布，日本将接受《波茨坦公告》。美国联合通讯社最先接到初报，随即将消息散布至全世界的各个角落。华盛顿时间早上七时刚过，这个来自同盟通讯社的消息就传到了杜鲁门总统耳中。正巧那天白宫正在改装中，油漆刚刚涂到一半，就直接以这样的姿态迎接了蜂拥而至的群众。

外务大臣东乡茂德

“我们要见哈里！我们要见哈里！”

群众大声喊叫着。他们口中的“哈里”其实就是杜鲁门总统的名字。而从上午九时起，杜鲁门总统就召开了紧急会议，审议对日答复一事。四位参会成员分别为：陆军长官史汀生、国务卿伯恩斯、海军长官弗莱斯泰尔，以及总统副幕僚长莱希。

史汀生是一个不折不扣的日本通，程度绝不亚于副国务卿格鲁。他讲道：“日本如今陷入如此窘境，却还是拼命地争取着天皇制的存续。”一时间竟感动得无以言表。他说，仅凭这一点，也应该阻止日本陷入本土作战，以防止在硫黄岛和冲绳发生过的惨绝人寰的流血事件再次发生。史汀生主张应该接受日本的要求，莱希对此表示赞同。

“相比起没完没了的战争来说，天皇制算不了什么，干脆就同意了吧。”他劝道。弗莱斯泰尔大体上也赞成这个观点。

然而，伯恩斯却十分强硬。

“日本的要求根本就不是什么无条件。我们到现在为止也经历过多少次无条件投降了，完全没有必要对日本做出让步。”

随后，会议请求延长一小时，用来拟定对日答复的方案。对此，杜鲁门总统表示应允。

方案的起草工作由国务院远东局负责进行，正午前就已经完成了。方案没有对日本的提案做出任何明确的答复。对于天皇制，也采取了既不否定，也没有任何保证的做法。其实就是再次重申了一遍《波茨坦公告》而不做任何改动。下午，五个人再次聚集在一起，通过了该方案。

弗莱斯泰尔隐隐地感觉到，对于天皇制，应该做出更加明确的规定。于是散会的时候，他拉住伯恩斯，想打探一下其真正的意图。国务卿的脸上浮现出一丝意味深长的笑容，他低声说道：

"天皇还有个叫秩父宫的弟弟吧。不论是谁成为天皇，只要把天皇制留下来不就够了吗？"[①]

于是，这份答复方案先后被发往伦敦、莫斯科和重庆，目的是得到同盟国的认可。不久，重庆方面发回了表示同意的电报。而伦敦方面也通过慎重讨论，决定承认这份方案。

莫斯科方面态度极其强硬，表示一定要拖到第二天才能做出表态。但是美国驻苏大使哈里曼表示，必须要赶在明天之前将回复发回华盛顿。在哈里曼拼命地催促下，苏联终于做出了表态。苏维埃政府要求，在占领日本的时候，最高司令官必须由一名美国人和一名苏联人组成，以此为条件才能同意答复日本的方案。就像当初对德国那样，明确表示了想要瓜分日本的意图。哈里曼对此表示断然拒绝，他回复道："完全不可能。"

几番复杂的交涉过后，苏维埃政府最终做出妥协，同意无条件接受伯恩斯的对日答复方案，这时候已经是苏联时间凌晨两点了。而当华盛顿方面终于拿到全部同盟国的回复时，转眼已经是八月十一日了。

而对于毫不知情的日本来说，在八月九日到十五日这激荡的一周中，八月十一日这一天仿佛就像中途休息一样，平

① 根据《弗莱斯泰尔日记》。

静得几近空白。这一天从早到晚，全日本都没有再响起空袭警报的声音。只能眼巴巴地等待着同盟国方面回复的铃木首相，用读书和闭目冥思打发掉了上午的时间，下午就一些细节上的事情与书记官长和几个亲信进行了沟通，就这样度过了难熬的一天。

“隶属于盟军最高司令官。”

八月十二日是一个星期天。零时三十分刚过，迫水书记官长就从同盟通讯社外信部长那里得知了一个消息，旧金山广播电台已经开始播放对日答复了。

“虽然还不知道全部内容，但总感觉不是一个让人满意的答复啊。”迫水书记官长仿佛已经预测到了暗淡的结局。

陆军中央也收听到了这段广播。为了不重蹈覆辙，他们这一次亲自动手开始了翻译工作。

外务省干部一方面对同盟国的答复表示了强烈的不满；另一方面又制订了如下方针：只要能够捍卫国体，就同意接受此答复。

通读答复的全文，里面没有对天皇的地位给出任何明确的承诺。但是其中有一条的内容是：“日本国政府的最终形态……应由日本国国民的自由意志来决定……”这至少也从一定程度上对天皇的地位做出了保证。

而最先采取行动的则当属大本营了。早上八时刚过，梅津参谋总长和丰田军令部总长就进宫参见天皇，奏明了军部对于答复的坚决反对。答复中的用词“subject to”被军队一针见血地翻译成了“隶属于”。这样一来，译文就变成了“天皇以及日本国政府的国家统治权限……隶属于盟军最高司令官”，而接受此答复则意味着“作为国体之根基的天皇陛下的尊严被赤裸裸地亵渎了，我大日本之国体将不复存在，皇国即将走向消亡。”

陆海军总长极力地劝说着天皇。

外务省干部确信，反正这些军人们只能依据译文来做出判断，于是绞尽脑汁地考虑着该怎样翻译“subject to”一词。译文可谓精妙绝伦——“处于……的限制下”。然而，陆军这次却没有轻易上钩。他们的态度非常强硬，认为如果是“隶属”的话，还怎么能够维护国体呢？于是，十几个青年军官贸然闯进了陆军大臣的房间，血气方刚，精神非常的亢奋。陆军大臣的内弟竹下正彦中佐也在其中，他带头诘问着陆军大臣：“绝对不能接受《波茨坦公告》！如果没能阻止的话，大臣就应该剖腹自杀！”阿南紧闭着双唇，一言不发。

外务大臣会见了铃木首相，确认首相也是同意接受公告的一方后，便在上午十点半左右进宫参见了天皇，时间比军队晚了两个小时。然而，此时天皇已经做出了决定。

“如果要继续讨论的话，恐怕会无休止地纠缠下去。尽管这不是我想看到的结局，但是绝对不能让战争再继续下去了。这对我来说已经足够了，你赶紧去办理那些必要的外交手续吧。还有，请你跟铃木首相讲明我的意思。”

下午三时起，皇族会议和内阁会议分别在皇宫与首相官邸紧锣密鼓地召开。

在御文库的防空洞中，参会的各宫宫主按照皇室的位次，面对着长弧形会议桌围坐在天皇的周围。从左侧起分别为：高松宫、三笠宫、闲院宫、贺阳宫……最后是竹田宫、李王垠及李键公。所有人都已经好长时间没见过天皇了。

高松宫和三笠宫都表示赞成接受伯恩斯的答复。闲院宫稍作考虑，继而说道：“既然陛下已经做出了决定，我也没有什么意见。我只是很担忧，不知道我们的国家还有没有未来。”

久迩宫也同他一样，流露出了对于国体存续问题的担忧。而除此二人之外的所有人都表示无条件赞成。李王垠和李键公二人只是说了一句：“谨遵圣命。”这给各个皇族留下了很深刻的印象。会议结束后，冰镇红茶和点心上桌了，这时候大家才围着天皇谈笑风生起来。大家谈论着自己的近况和见闻，天皇也不时地还之以微笑。

与皇族会议的和谐氛围不同，内阁会议的气氛就显得沉闷无比。有主张立即同意伯恩斯答复的东乡外务大臣，有持全面反对意见的阿南陆军大臣，还有人主张再次照会来确认一下能否维护国体。意见错综复杂，迟迟不能统一。东乡外务大臣一时大发雷霆："再次确认的话我们就要回到原点，从零开始了，真是岂有此理！"

阿南陆军大臣斩钉截铁地回答道："如果就这样屈服的话，日本就要亡国了！还怎么可能维护国体？！"

内阁会议不知不觉地开始趋向于"再次照会"一说。东乡外务大臣终于忍无可忍地说道："我们一直都围绕着旧金山广播公布的答复讨论着，其实那不是正式的答复啊，所以讨论再多也没有任何意义。首相，我建议在他们给出正式的答复之前，先休息一会儿吧。"

所有人都松了一口气。他们担心，如果这种根本不会得出任何结论的会议持续下去的话，自己很有可能会不由自主地提出与本意完全不相干的主张，而这些，都是需要负责任的。

然而，对于已经走投无路的日本帝国来说，已经没有什么时间可以留给他们用来“休息”了。苏联继续着在桦太（即库页岛）及满洲的进攻，关东军总司令部已经全部转移到了通化。听闻“可能会接受《波茨坦公告》”的电报，群情激昂的外地军队不断地向大本营发来电报，力争进行彻底抗战。陆军中央的抗战派幕僚们周密地酝酿着政变的计划。绝大多数人认为，即使最后没有到发动政变的地步，也要颁布戒严令，以应付复杂多变的形势。

“阿南已经时日不多了。”

十三日一大早，防空警报声划破了清晨的宁静，回荡在东京的上空。

到这时，阿南陆军大臣还像永不屈服的老虎一样，不肯低头。他请求参见天皇。在向天皇上奏接待广岛第二总军司令官烟俊六元帅的事情时，陆军大臣向天皇本人表达了对于天皇地位存续问题的担忧。

然而天皇却清清楚楚地说道：“阿南啊，算了吧。”

不知为何，从侍从武官时代开始，天皇就习惯这样亲切地称呼阿南了。

“你能这样担心我，我当然很高兴。但是不用再担心了，我有了确凿的证据。”

这着实将陆军大臣的斗志浇弱了一些。如果继续唱反调的话，不就成了跟天皇作对了吗？自己正是因为怀着捍卫国体、拥护天皇的满腔热血，才一路求索，艰难地走到了现在。但是，天皇说他有确凿的证据，那指的是……

虽然天皇的意思是如此明确，但是在上午九时许召开的最高作战指导会议上还是一而再、再而三地出现了分歧。是应该立刻接受伯恩斯答复、投降以求和平呢，还是应该最后拼死一战、获得些许有利条件之后再请求和解呢？在通过正式的外交途径得到答复之前，六个男人燃烧着最后的斗志，展开了论战。

陆军大臣、参谋总长以及军令部总长三人表示，对于伯恩斯答复，有必要再次进行照会；天皇神圣的地位不该被列为谈判的对象，而是必须予以保护。为此，武装的解除应该自主进行。

对此，外务大臣断然表示，“再次进行照会”意味着谈判的破裂。“应该更多地考虑好的一面，至少天皇陛下的皇位保住了啊。”

一向很沉稳的海军大臣焦躁不安地大声争论道：“这不是已经决定了吗，事到如今，如果重提旧事的话，岂不是在跟陛下对着干吗？”

梅津参谋总长的神情忽然变得严肃起来，说道：

“我们并没有反对陛下的决定，只是在讨论一些必须搞清楚的事情。”

此时，一直默不作声的铃木首相稍稍调整了一下坐姿，打断了喋喋不休的争论。

“我觉得军部就是在不停地利用对伯恩斯答复的解释，试图倾覆政府好不容易才争取来的和平成果。为什么就不能按照外务省专家的想法来对答复做出解释呢？”

此时，大家都清楚地注意到，外务大臣紧皱的眉头舒展开来了，而陆军大臣也彻底松了一口气。

包含午饭的休息时间，会议整整持续了五个小时，但是终究没有改变三对三的僵局。铃木首相见局面完全没有转变的迹象，于是宣布散会。

回到陆军省的阿南陆军大臣受到了青年幕僚们的迎接。这些幕僚们个个神采奕奕，容光焕发。他们终于得出了一个成熟的方案。为了说明计划的要旨，他们首先拜访了陆军次官若松只一中将。若松次官只是默默地听着，看起来不太同意他们的方案。紧接着，他们造访了陆军大臣阿南。正巧阿南又受到邀请，正要出发前去参加内阁会议。他们拉住已经佩戴好刀的陆军大臣，争取了一点点时间向其解释了计划的重要性。在陆军大臣的房间里，除了若松次官，还有人事局长额田坦中将，以及战备课长佐藤裕雄大佐。

青年幕僚们说得正在兴头上，佐藤课长忽然打断了他们，说道：

"就目前的形势来看，我不同意实施这样的计划。"

这时，房间里一个青年幕僚同军务课员畑中健二少佐同时铁青着脸，指着战备课长说道："军队里出了叛徒，必须马上对相关人员进行人事处理。"

房间内的气氛骤然紧张起来。这时，阿南陆军大臣平静地告诫道："像现在这样的非常时期，互相之间的信任是最重要的事情。"

说完，陆军大臣正欲起身，这时那个青年幕僚说道："省部内的军官们不论是右倾还是左倾，都决心以大臣为中心不乱一丝一毫地行动，这点请您放心。"

幕僚们激动得面色通红。

下午三时，内阁会议再次召开，为的是延续早上那场没完没了的会议。老首相的脸上看不到一丝疲惫。像预想的那样，会议再次出现了争执不休的局面。

即使在内阁会议上，陆军大臣也没有忘记继续主张附加条件。

"自主解除武装才是捍卫国体的最低必要条件。提出这个条件一点也不奇怪。如果就这样接受答复，无条件投降的话，就很难再期待天皇制能够持续下去了。倒不如最后抱着拼死一搏的决心，坚持抗战。”

陆军大臣坚持抗议着，神情非常悲痛。而很多阁僚已经不再正经地看他一眼了。

一番讨论过后，阁僚们都现出了疲惫的神色，渐渐沉默下来。这时，首相站起身，开始陈述自己的意见，声音铿锵有力，一反常态。

“我最初也觉得对方的条件非常苛刻，已经抱定了决一死战的决心。但是我反反复复读了好多遍之后发现，美国并不是出于恶意。我们的国情不同，思想也大相径庭。我感觉，天皇的地位在本质上是改变不了的，所以我认为不应该斤斤计较，过于挑剔。而且这次就算是我们要求修改用词，对方可能也不会明白我们的意思。”

首相继续诚恳地谆谆教导道：“需要注意的就是捍卫国体的问题。当然，我也感受到了危险的存在。但是如果说战争究竟会持续到什么时候，我们已经不胜惶恐地接收到了天皇的指示，那就是立刻停战。如果继续战斗的话，即使有决一死战的决心，对于正在忍受着原子弹爆炸灾难的日本来说，也是来不及的。而且那样一来，捍卫国体更无从谈起。当然，也有起死回生的可能性，局面也不是完全让人绝望的。但从捍卫国体这方面来看，继续战争这个想法岂不是太过于危险了吗？”

阿南陆军大臣神色严峻地抬起头，挺直了胸膛，对首相的意见表示着抗议。

“我们要体察陛下心怀百姓、体恤民情的博大情怀。另外，虽然作为一个臣子，我们很想为国尽忠、战斗到底。但是即使这样满足了自己的愿望，日本今后该怎么办呢？我们这个国家，还是会面临千千万万的危险。陛下预测到了这些危险的存在，所以才做出如此圣断。现在，对于我们来说，除了谨遵圣断、克己奉公，已经没有其他选择了。”

这段长长的发言凝聚着铃木贯太郎首相从八月六日至今的反复思考和谨慎考虑，是首相完全不带任何政治色彩的真情告白。

“所以，我打算将今天会议的内容如实上奏，明天下午再次恭请天皇做出圣断。”首相最后说。

这就是这次内阁会议的结论。此时，时针已经匆匆划过六点三十分。

阿南陆军大臣的想法非常复杂。他已经得知了正在秘密策划政变的事情，现在正是一触即发的时刻。他把摊开在椭圆形桌子上的文件整理好交给了副官，然后像是下定决心似的朝着首相办公室走去。

铃木首相带着愉悦的神情接待了陆军大臣。

“首相，能不能迟两天再召开御前会议啊，就两天。”

首相望着陆军大臣毕恭毕敬、不带一丝胁迫感的神情，打心底里觉得颇有好感。但是，还是毅然决然地拒绝了这个请求。

“现在正是大好时机。我们不想错失良机，还请你见谅。”

阿南陆军大臣还想说些什么，可是想了想又作罢了。他恭敬地敬了个礼，“抱歉打扰了首相”，随即就走出了房间。一同前来的军医大尉小林尧太对首相说道：“首相，如果可以等的话，能不能稍微等他一下？”

铃木首相回答道：“小林君，真的不行。如果错过了今天，苏联就不仅仅是在满洲、朝鲜，还有桦太了，北海道也将被他们据为己有。日本会像德国一样被瓜分得一干二净。那样的话，日本的根基就会毁于一旦。我们必须趁着现在对手是美国的时候，抓紧时间做好善后工作。”

小林军医说道：“阿南已经时日不多了。”

“嗯，确实很可怜。”铃木首相垂着眼睑，低下了头。

阿南陆军大臣返回陆军大臣官邸。等待他的，是刚刚已经过目的兵力动员计划[1]。这其实是一份政变计划。

(1)动用兵力——东部军以及近卫师团。

(2)政变方针——切断皇宫与主和派要员及外界的联系。此外,动用兵力隔离木户、铃木、东乡以及米内等主和派要员,并严加监视。

(3)目的——在得到确信能够满足我方捍卫国体的条件之前,绝不投降,坚持谈判。

(4)方法——使用陆军大臣实施警备时所拥有的应急局部地区的出兵权来发动政变。

只是,在实施计划时,必须“得到大臣、总长、东部军司令官,以及近卫师团长四个人的一致通过,方可执行”。

该来的终于要来了。陆军大臣边这样想着,边把计划前前后后读了好几遍。

“这是深思熟虑之后得出的结论吗,还是说根本就是一个含糊不清的方案呢?”陆军大臣说道。而对于计划,他既没有表示支持,也没有提出反对。

被罗列在计划报告上的,有军事课长荒尾兴功大佐、同

① 根据《稻叶正夫手记》。

课课员稻叶正夫中佐、同课课员井田正孝中佐、军务课长竹下正彦中佐、同课课员椎崎二郎中佐，以及同课课员畑中健二少佐六个人的名字。这些人全部都深得阿南陆军大臣的宠信，其中最血气方刚的年轻军官是畑中和椎崎两个人。而荒尾大佐则被任命为这些人的首领，负责与陆军大臣联络。随后，为了防止政变暗中爆发，又附加了一个条件——实施计划时，需“得到四名将军一致同意”。

在荒尾课长的带头下，这伙人拼命地劝说着陆军大臣，说明着计划方案。具体来说，他们预计于第二天，也就是十四日上午十点钟，闯进正在进行的内阁会议，监禁主和派要员，强迫天皇改变圣断。即便会因此背上“逆贼”的骂名，也要不顾一切付诸行动。因为拥护一脉相承的天皇，也就是君主制，才是日本的国体，必须要将这种传统继承下去。对于他们来说，裕仁天皇不过是众天皇中的一个，而国体才是更加重要的东西。

他们一遍又一遍地请求着，坚持要在十四日中午之前实施计划。争论持续了两个小时还没有得出任何结论。阿南陆军大臣以极大的耐心反复告诫着他信赖的下属，绝对不能违背天皇的意愿。最终，陆军大臣提出，他会于午夜十二点，在陆军省内给予荒尾大佐秘密指示。听闻此话，青年军官们才同意离开，三三两两地消失在陆军大臣官邸外的夜色中。

夜里十二点，阿南陆军大臣抵达了位于市谷台的陆军省。他告诉早已等候在那里的荒尾大佐，十四日早晨他将同梅津参谋总长举行会谈，讨论是否实施该项计划。然而，陆军大臣突然对自己非常信赖的荒尾大佐说道："如果发动了政变，就不可能再得到国民的支持。本土决战也会变得愈发困难。"

陆军大臣毫无保留地将他的心里话吐露出来。

"事已至此，还不如一举结束战争。"

八月十四日早上五点，像往常一样醒来的铃木首相一边沐浴着窗外耀眼的朝阳，一边在心里左思右想着。昨天在内阁会议上虽然得出了"再次恭请天皇做出圣断"的结论，但是首相一直在忧虑着该如何召开御前会议的问题。这一次，陆海两统帅部长对于事先没有任何通知的御前会议表示了强烈的反对。不难想象，这次他们将拒绝执行在奏请文件上签字以及按花押这些通常的手续。

"又不能一炮解决问题，这可怎么办呢？"

老首相一个人嘟囔着。铃木夫人在一旁面露惊讶之色，本来就布满皱纹的脸看起来越发皱巴巴了，这让首相有些难为情。

就在那时，得知陆军秘密谋划政变这一消息的迫水书记官长慌慌张张地敲响了首相宅邸的大门。他一进门就说道："情况十万火急！预计十点如期召开内阁会议。但是即使继续这样一遍又一遍的讨论，也不会再有什么进展了。首相，到了该做出决断的时候了！"

杉山元元帅

"啊，嗯。"这种含糊的说话方式是首相一贯的作风。书记官长趁机补充道："再向陛下请示一次……"

突然，首相大声地喊叫道："说得对！"完全不理会被吓得一怔的书记官长。

"还有通过陛下召见来召开御前会议这个办法！这可是最后以防万一的一招了。"①

首相随即对着夫人喊道："马上进宫，参见天皇！"说完猛

① 在此之前的昭和二十年（一九四五年）六月二十二日，曾经召开过由天皇召见的最高作战指导会议。因为会议并没有履行正规的手续，所以与会人员都坐在事先被摆放成U型的椅子上，围绕在天皇周围。这不是御前会议，而是一场亲切的恳谈会。这样做是为了避免与宪法的责任内阁制相抵触。该方法出自铃木首相。

地站了起来。

十四日七时，阿南陆军大臣和梅津参谋总长相继来上班了。阿南陆军大臣兑现了前一天晚上的承诺，同荒尾大佐一起会见了梅津参谋总长，交流了对于兵力动员计划的意见。一向被评价为优柔寡断的参谋总长这次明确表示了反对，并且告诫他们不要轻举妄动。陆军大臣对此深深地表示赞同。到此，计划遭到了参谋总长和陆军大臣的一致反对。于是，这项“0700（上午七时）大臣、总长会谈，0730（上午七点三十分）大臣、东部军司令官、近卫师团会谈，0800（上午八点）高级课员以上人员集合，1000（上午十点）发动政变”的计划瞬间化为了泡影。

天皇对于自己差一点就要陷入的危险完全不知情。八时四十分，他接见了铃木首相及木户内大臣，听取了“通过天皇召见来召开御前会议”的上奏之后，当即就毫不犹豫地答应了。最后，三人得出结论，决定召开由最高作战指导会议构成人员与内阁全体成员一同召开的御前会议。而这样的会议，自从昭和十六年（一九四一年）十二月一日决定开战的那场御前会议以来，就再也没有召开过了。但这不是一场正式的御前会议，而是由于天皇召见而召开的……

而策划这场共同会议的也是首相。

“事已至此，还不如一举结束战争！”

“嗯，说得对。”木户附和道，“我和你，还有其他两三个人就算是拼上老命也在所不惜。”

计划立即被投入到了实际行动当中。天皇颁布诏令：“便服即可。上午十时之前在吹上御苑集合。”聚集在首相官邸、本来要召开内阁会议的全体内阁成员就不用说了，梅津、丰田两总长，平沼骐一郎枢密院议长，迫水书记官长，池田纯久综合计划局长官，吉积正雄、保科善四郎两军务局长也收到了诏令。与会者总共二十三名，所有人都慌慌张张地身着便服赶到了皇宫。

这一天早些时候，也就是上午十时许，天皇召见了永野修身、杉山元与畑俊六三位元帅，询问了他们的意见。永野坚持彻底抗战的主张，表示只要士气旺盛，还有充足的精力，就应该一举击溃登陆的美军。杉山同意他的主张。畑恭敬地回答道，即使接受《波茨坦公告》，也要“力争把十师团作为近卫军保留下来”。天皇听完这些建议，明确地下达了大元帅的命令，那就是——决定结束战争，军队必须服从。

完全没有预料到要受到天皇召见的参加御前会议的青年幕僚们，在得知兵力动员计划化为泡影的消息之后，又开始紧锣密鼓地谋划起下一个计划。即使是速成的计划，也必须要执行。然而，正在制订这份“兵力动用第二方案”的竹下和畑中两军务课员不知从哪里听说了一个消息——梅津参谋总长改变了想法。得知此消息，竹下中佐高兴得跳了起来，他立即拿着第二份方案[①]赶往首相官邸。既然参谋总长改变了结束战争的想法，那只要得到陆军大臣的同意不就可以执行兵力动用方案了吗？然而他得到的事实却是，要在宫中召开御前会议，而不是他们所认为的内阁会议。而且不仅是陆军大臣会参加，参谋总长也在参会者之列。这是怎么一回事？中佐情不自禁地感叹，万事休矣。

十时五十分，御前会议按时召开了。参会者横向排成两列，坐在天皇面前。全部程序都按照“天皇召见”这一设定来进行。会议最开始，铃木首相详细地向天皇报告了十三日最高作战指导会议的情况，并且表示，会议最终没有得出统一意见，所以请求天皇在听取反对意见的基础上，做出圣断。

---

① “兵力动用第二方案”的要旨如下：“调动近卫师团包围皇宫，切断皇宫与外界的交通及通信；调动东部军在都城内各个重要地点部署兵力，保护要员，控制广播局；即使天皇颁布了圣旨也要坚持以上阵势，等待天皇圣意的改变；为了实现以上内容，必须以大臣、总长、东部军司令官，以及近卫师团长积极、一致的意见为前提。”另外，在竹下中佐记录的“大本营机密战争日志”中，可以看到如下记载：“我在此时提出了兵力动员第二方案，希望在颁布诏书之前予以果断地执行。对此，大臣好像被我说动了。他说要在内阁会议之前回陆军省与次官、总长讨论一下再决定。在这之前，总长说，与刚刚的方案相比，他更同意早上的方案。大臣听了之后说道：‘是吗？真的吗？’从中可以看出大臣对于兵力动员第二方案颇为动心。”但是，这也只是竹下中佐一厢情愿的猜测罢了。

铃木首相一落座，梅津、丰田、阿南就相继站了起来，斩钉截铁地向天皇阐述道："如果就这样接受公告，那捍卫国体就完全没有指望了，所以请务必向敌方再次进行照会。如果他们不予理会的话，那就只有拼死一战，死里求生这一条路了。"说话间，声泪俱下。

令人毛骨悚然的沉寂一时间笼罩在所有人上方。

终于，天皇静静地站起身来了。

“尽管从我的尸体上跨过去吧。”

——阿南陆军大臣

十四日正午至下午一点

八月十四日正午时分，历史承载着泪水，即将翻开新的一页。日中战争开战至今，陆军阵亡人数已经达到一百四十八万两千人，海军方面也达到了四十五万八千人。在这次战争中丢掉性命的普通老百姓也有百万人之多。还有几百万栋房屋在战争中惨遭摧毁。然而，这段不堪回首的历史即将伴随着“日本帝国的覆灭”而结束。战争刚刚爆发的时候，日本在人员、机械、军需、资源等各个方面都处于不利的境地，但是在强烈的求胜意念的驱使下，还是在战争的道路上走到了今天。这绝不是单单一个人有决心就能办到的事情，而是得益于全体国民众志成城的坚定意志。现在，这种“意志”正在被集合在皇宫地下防空洞里的二十四个男人否定着，取而代之的是一个新的国家意志。

四十四岁的天皇拿起白色的手帕①擦拭着自己的脸颊。

“一想到如同自己手足一般的军人们就要被收缴武器，对自己忠心耿耿的人们可能会被当作战犯处以刑罚，我就悲伤得不能自已。”

天皇竟然说出了这样一番话，难道最高统治者的威严和自制力都已经不复存在了吗？然而，天皇还是冷静、字斟句酌般的说了下去。说话间，依然不住地用白色的手绢擦拭着两颊。

八月十四日的御前会议（绘画：白川一郎）

① 各种资料都曾经记载，天皇用“白色的手套”擦拭脸颊。这些大概都借鉴了下村宏的手记吧。但是，根据有关侍从人员的证言，天皇不会戴着手套就出席这种会议。这也许是因为下村错将白色手帕看作了白色手套的缘故。

面对着沉浸在悲伤里的天皇，以铃木首相为首的阁僚们坐在下面，谁也不忍心多看其一眼。他们低着头，呜咽着，有人摘下眼镜擦拭着眼睛。此时，天皇那断断续续、如泣如诉的声音使这些憔悴的人们感受到了心灵的触动和冲击。

“这次，我愿意倾我所能。国民们现在对此一无所知，所以这个消息想必会让他们大惊失色吧。但是如果需要我亲自向国民呼吁的话，我什么时候都可以站在话筒前。特别是陆、海军的士兵们一定会感到极为震惊吧，如果陆、海军大臣觉得有必要的话，我可以亲自到任何地方去说服他们。”

不言而喻，接受《波茨坦公告》并不是意味着“停战”，而是“投降”，并不是单单的放弃战争这么简单。随着盟军意志的改变，国家的存续，甚至天皇的宝座都会随时面临危险，到时候也很难保证天皇的性命了。他们面临着“投降”的现实，这大大超出了他们之前的预测和天真的想象。但是为了能让国民早日摆脱这种水深火热的生活，不再做无谓的牺牲，也只剩下这一种办法了。战争非结束不可，自己怎么样倒是都无所谓——看到天皇连性命都豁了出去，阁僚们感到身心如针扎般的痛苦。悲恸的空气中终于响起了号啕大哭的声音。

有的人已经全然顾不得脸面，像个孩子一样哇哇大哭；

也有人紧握着拳头咬牙忍耐着，像是要把拳头握碎一样；还有的人一下子从椅子上摔了下来，跪在地毯上尖声痛哭。发生在这个距离地面十米开外的房间里的一切，在一个小灯泡的照射下，一览无余。

天皇的话①讲完了。阁僚们依然低着头，像是被绑在了椅

① 为了记录天皇的话，下村参照了左近司、太田、米内和各个大臣的手记，并且向铃木首相本人确认后，最终忠实地写下了如下内容："我听到了很多反对的观点，但是我不打算改变之前的想法。我充分考虑了国内外的情况，认为不可能再将战争持续下去了。当然了，我也在担心着捍卫国体的问题。但是我认为对方的答复并没有任何恶意，关键还是在于全体国民的信念和心理准备。所以这次我主张无条件接受对方的答复。我也清楚地知道，对于陆、海军的官兵们来说，解除武装和保障占领是一件让人难以接受的事情。同时我也深深地理解国民宁可玉碎也想要为了君国而献身的心情。然而，不管我自己会怎么样，我一定要挽救全体国民的生命。如果战争继续下去的话，结局只有一个，那就是我们的国家会变成一片焦土。我难以接受继续让国民处于水深火热之中。这一次就算是通过和平的手段解决问题，我想也很难予以对方全面的信赖。但是比起日本全盘毁灭这一结果，哪怕是留下一点点种子，也可以看到复兴的希望。我缅怀明治天皇在三国干涉还辽时候的苦楚，克难克之事，忍难忍之物，期待着未来国家能够得到光复。今后，再建之后的日本将会是一个和平国家。这无疑是非常困难的一件事情，也会花费很长的时间。但是只要全体国民齐心协力，拧成一股绳共同努力的话，我相信一定能够做得到！这一次，我也将同全体国民一道努力。一想到那些战死沙场的勇士们、在本土死于非命的人们，以及他们的遗属，我就感到无比心痛。我非常担忧在战争中负伤、蒙受战灾，甚至失去家业的人们今后的生活。这一次，只要是我能够做到的，我愿意全力以赴。国民们现在对此一无所知，所以这个消息想必会让他们大惊失色吧。但是如果需要我亲自向国民呼吁的话，我什么时候都可以站在话筒前。特别是陆、海军的士兵们一定会感到极为震惊吧，如果陆、海军大臣想要安抚他们的话，虽然很困难，但是我可以亲自到任何地方去说服他们。也请内阁抓紧时间准备终战诏书。"此外，还有梅津参谋总长用铅笔做的记录。根据此记录，天皇的发言如下："我不会改变自己坚定的决心。我是在参照了国内外形势、国内状况、敌我国力和战斗力这些因素之后才做出的判断。绝对没有草率地做出决定，也没有丝毫的不安。关于敌人的保障占领，虽然不是没有一点担忧，但是如果继续战争的话，国体和国家的将来都会化为乌有，最后落得个血

子上一样。终于，铃木首相站起身，奉天皇之命呈上了终战诏书方案，并就反复劳烦天皇做出圣断一事向天皇表达了歉意，瘦瘦的身躯深深地呈九十度鞠了一躬。天皇受礼之后站了起来。侍从武官长莲沼蕃静静地打开门，紧接着，天皇的身影消失在了门外。

留在房间里的阁僚们刚刚经历了一场极为重大的事情，感到阵阵虚脱，不久之前的痛哭更使他们呆若木鸡，仍然回不过神来。但这并非长久之计，更多的问题在等待着他们，亟待他们满怀献身精神付出巨大的努力。然而，即便是他们这样做了，也不会有任何名誉和功劳是属于他们的。不但如此，在这些神情恍惚的人们中，没有一个能够清楚地知道接下来将会发生什么。

阁僚们穿过长长的地下通道，从御文库正门乘车返回了宫内省。到这时他们仍旧怅然若失，一想到这一切，双眼就会再一次盈满泪水。

在五月二十五日的大空袭中，明治天皇在位时所建造的宫殿由于飞溅的火星而惨遭灭顶之灾。幸运的是，在战争初

本无归、满盘皆输的结局。假如现在停战的话，还可以留下未来发展的根基。虽然被迫解除武装确实让人难以忍受，但是为了国家和国民的幸福，也要抱着与明治天皇在三国干涉还辽时同样的心情来解决眼前的困境。请赞同我的决定。说服陆、海军，使其采取统一行动也很困难。我愿意亲自进行广播。请尽快起草诏书，传达我的这份心情。”

期，这座防空防火，由钢筋混凝土铸造的御文库就完工了，任何时候都可以平安无事地免遭空袭之灾。于是天皇将日常起居的地方搬到了这里。战争末期，近卫第一师团和水户工兵队又在御文库旁边的望岳台下面建造了非常坚固的地下防空洞，在这个防空洞中经常会召开最高作战指导会议。为了便于警戒和保密，不管是何方人士来到这里，都不能直接进入御文库，只能先前往宫内省，再转乘宫内省的专车前往目的地。返程的时候也必须要走一套相反的程序。

宫城御文库地下会议室

侍从户田康英在御文库门口目送着脸上写满悲痛的阁僚们坐进宫内省的专车里。他不知道该做些什么，只能深深地低下了头。此时此刻，他竟然找不到任何合适的语言，只是想着，到了该冷静地下定决心的时候了，到了所有人都必须得勇敢面对命运的一刻了。这时，时针指向了正午十二点。

首相官邸里，竹下中佐手里拿着“兵力动用第二方案”，焦躁不安地等待着阿南陆军大臣回来。中佐从陆军那里得知，本来定在下午召开的御前会议提前召开了，而且陆军大臣也出席了会议。那一刻，中佐像是被人殴打了一顿似的，大惊失色。他明白，如果再次领受圣断的话，就意味着之前的计划都要泡汤了。“被骗了。被人耍了。”中佐悲伤地呻吟着。

然而，中佐依然没有屈服。他已经做好了准备，为了让所有人都接受自己的正确想法而做最后的努力。那暗藏在他躯体中的军人精神是不能容忍“投降”以及“退缩”这样的字眼的。假如国土被占领了、武装被解除了，大家都成了战犯，一个个地被送上了刑场，那还怎么捍卫国体呢？就连主张接受《波茨坦公告》的东乡外务大臣和米内海军大臣，他们对于捍卫国体有多大的把握呢？比起屈辱地接受条款，还不如抱着“哪怕只剩下一个人，也要继续战斗”的决心奋力退敌，尽可能多地争取到有利条件之后再考虑“停战”。竹下中佐这样想着，更加坚定了内心的信念。正因为如此，当听到在宫中提前举行御前会议的消息时，这位中佐才会感到如此的愕然。

如果真的遵照圣断得出了最终结论，那局面岂不就不可能再扭转了吗？天皇，也就是大元帅拥有绝对的权威，所有人都不能违抗他的命令。万一真的到了那个地步该怎么办？

竹下中佐认真地考虑着应该采取的对策。然而时间真的是太宝贵了，竹下中佐一边努力平复着心情，一边气喘吁吁地思考着。如果全体陆军团结一致，哪怕是只剩下一个人也要将战斗坚持到底的话，那死里求生大概也是有可能的。但前提是，陆军大臣必须起到带头作用。无论如何，现在正是争分夺秒、千钧一发的时刻。

阁僚们自宫内省各自乘坐专车，陆续抵达了首相官邸。所有人都感受到了前所未有的疲惫。静下心来，他们才发觉腹中空空如也。这时，他们才意识到自己这些天基本上没有进食，也几乎没有任何睡眠。

迫水书记官长的专车最后才驶入首相官邸。官长几乎是一路小跑着上到二楼自己的房间，进门后立刻叫来了木原通雄。不知为何，木原眼里噙着泪水。“看见大部分大臣回来之后泪眼涟涟的样子，心里很难受。”他苦笑道。官长告诉他说：“圣断已出，一切都已经定下来了。”“一看你的脸就已经知道了。”木原回应道。

“嗯，陛下将会通过广播来劝谕陆、海军的官兵们。得把今天的内容加到之前的诏书中去，真的是太忙了……迫不得已，能拜托你起草一份针对陆、海军士兵的诏书吗？总之已经没有多少时间了，拜托！”

迫水一口气把话说完。

“我来写停战诏书吧。另外，能不能也请安冈正笃先生到场呢？”

迫水和木原都感觉到已经忙得力不从心了，就是有三头六臂也不够用。没有时间可以留给他们用来平复心情和感慨战争的终结。与此相反，越是现在这种时候，越不能停下来，这样也许会感到些许安慰。然而直到这时，两个人还没有意识到，自己与国家的命运已经紧密联系在了一起。

阁僚们聚集在一个房间里吃着鲸鱼肉和黑面包。除了铃木首相，几乎所有人都难以下咽，感觉如同嚼蜡。而阿南陆军大臣一个人在另一个房间里见到了竹下中佐。陆军大臣眼睛微红，看起来很镇定。不，也许用“泰然自若”形容会更加贴切。他面色红润，精神上看不出任何萎靡不振。再次遵照圣断做出的投降决定，难道意味着整个国家对于陆军的不信任吗？这个决定将一切都逼上了绝路，而且是如此顺利。帝国陆军已经孤立无援，失去了对于战争来说的巨大作用。然而，身为陆军支柱的陆军大臣却没有感到任何幻灭，也没有发狂，反倒非常坦然。

竹下中佐站在陆军大臣的面前开始了他的报告。面对着泰然自若的陆军大臣，中佐也感到了些许平静。他拼命克制着激动的心情，按照计划请求陆军大臣行使陆军大臣所持有的“以维持治安为目的的兵力使用权”。他阐述着他的结论。

“我想请您在内阁会议上行使这项权力。总长已经改变了主意，同意了这项计划。”

竹下正彦中佐

陆军大臣当场给予了答复。

“陛下已经做出了最终的决定，不要再做徒劳无功的事情了。军人必须要遵从圣断。”

这个回答再清楚不过了。陆军大臣一刀斩断了对于“死里求生”“只剩一个人也要战斗到底”之类的幻想。这一次，他选择意志坚定地饮尽这杯屈辱之酒，放弃过去的所有计划。

竹下中佐注意到，阁僚室的桌子上放着一个砚台盒，他意识到这是为了在诏书上署名而准备的。即使陆军大臣不同意动用兵力，全体陆军也还有最后一招，那就是逼陆军大臣辞职。这样的想法涌上了中佐的心头。这是因为，虽然御前会议上天皇表明了态度，但是这并不意味着已经最终决定了投降方案。也就是说，御前会议并不是《宪法》承认的正式机构，只是在天皇面前举行的政府和统帅部的联席会议，天皇要在会上发表自己的意见而已。从法律上来看，如果意见没有得到内阁会议的全体通过，是不能够上升为国家意志的。只要有一个阁僚坚决反对天皇的意见，并以意见不一致为由提出辞职的话，内阁就会垮台，终战也将成为不可能的事。竹下中佐正打算将此作为最后的王牌。陆军大臣要么辞职，就算是没有，只要拒绝在终战诏书上署名，这份诏书就不可能被公之于众。

“海军军令部次长大西阁下好像已经召集了作战部的士官，表明了他们的态度——‘如果陛下命令我们停止战争，即便是顶着逆贼的罪名，我们也决心为了更大的正义将战争进行到底。’阁下，这次您就干干脆脆地辞职吧。”

竹下中佐毅然地站在原地，步步紧逼地追问着陆军大臣。一瞬间，陆军大臣露出了为难的神色，但很快微笑着说道：“就算我辞职了，终战也已经是不可改变的事实，而且辞职的话岂不是就见不到天皇了吗？”

陆军大臣笑眯眯地回答着。

无论怎样劝说，陆军大臣已经不为所动。天皇也已经表明了最终的旨意，投降已成定局，而军队则必须服从这个决定。政变计划也被扔进了垃圾桶。陆军大臣决意已定，他作为最高指挥官和内兄，会告诉部下以及亲爱的内弟，不能继续自欺欺人了。

竹下中佐彻底绝望了。他感到，连最后一线希望也被陆军大臣剥夺了。他终于意识到，眼前这个忠心耿耿的老将是不会动摇的，便没有再继续争论什么，转身咚咚咚地走出了房间。中佐并不知道他要去往哪里，只是感觉一切都完了。

外务次官松本俊一

这期间，阁僚们都各自散去，约定一点再集合召开内阁会议。快到一点钟的时候，与会的大臣们将御前会议的最终结论传达给了各省的官员们。虽说在九日天皇已经明确了旨意，但对于是和是战，大家一直处于彷徨中。直到今天，大臣们才说："现在，日本中枢部门的意志已经决定了。"而一直是主和派领导人物的东乡外务大臣更是松了一口气。他把次官松本俊一叫到了大臣室，一边吩咐松本做记录，一边口述着御前会议的情况。多日不见的精气神又重新回到了他的体内。松本次官看到大臣完全不露疲态、生气勃勃的样子，崇敬之情油然而生。

“陛下说过了。正如东乡外务大臣所言，对方并不是意在破坏日本国体，我们对于捍卫国体充满信心。”

松本次官一边做笔录，一边对天皇强烈的意志和自信惊叹不已。天皇一直支持着东乡外务大臣，号召无条件接受《波茨坦公告》。但是如果被问到“无条件投降就可以捍卫国体吗？”这个问题，说实话，现在还是没有这个自信去给出确定的答复。只是天皇清楚，如果现在还在摇摆不定地继续战争，那可能就会永远失去这个机会。现在应该做的就是在这些让人心痛的文件上签字。天皇就是抱着这个信念，才同强烈反对的军队战斗到现在。他相信，即使是无条件接受了敌人的所有要求，也完全可以捍卫国体。天皇赌上了自己的宝座，显示了对于终战的坚定意志。

深受感动的松本次官整个身体都在颤抖，激动之情溢满胸口，脸也涨得通红。他从心底里叫喊着：我们赢了！努力终于得到了回报！而且，他的叫喊是正确的。

与此同时，败军之将阿南陆军大臣只身一人悄悄地回到了陆军省。仰望市谷台上的宏伟建筑，其价值已经大不如前。帝国陆军七十年的历史即将成为过眼云烟。日本帝国无视他坚持作战的决心和努力，同意无条件投降，将国家命运交给同盟军，只能空等指示。现在，虽然还是那个坚持作战的陆军大臣，却要把高喊着本土决战，勒紧缰绳准备勇敢冲向战场的全体军队重新拉回到严肃的退却战线上来。他一个人担负着六百万陆军的重量。陆军大臣算不上强壮，但是在他那紧绷的身体里面，却牢牢地把握着一份“责任”。

现在正是战争的最后紧要关头。一旦陆军陷入混乱，那就意味着又在国内新添战场，结局只能是国家的彻底毁灭。此时，一句古训浮上陆军大臣的心头：严整退兵，方为名将。陆军大臣苦涩地笑了笑。不论这段黑暗的时光有多漫长、多痛苦，都要顺其自然地度过，不要将国家引入毁灭的深渊。

在陆军省等待着陆军大臣的是一群血气方刚的青年军官。陆军大臣刚刚坐在椅子上还没有来得及休息，得知他归来消息的少佐级别的军官们就从军事课和军务课纷纷赶了过来。二十多个人将并不宽敞的大臣室挤了个水泄不通。他们中大部分人的双手在不停地颤抖着。对他们来说，陆军大臣是希望之星。在陆军大臣身上，他们寄予了太多的信赖和必胜的信念。他们盼望着听到陆军大臣的报告和想法。陆军大臣解下军刀，倚在背后的墙上，开始淡淡地描述御前会议的情况。

“陛下表示，他对捍卫国体充满了信心，所以做出圣断，那就是无条件接受《波茨坦公告》。我们也只能遵从圣旨了。陛下也是出于对我们全体陆军的充分信任才做出如

陆军省大楼，战后改为自卫队东部方面总监部

此决定的。”

不论是右倾还是左倾，全军都以阿南大臣为中心团结一致——自从九日那场最初的御前会议以来，构筑在市谷台上的全体陆军的意志突然之间就这样屈辱地走上了投降之路。

然而，很多青年军官都没打算就这样老老实实地接受失败的结局。所有人一直团结一致，小心翼翼地避免着轻举妄动，不就是因为相信以陆军大臣为中心的领导者最终的决心吗？这最终的决心究竟是什么？关于这一点，陆军大臣在十日所作的应对紧急形势的训辞中如实地表述道：“即使是吃野草、啃泥土、睡荒郊，也要坚定不移地继续战斗，坚信可以死里求生。”军官们勇于发动政变的决心也是得益于此。“都忘了吧，全部都放弃吧。”这难道就是今天要说的话吗？

军事课员井田正孝中佐正是这样想的，他向陆军大臣问道：“我想听一下大臣改变决心的理由。”

陆军大臣回答道：“陛下流着泪对我阿南说：‘我理解你的心情，也知道你很痛苦，但是请忍耐一下。’我自己已经不忍心再继续反对下去了。”

阿南是一位忠诚的军人。作为一名将军，他更是忠心耿耿地担负着自己的责任和义务。继续反对下去的话就是作为臣子的不忠，最不能允许他这样做的就是内心的那份坚毅的军人精神。更何况，实施政变计划，只会将不忠不义的骂名流传千古。但同时，陆军大臣也很理解这些血气方刚的青年军官们，他们就像陆军大臣的儿子一样。虽然不赞同他们的政变计划，但陆军大臣对此一直是了解的，或者说在某种意义上已经对他们做出了承诺。他当时是这样考虑的：清除君侧的奸臣之后，事情不就会向着好的方向发展了吗？正因为如此，陆军大臣深感自己担负着重大的责任，他必须安抚这些热血沸腾的青年军官，使他们平静下来。

“圣断既出，唯有服从。不服者就尽管从我的尸体上跨过去吧！”

就在这时，一个军官突然失声痛哭起来。陆军大臣与将军们闻此都面面相觑，一言不发。整个房间的气氛紧绷绷的，唯有那几近于叫喊声的哭泣回荡在这落魄的一刻。畑中健二少佐低着头，任凭泪水冲刷着脸庞。仿佛已经不再对任何东西抱有信心和希望，那张淌着泪的脸就像与外界隔绝了一样，再也看不到任何活力。整个房间安静得仿佛能够听到眼泪落地的声音。陆军大臣沉默着，注视着畑中少佐怅然若失的身影，仿佛在少佐的身上看到了自己的影子。

此时，被泪水淹没的不仅仅是市谷台的陆军大臣室。泪水在所能到达的任何地方尽情地改写着历史。在位于永田町的首相官邸地下大厅里，更多的男人们在淌着泪水书写着。中间一直在讲话的老人也落下了滚滚泪珠，任凭其划过脸庞。《朝日新闻》政治部记者吉武信和柴田敏夫注视着正在激情演说的国务大臣兼情报局总裁下村宏那湿润的脸颊和嘴角，忽然听到了泪珠啪啪掉落在纸上的声音，这才意识到自己也在流泪。在他们看来，虽然下村总裁在御前会议上经受了巨大的冲击，已经筋疲力竭到几近瘫软，但是他终究支撑住了那瘦削的身体，经受住了考验。

“‘不论我的结局会如何，我都想拯救老百姓的生命。如果战争继续的话，结局只能是整个国家化为一片焦土。我实在是不忍心看到老百姓继续受苦受难了……’当天皇说出这番话的时候，没有一个阁僚不为此而落泪。”

下村总裁细致入微地概括了从九日的御前会议以来各种事情的来龙去脉。对此，记者团也进行了毫不客气的提问。大家还没有切身体会到战败的感觉，也认为没有必要去考虑和预见将来会发生什么。这是因为，面对着刚刚结束，甚至是不久前刚刚划过自己眼前的伟大历史转换期，他们有太多想要知道的，也有太多必须知道的东西。柴田记者流着泪感叹着天皇那份不顾自我安危，却想要把国民从战火中拯救出来的心。他一边激动地听着阿南陆军大臣、梅津参谋总长和丰田军令部总长与东乡外务大臣、米内海军大臣之间的论战，一边刷刷地记录着。柴田作为一名新闻工作者书写着现代历史，也见证了很多历史性的瞬间。他怀着强烈的使命感，仔细地侧耳倾听下村总裁的发言，不放过任何只言片语。

这并不是什么记者见面会，情报局总裁秘书官川本信正也边哭边想着。可既然不是记者见面会，那又是什么呢？川本认真地扪心自问。然而当他摸索到自己的内心深处时，体会到的却是莫大的悲哀。

在这期间，兴奋、混乱和幻灭就像燎原之火一样以皇宫为中心向四周蔓延开来。如果火势蔓延到军情激昂、坚决“战斗到最后一个人”的前线去的话，不敢想象会爆发成多么强大的力量。因此，市谷台陆军省和参谋本部必须放弃过去的一切计划，提前确认阿南陆军大臣和梅津参谋总长坚不可摧的承诏必谨的决心。

一直到昨天还存在的强硬态度终于烟消云散了。今天，青年军官们一直处于怅然若失的状态。他们一直抱定最后一线希望拼死挣扎着，现在却都像失了魂儿似的发着呆，瘫坐在各自的椅子上，茫然地望着盛夏的白云在窗外流动着。也有的人不停地流下不甘心的泪水。

参谋次长河边虎四郎中将在八月十四日的《次长日记》中这样描述参谋本部里的状况：“就连平时感觉很镇定的参谋本部在今天下午也有了动摇的迹象。走廊里，处处可以看到来来往往的人们那布满血丝的双眼和哭肿的脸颊。这是必然的结果，也是不得不面对的无可奈何。”

然而，不论是和是战，立刻执行被赋予的任务对于忠心耿耿的将士们来说都是第一要务。作为一名军人，严格遵守上级的命令总是没错的。军人们接受了这样的教导，也忠诚地拥护着这一原则。

东部军管区参谋不破博中佐在这期间前往近卫师团司令

部，拜访了师团长森赳中将。这也是刚刚言及的任务之一。不破参谋与森师团长出自同一个骑兵科，在陆军大学时代也是师生关系。这次就像是儿子有了烦恼，来征求父亲的意见一样。那不破中佐的烦恼是什么呢？归结起来就是，“万一朝廷决定终战，东部军该如何是好”。不破中佐提出的“如何是好”，森师团长立刻心领神会，不需要任何过多的解释。师团长严肃地说道：

“一旦决定终战，就必须谨遵教诲，‘承诏必谨’，断不能轻举妄动。其实从今天早上开始，陆军省那帮年轻人就坐立不安，极为焦躁。他们跑过来强行要求近卫师团奋起反击。我当时的回答就是：只要陛下不作任何指示，我是不会动用一兵一卒的。”

说完，师团长笑着看了看不破参谋，差一点就要脱口而出——“他们肯定也会极力劝说东部军的吧？”参谋忽然想起了师团长的外号“和尚”。与其说是由于外貌相像而得名的，不如说是因为师团长那股子沉着、不为任何事情而改变自己信念的顽固劲儿。

“但是啊——”师团长继续说道，“年轻人的信念实在是太坚定了，恐怕无论我说什么，他们也听不进去啊，以后他们肯定还会来找我的。但是即使我有什么三长两短，也绝对不会向他们的强烈要求低头。此时此刻，东部军也应该下定决心，万万不能做出有违圣旨的举动。但是，这些都是决定终战以后的话了。”

说着，森师团长拄着军刀站起身，伫立在窗边。透过窗户上贴成格子状的防爆胶带之间的细小缝隙，师团长看到了波光粼粼的千鸟渊湖面，还有湖对岸皇宫内吹上御苑里那茂密的森林。御文库就在御苑里面。师团长仿佛透过那片林子看到了天皇内心的苦楚。作为万乘之君受到天下人的仰慕，自己的烦恼却无人诉说，只能全部埋藏在心底。这就是天皇的命运。

此时，森师团长泪流满面。他已经无心向自己最宠信的内大臣木户幸一描述御前会议的情况，还有天皇那表明自己决心的样子了。

下午刚过一点，不破参谋对师团长说了一声“我回去了”，便带着愉快的心情告别了师团长。谁又能想到，这一天，竟成了他与“和尚”的永别之日。

“决定录音广播。”

——下村总裁

下午一点至两点

下午一时许，在位于首相官邸尽头的一个房间里，召开了由全体大臣出席的内阁会议。战争终于要接近尾声了。自从九日接到苏联参战的消息之后，内阁已经经历了好几个不眠之夜，最后终于匆匆忙忙、踉踉跄跄地达成了终战决议。在过去召开过的好几次内阁会议上，阁僚们都是在沉痛的气氛中各自阐述自己的意见。而这一次，所有人的步调却是出乎意料的一致。就在不久之前，为了捍卫国体，强硬地主张提出必要条件迫使同盟国接受，而且丝毫不让的陆军大臣，现在却不再固执己见了。他感觉一切都已经结束了，于是放松了紧绷绷的身体，泰然地坐在沙发里。

以铃木首相为中心，圆形的桌子周围坐着十四个人。从首相右侧开始，分别是大臣米内光政（海）、阿南惟几（陆）、冈田忠彦（厚生）、左近司政三（国务）、下村宏（国务·情报局总裁）、太田耕造（文部）、安倍源基（内务）、小日山直登（运输）、安井藤治（国务）、石黑忠笃（农商）、广濑丰作（大藏）、樱井兵五郎（国务）、丰田贞次郎（军需）、松阪广政（司法）。另外，首相的长子铃木一作为秘书官坐在首相身后。由于首相耳朵不好，所以他经常被特许列席会议，在一旁辅佐首相。此外，法制局长官村濑直养和综

铃木贯太郎内阁

合计划局长官池田纯久也在一旁服侍着。而迫水书记官长则担负着推进会议顺利进行下去的职责。

他们中的大部分人都像是病人一样，连日忧愁的痕迹清晰地刻画在他们灰色的脸上，从中还可以感受到深深的悲伤和无尽的失落。他们的双眼清一色的因为连日哭泣而红肿不堪。有趣的是，年纪最大的长老级人物铃木首相却是面容光泽，这位老人的精神头儿令年轻的秘书都非常震惊。实际上，首相必须以其一人之力支撑越过最后一波惊涛骇浪。为此，他一直非常注重自己的睡眠和饮食。另外，首相一直保持着一颗平常心，在内阁会议上很少发言，面无表情的脸庞和始终如一的姿势甚至会让人怀疑他是不是在听。很少有人能够看穿他内心的想法。

就这样，一如既往保持沉默的铃木首相在九日和十四日，曾经两次强硬地采取非常手段，依据御前会议上天皇的意志做出了决定，凭借自己超凡的政治能力，引导着国家的命运，直至今日[①]。

内务大臣安倍源基

① 关于铃木首相的政治力，作家志贺直哉在其随笔《铃木贯太郎》中有过精彩评论："在

然而，对于内阁竟然前后两次仰仗圣断一事，老人显得有些不满意。在内阁会议刚刚开始的时候，首相就冷不丁地说："实在是不胜惶恐，是我们不够努力。"说完就摆出一副冷淡的表情，接着像往常一样，再次陷入沉默。首相一说出"圣断"二字，有几位阁僚就急忙掏出手帕阻止涌上来的泪水。但是，已经没有时间去考虑为什么流泪了。在已经开始的这次内阁会议上，即将针对战败一事进行确认。

内阁会议最大的目的是审议和确定终战诏书的方案，然后是副署。迫水书记官长表示，要在诏书中对天皇刚才的话语进行一些润色，现在正在修改中，建议会议先审议和决定一些琐碎的议案。为了修改和完善诏书，安冈正笃也来到了书记官室。摆在他们面前的是堆积如山的问题。首先，他们

这种非常时代，政治伎俩已经起不到什么作用了吧。对于日本来说，现在只有找寻一条更好的道路，否则就会走进死胡同……正面冲突的话，谁也可以豁出性命。把目标放得更高，最终如愿以偿——铃木首相就是这样的一个人。在那种场合下，如果他稍稍透露出哪怕是一点点的和平意愿，军队马上就会变本加厉地反其道而行之。于是铃木首相将自己的本意隐藏起来，最终却将破烂不堪的船划进了终战的港湾。而我们至今仍然乘坐着这艘破船。军队召唤着'乘船出海吧'，铃木却只是将船头对准了大海的方向，最终出其不意地将船驶入了终战的港湾。"的确，在那个全民几近疯狂的时代里，一般的政治手段是无济于事的。单单从政治手段这一点来看，高过铃木的人并不是没有。冈田启介、近卫文麿、若槻礼次郎、木户幸一，比起铃木，这些人有过之而无不及。铃木根本不会玩什么政治手段，但是即便如此还能够发挥出如此政治力，追根溯源的话就在于他的无私精神。正是因为无"我"，才能够分清事情的轻重缓急，避免了本末倒置。在那个现在看来根本无法想象的疯狂年代里，铃木首相也因此能够保持清醒的态度，从而做到游刃有余。

讨论了相对来说比较简单的，在颁布诏书之后随之而来的大赦问题。意见达成一致之后，他们对此进行了整理。这时，他们再次意识到，自己正在讨论的议案，竟然是为了吊唁日本帝国的终结。

忆往昔，这届内阁自成立以来，就一直在阴阴沉沉的气氛中反复召开着内阁会议。这绝对是史无前例的。而早在他们第一次碰面的时候，战败的气息就已经弥漫开来。那时候国内外的形势已经相当令人悲观。各自肩负着生产、财政、运输、通信还有粮食的大臣们依次作了报告，但是无一例外地笼罩在浓浓的绝望气息中。小日山运输大臣和丰田军需大臣每天的工作实际上就是叹着气报告因为空袭而造成的损失；冈田厚生大臣担负着对蒙作战受灾者实施救援的任务；安倍内务大臣则一边维持治安，一边进行强制疏散以及房屋的拆除；太田文部大臣已经置教育行政管理于不顾，而专注于动员学徒的工作。没有人再从事建设性的工作，而是每天默默无闻地进行着战败后的清理任务。

农商大臣石黑忠笃

在这之中，有一个格外费尽心血、饱尝苦水的人物，那就是石黑农商务大臣。昭和十九年（一九四四年）大米歉收，到了二十年（一九四五年）夏天，已经不得不降低每个人的标准粮食配给量。而且，并不是从每人一天一升降低到八合[①]，而是从一日两合三勺减为两合。减少一成是迫不得已而且不得不强制执行之策。如果继续保持两合三勺的量，到了八月底，全体日本国民恐怕就要因为断粮而上街乞讨了。新米收获还要等到十月份，到那时，日本国民早就已经饿死了。不论是两合三勺还是两合，其实都是理论上的配给量。实际上，很容易出现到达不了民众口中的情况，迟发、欠发状况接连发生。人们一边忍受着饥饿，一边为了本土决战而疯狂奔走。燃烧弹如雨点般落在他们的头上。石黑农商务大臣仰望着天空，吐出一声长长的叹息。

相比于之前那些充满着混乱、绝望和苦苦争论的内阁会议，这一天，这场给帝国画上句号的内阁会议虽然阴郁得像一场葬礼一样，但却毫无疑问是一场让人心安的会议。这场会议不企图阻止凄惨的、不可逃避的死亡的步伐，而是要脚踏实地地挨个解开那些通向已知结局的算式。来自军队、官员以及国民的杂音已经归于寂静，他们终于可以完全凭借自

① 译者注：十合为一升。

己的意志来采取对策，收拾祖国的残局。一想到这一点，阁僚们的态度就变得格外严肃和认真起来。

内阁会议就这样进行着，其中有几个人一直在翘首企盼着一项决定的诞生。他们不知道，接下来自己会在战争终结的过程中被迫承担起非常重要的责任，却还是一个劲儿地等待着内阁会议的命令。

以大桥八郎为会长的日本广播协会的干部们于一点钟内阁会议开始后不久接到通知："请火速至情报局处，讨论天皇广播讲话事宜。"接到通知的大桥会长、国内局长矢部谦次郎，以及技术局长荒川大太郎一同来到了情报局。在那里，他们听到了一个极为令人震惊的重大消息——"终战诏书即将完成，但内阁现在还在审议是采取天皇直接广播的方式还是录音的方式。总之，决定了的话会立刻通知你们。所以不管怎样，一定要抓紧时间做好准备。"

通过由下村情报局总裁和木户内府所规划的天皇广播讲话，基本上确定了终战一事。而大桥等人对此则一无所知，他们简直不敢相信自己的耳朵。他们万万没有想到终战会是这样的结局，更没有想到像神一般威严的天皇竟然会那样破天荒地计划站在话筒前向全体国民进行广播。当他们听到天皇在御前会议上所说的"如果需要我向国民进行呼吁的话，我随时可以站在话筒前”这番话的时候，更是忽然间被席卷而来的巨大悲伤和强烈感动所震颤。他们就像几尊雕像一样，一动也不动。

就在这时，沉浸在悲伤之中的矢部局长忽然想起了一个不为人知的故事。这是一个关于天皇与话筒的故事。事后想起来反而像是在炫耀自己的功劳，但在当时，这算得上是一次让人不寒而栗的事件，是广播史内幕中一个鲜为人知的片段。昭和三年（一九二八年）十二月二日，当时还是广播部长的矢部正在家中收听为了记念大典而在代代木练兵场举行的陆军特别阅兵式的实况广播。突然间，他听到天皇的声音从广播里传了出来，不禁大吃一惊。当时，话筒其实是在天皇身后五十米开外的位置，而且现场戒备森严。可能是顺风的缘故，天皇正在朗读诏书的声音竟然传到了话筒里，当然，也传到了全体国民的耳中。

大惊失色的矢部立即向当时位于爱宕山的广播局跑去。广播局里一片混乱，脸色惨白的部员们不知道该如何收场，陷入了恐慌之中。

然而，就在那时，矢部毅然决然地做出了指示：“如果被邮政省问起来今天是谁在监视广播的话，你们就回答说是广播部长自己在监视的。”

矢部已经做好准备，要承担全部的责任。所有人都不知道事态会如何发展，不知道宫内省、陆军部还有右翼团体等相关方面会怎样想。他们会给广播局出什么样的难题呢？事态也正如预料的那样愈发严重，矢部局长不得不承担起全部责任。

然而，救命稻草就这样不知不觉地降临了。久迩宫多嘉王的御附武官有一次曾经对陆军次官说道："大妃殿下（绚子女王）听了那个广播，非常高兴。"于是局面就此扭转，逐渐向好的方向发展。陆军部的态度软了下来，与宫内省的交涉也在顺利地进行着，事情最终还是有惊无险地平安解决了。

矢部国内局长想起的就是那个时候的事情。他曾经两次奉命承担起天皇广播的重大责任，对此感到非常不可思议。虽然在那次歪打正着的事件之后，广播局曾在昭和十五年（一九四〇年）、十八年（一九四三年）两次申请广播天皇的讲话，都以被拒绝而告终，但矢部还是感受到了自己与天皇广播之间越来越强烈的因缘。

不管怎么说，广播协会的首脑大桥、矢部，以及荒川都感慨万分地回到了广播局，等待着不久之后将会从情报局传来的内阁会议的最终决定——向全体国民广播终战的消息时，是采取天皇直接广播讲话的形式，还是录音广播的形式。不论是选择了哪一种方式，都不允许有任何疏忽，责任非常重大，必须运用最高的技术，投入万分的谨慎才行。

此时此刻，内阁会议正在针对广播方式的问题进行着集中讨论。起初，有阁僚反对道：“一想到天皇陛下要亲自站在话筒前，还是感到不胜惶恐。”但是除此之外，再也找不出更加彻底的终战方法了。即便如此，大多数人仍然认为，为了保险起见，还是采取录音的方法比较合适。正在出席记者会的下村情报局总裁被召了回来，满头大汗地再次参加了内阁会议。下村也同意采取录音的方式，于是广播方式最终被确定下来。录音的场所以及其他准备工作全部委任给了总裁去打理。而广播局大桥会长一行人很快也收到了来自下村总裁的简洁而明了的命令。

“决定采取录音广播形式。下午三时之前请务必携录音班一起前往宫内省。”

宫内省方面也收到了同样的命令。总务局长加藤进向庶务课长筧素彦命令道：“一定要采取绝密的方式进行录音的准备工作。”关于录音地点的问题，他们谈到了二层的御政务室（也称“表御座所”），认为这是一个比较理想的选择，不论是场所还是大小，都非常合适。

侍从入江相政去看望被调到盐原御用邸的内亲王，这时也刚好回到了京城。他听闻了两次圣断和已经决定无条件接受《波茨坦公告》的消息。但是对于即将到来的新局面，他完全没有任何切实的感觉。炮弹满天飞的景象已经不会再有，抬头也不会再看到迎面飞来的燃烧弹，期待已久的安宁就要到来了。这一切都让他难以置信。他感觉自己就像是被遗落在了屋子里一样，无比的空虚。首都已经满目疮痍，剩下的都是让人心痛的废墟。这位成熟稳重的侍从根本想象不到，这一片瓦砾堆里面，真的会萌生出让人重振希望的和平吗？于是，他向侍从长藤田尚德报告了内亲王的近况之后，就马不停蹄地投入到录音的准备工作之中。不得不做的杂务堆成了山，多得数不过来，而侍从对此竟然颇为欣喜。

情报局总裁下村宏

藤田侍从长于一点半与木户内大臣进行了面谈，传达了从入江侍从那里听来的“报告”。木户一副悲痛的表情。“陛下虽然表示可以前往陆、海军省，亲自去安抚那些态度激烈的军官们，但是这样真的好吗？”他问道。自从建军以来，陆、海军第一线的士兵们所向披靡，不知战败为何物，接受着宁死不当俘虏的教诲。要想让他们接受战败的事实，实在是难上加难的事情。同时兼任海军大将的藤田侍从长只得回复道：“这真的是一件非常重要的事，万万不得草率决定。”

在这之后，木户内大臣又会见了侍从武官长莲沼大将，继续就这个问题进行讨论，莲沼同样也没能给出一个很明确的答复。对于这些有着丰富的经验和知识，还有沉着冷静的洞察力的老提督和老将军来说，同样很难去预测事态会发生怎样的急剧变化。是会发生激烈的叛乱和暴动，还是就这样静静地投降了呢？

在这最后关头，陆军仍然坚持着本土决战的口号，认为只有通过本土决战，日本才能赢得最后的胜利。他们倾尽全力，想要把局面扭转朝着决战的方向，并且一步一步切实地实施着计划。对于政府的声明和首相的宣言，陆军都通过殊死的搏斗显示了支持的态度。忽然沦落到了要投降的地步，就算看在过去努力的分儿上，也不可能再向全体国民保持沉默了。

木户内府、藤田侍从长以及莲沼武官长对此都隐隐地担心着。但是，如果因此将战败的责任全部推到天皇的身上，实在是不胜惶恐。他们只得否定了这个想法。

那么除此之外还有什么更好的办法呢？对此，三个人实在没能起到一个诸葛亮的作用，想不出更好的解决办法。除非将全部的责任都推到陆、海军两位大臣的身上。除此之外……就现在来说，最好的做法也许就是看看陆、海军大臣的意思如何再想对策吧。一时五十分，莲沼武官长说道："立刻派人去问问阿南和米内两个大臣的意见。"

事实上，老提督们和老将军们的担忧在这一刻正在缓缓地变成现实。不论圣断如何、陆军大臣做出怎样的决定，以及全体军队的意志会发生怎样的变化，那些血气方刚的军人们都已经开始行动起来了，他们逐渐登上了历史的舞台。

听到阿南陆军大臣强硬的回答，畑中少佐一个人在陆军大臣房间里放声大哭。青年军官们大都茫然若失地离开了大臣办公室，像一个个泄了气的气球一样，只有少佐留在原地痛哭着。终于，他决心要振作起来。

想要与历史的大洪流抗争，除了要有顽强的决心、不问是非曲直的满腔爱国热血，还需要一股视死如归的坚定信念。畑中少佐身上除了上述品质外，还多了一份东西——充满活力的个性，一颗单纯到足够吸引人的纯净心灵。而最重要的，他是一个感情丰富的青年，是一名军人[①]。

除了畑中少佐，还有一个具有叛逆精神的行动家。他可以称得上是一位大人物了，而且是一员身经百战的猛将、著名指挥官。他在面对战败结局的时候，并没有像少佐一样失声痛哭，而是变得更加斗志激昂。不论是不是上司，他都不管三七二十一地发表着自己的意见，丝毫不会被勋章和等级章上星星的数量所震慑。他曾经说过：

“哪怕已经弹尽粮绝，只要还有一口气，无论多么艰苦都要夺回陛下和国土。我已经做好了准备，就算是单枪匹马，也要将抗战坚持下去。”

于是，他在十四日上午兑现了自己的诺言，向着绝对抵抗的目标，以一己之力开始了战斗。为了动员怯懦的海军省和军令部，他给大臣、军令部总长、总队司令长官等人，以及全海军最高指挥官都发送了长文电报。这篇可以称得上“出师表”的电报传达着勇猛和果敢的精神。其中一节这样写道：“帝国军人有着誓死不投降的信念和决心，必然会与强制

① 《东部军终战史》中关于畑中少佐是这样描写的：“平和温良之士，言语态度极其温和……凡是有深交之人，最后皆不忍离开他……就是这样一个连铁石都能融化的激情之人。”另外，当时少佐在陆军省的上司、同事以及晚辈们都不约而同地评价道，最重要的是，少佐是一个无比纯情的青年。但是下村宏在著作中这样评价道，少佐虽然纯情，却是一匹单纯得过了头的拉车的马。椎崎中佐体力拔群，但却寡言少语，会一边吟唱着“战友”之歌一边泪流滚滚。他就是这样纯情的一个人。

推行投降条件的当局发生冲突。”这散发着一股浓浓的政变气息。然而，在这份电报传到各个指挥官的手里之前，中央就已经做出了投降的决定，海军的方针也基本确定了。

不知道实情的他越来越决意要固守自己的城池。当年迈的藤田侍从长和莲沼武官长正在宫中聚首商量计划的时候，他已经取道横须贺西北，驾车飞驰在将要把人烤焦的热浪之中了。他的前方是海军三〇二航空队厚木基地的方向，赞成他彻底抗战论的部下正在那里严阵以待。三〇二航空队是一支直属于东部军司令官的防空战斗机队①，汇集了雷电、月光和彗星等新锐战斗机，是一支见敌必歼的勇猛部队。而他，就是这支部队的司令——海军大佐小园安名。

① 防空战斗机队原本直属于横须贺镇守府长官，但是在昭和十九年（一九四四年）七月左右，在国土防卫统一化方针的指导下，划归到了各自管区内陆军防卫司令官的麾下。

"军人要勇于自己承担责任。"

——米内海军大臣

下午两点至三点

这一年的夏天格外酷热难耐。烧焦变形的铁皮反射着刺眼的阳光，热气喷涌而出。瘦骨嶙峋的人们拖着身体走在大街上，走在这仿佛凝滞了的热浪之中。

陆军省军事课员井田正孝中佐茫然地坐在自己的椅子上发着呆，军装的领口邋遢地向外翻开。意志消沉的他仿佛是被人彻底打垮了一样，毫无气力。一个小时之前还斗志满满、精神高涨，如出鞘宝刀一样的他到哪里去了呢？他诘问着自己。此时此刻，他提不起精神做任何事情。

对于信仰神州不灭的大和民族来说，比生命更重要的难道不是自己国家的国体吗？眼下，这段耀眼的国体历史就要因为一个投降的决定而被白白地葬送了。只是因为天皇做出了圣断，就毫不迟疑地……对此，井田中佐从心底感到久久不能释怀。因为吝惜自己的生命就藏在承诏必谨的美名后面，将责任全部推到天皇的圣断上，这样就大功告成了吗？中佐不由得对中央这种卑劣的做法充满了唾弃之意。日本不会是因为承受不住苦难，就要自生自灭了吧？井田中佐漠然地思索着。

然而，中佐仿佛已经被抽干了气血，连站起来的欲望都没有了。他想振奋一下精神，可是周围太虚幻了，支撑他继续活着的唯一一个目标也已经被连根拔走，他感到自己像是已经死去了一般。他甚至想，反正明天也是一死。他彻底看透了眼前的状况，事到如今，身体已经如粪土一般支离破碎，还有什么必要慌慌张张、不知所措呢？他只是在一旁冷眼看着直属上司荒尾课长和同事们在为了终战的后续事宜忙碌地工作着。

井田正孝中佐

军事课长荒尾兴功大佐与井田中佐的观点不同，他选择了直面眼前的悲剧。长期以来，以阿南陆军大臣为中心的陆军还呼喊着本土决战的口号，试图谋求全军的统一，消除本来就意志不坚定的国民对军队的不信任感，使全体国民团结起来共同退敌，尽可能多地挽回一些有利条件，以求稍稍体面地结束战争。直到昨天，荒尾大佐还认为这种号召是极其有深意的。可是，这个重大战略已经被舍弃了。在圣断已下的今天，“承诏必谨”再一次被重视起来，意图就是通过贯彻这个方针，使全军达成一致，在保全皇军体面的基础上，严肃而井然有序地结束战争。其实，本土决战也好，“承诏必谨”也好，看起来不一样，但是出发点都是相同的。“统率即道义”是陆军大臣经常挂在嘴边的信条。荒尾课长坚信，只要全军一致，施行道义，战败后的日本就一定能够从瓦砾堆中重新振作起来。这也算是对陆军大臣本意的深刻领会吧。

荒尾更加坚定了内心的信念，并立即付诸行动。他甚至会因此背负“卑怯者”的污名，但还是冒此风险火速开始推进工作。他奉陆军次官若松只一中将之命，接过了将“陆军的方针”作为文件留存下来这一极其重大的使命。战败并不代表亡国，只有在最后关头发生内战才是通向亡国的必然之路。因此，必须把陆军的方针视为绝对的权威，无论如何都要采取整齐划一、有条不紊的行动，直到战争结束。对此，荒尾认为必须要向陆军的老前辈们请教一下。

他想要邀请的将军如下：第一总军司令官杉山元元帅、此时正巧在东京的第二总军司令官畑俊六元帅、梅津参谋总长，以及教育总监土肥原贤二大将。荒尾课长通过副官与将军们取得了联系，又派使者前去拜访正在参加内阁会议的阿南陆军大臣，意图得到陆军大臣的同意。使者立刻奉命驾车前往首相官邸。

首相官邸中，内阁会议正在进行着。下村国务大臣再次返回了记者会见的现场，其他的阁僚们也都在不知疲倦地坚持着。只有米内和阿南两位大臣频频被来客叫出去，内阁会议数次因此中断。侍从武官领会了木户内府和莲沼武官长的意思，作为使者从宫中来到首相官邸。他们向两位大臣传达了天皇的意志——为了能够平稳地收拾残局，自己可以亲自前往陆、海军省。听罢，两位大臣异口同声地说道："不能再麻烦陛下了，军人要勇于自己承担责任，请你这样回复陛下。"[①]

虽说时有中断，但内阁会议还是毫不懈怠地继续进行着。这是一场表面看起来异常平静的内阁会议，但是阁僚们的视线却都不约而同地聚焦在阿南陆军大臣身上。他们陷入了困

① 众多书籍都有记载，米内海军大臣是立刻这样回答的；过了一段时间，本来有些迟疑的阿南陆军大臣似乎也同意了。但是在池田纯久的著作和谈话中可以看出，阿南陆军大臣立刻就应允了。

惑之中。陆军大臣在过去的内阁会议上一直是无条件投降的强硬反对派人物，如今却像是已经忘得一干二净一样，悠闲地坐在投降派的阁僚中间，只是在需要陈述意见的时候才会开口说几句话。但是这种异乎寻常的平静很容易让人心生疑惑——此时此刻，陆军大臣很有可能正揣着自己的辞呈。这难道就是所谓的暴风雨前的平静吗？陆军大臣依然扮演着“台风眼”的角色。

教育总监土肥原贤二

内阁会议通过了由池田综合计划局长官提出的议案，那就是严禁在殖民地的破坏行为。退军的时候，为了避免设施和军需品再次落到敌人手中，需要全部破坏掉——这是过去的战术和原则。但是现在，这种行为被禁止了，政府对此的考虑是：把这些海外的设施原原本本地保存好，以应对将来不得不承担的赔偿问题。现在必须要将此事连同终战命令一同提出，否则恐怕会陷入不可挽回的局面。对此，池田长官早就已经强调过了提前采取措施的必要性[①]，阁僚们对此也

① 池田纯久的预想却出乎意料地彻底失败了，因为苏联把满洲的这些设施全部当作自

表示了赞成。米内和阿南两位大臣也约定要立即命令负责此事的课员采取相应措施。

就这样，阁僚们依次处理、决定着各项事务。就在这时，在距离首相官邸千米之外的广播协会的大楼里，另外一个计划正在紧锣密鼓地展开着。收到从内阁会议传来的录音决定后，荒川技术局长将此事低声告诉了技术局现业部①部长熊川严，命令他立即进行录音准备。熊川部长考虑了一下，将技师长友俊一叫到自己的房间，神色紧张地说道：

“现在有一个极其重要的录音……”

之后便没有再说些什么，只是命令技师去进行准备工作。因为此时熊川部长还没有从荒川局长那里听说任何与录音内容相关的信息。然而不知为何，长友技师从部长的脸色中竟然看出了一丝异样，那就是——所谓的“极其重要的录音”其实就是“天皇的录音”。从这一刻起，长友技师就已经置身于这一重大的历史转折中了。长友技师深谙，这是一项不可逃避的任务，他按捺着内心的激动之情，做好了承担重大责任的准备，然后一言不发地走出了房间。

己的战利品带回了国。如果是战利品的话，就不能再起到替代赔偿款的作用了。然而，这项决定对于亚洲的解放来说大有裨益，这是不争的事实。

① 负责管理公营企业的机关。

于是，技师怀着极为慎重的心情准备好了录音器材，分别是K型－14录音机两台和录音增幅机两套，麦克风则选择了性能最好的马自达A型。不但器材是最好的配置，连技术人员也是由最优秀的成员构成的。虽说并没有人提到这是天皇的录音，但是所有人都心知肚明地工作着，默默承担着自己的一份责任。现业部副部长近藤泰吉被任命为录音班的负责人，与长友技师、春名静人、村上清吾，以及玉虫一雄共同组成了四人工作小组。这群兢兢业业的工作人员分秒必争地工作着，力求消除现在的混乱、破败和颓废，扭转局势，使之向安稳和建设性的方向发展。

然而就在此时，与他们刚好呈对立态势的一个危险组织隐秘地形成了。就在广播局的员工们准备录音器材的时候，另外一班人马正在埋头研究着什么是“圣心”，什么是“国体之精华”这些重大命题。他们专注而认真，甚至弥漫着浓浓的杀气。尽管如此，他们的讨论却是片面的，大命题刚开始就被限制在了“军人精神”这个框架之中，他们自己却没有意识到这一点。他们受到的教育一直就是，要么全军覆灭，要么大获全胜。对他们来说，没有投降这一选项。如果奉天皇之命战斗到底的话，哪怕是全军覆灭也不能算是失败。他们就这样一直被灌输着这种神秘而彻底的观念。

椎崎二郎中佐和畑中少佐一同前往近卫师团司令部拜访了石原贞吉和古贺秀正参谋少佐，表达了自己的想法[①]。如果天皇的权力也受到某种外力的限制，那捍卫国体一事就会彻底化为泡影。要想排除这个外力，皇军的努力是必不可少的，这也是皇军的任务所在。换句话说，接受《波茨坦公告》就意味着天皇要受到外力的压制，而皇军则是消除这种外力的主力，现在却被解除了武装。这样一来还怎么能够捍卫国体呢？在这种只有胜利和全军覆灭两个选项的关键时刻，怎么能够在捍卫国体这个问题上做出这样的妥协呢？纵观古今东西的历史长河，像这样的妥协性求和是完全不能想象的。比起妥协，陆军宁愿采取“一亿玉碎”（指一亿国民全部战死）的态度。然而，无限光荣的陆军大部分指挥官却始终如一地坚持认为，终战是圣心所指，所以理应顺从。但是谁又能保证投降这个主意真的是出自天皇之口呢？会不会是心怀投降主义的要臣们擅自决定之后，强迫懦弱的天皇和皇后接受的呢？天皇也是大元帅，应该不会做出那样的决定。不如说是那些疲于继续作战、害怕丢了性命的要臣们，他们的心早就凌驾于真正的爱国心之上了吧？

① 没有方法能够确认四个青年军官此时是不是正在谋划叛乱，但是参照了荒尾兴功、井田正孝、竹下正彦的意见，再加以类推的话，皇宫事件就是从那个时候开始的。

他们这样考虑着，讨论着，相互说服着。终于他们意识到，只是凭嘴上说说是毫无意义的，必须要行动起来，要真正地为了捍卫国体而毅然决然地献出生命。他们决心要昭示一个事实，那就是比起承诏必谨，他们的行动、他们的死才是至高的、神圣的归宿，并不是单纯的一个人死去，而是为了凛然大义而死，是因为深知自己承担着某种使命才会舍弃生命。他们以楠木正成的“凑川之死”为榜样，做好了一切心理准备，即使失败了，也甘愿为了日本能够摸索出一条理想的道路而牺牲自己的生命，哪怕为此背负污名也在所不惜。此时此刻，他们也许是受到了自身的某种悲壮美学的蛊惑，希图为即将消亡的日本陆军那光荣的历史末页进行一番粉饰。

就在这些悲叹、愤慨、怒火和忧伤交织在一起，青年军官们即将要最终确定叛变计划的时候，陆军省大臣接待室召开了陆军首脑会议。一直被青年军官们认为是徒有美名、应该被唾弃的承诏必谨“陆军方针”即将被正式决定。出席会议的有三位长官（大臣、参谋总长、教育总监）、畑俊六和杉山元两大元帅、次长、次官、本部长、部局长、报道部长、调查部长、军事军务二课长、总务部长和高级副官。

若松次官取出一份文件，放在了阿南、梅津、土肥原、杉山和畑围坐的桌子上，说道：“这是本职根据参谋次长河边阁下的提议写成的书面文件，请各位在上面签名。”

阿南陆军大臣通读了一遍，没有说什么，第一个在上面签上了名字。

> 陆军的方针：八月十四日十四时四十分，大臣接待室，皇军严格谨遵圣断采取行动。

这行字的下面签着“陆军大臣阿南惟几”几个字。紧接着梅津、土肥原、杉山、畑也依次署名完毕。梅津参谋总长说道：“协调航空部队的行动也很重要，所以在下认为有必要拿到航空军总司令官的署名。”[①] 将军们对此表示了赞同。至此，陆军的方针已经趋于完善。

而违反该方针的人就成了背叛者，就是叛军。

---

① 会议结束后，若松次官将文件送到了航空军总司令官河边正三大将那里，说明情况后拿到了司令官的签名。

“简直是重蹈永田铁山的覆辙。”

——田中司令官

下午三点至四点

日本全国笼罩在死亡的阴影之中。东京已然成了一座“死城”，到处是一副荒无人烟的落寞景象。下午三时许，刺眼的阳光透过万里无云的天空直直地倾泻在日比谷大街上。广播协会的大桥、矢部、荒川三位首脑和录音班的五个人乘坐宫内省的两辆车往坂下门飞驰而去。

虽说战争还在持续，但是皇宫内对于服饰的要求仍然非常严格。而这一天由于事发突然，大家也没顾得上服装，基本都是身着带有礼仪章的国民服①。矢部局长的国民服还是临

① 译者注：二战时期，日本于昭和十五年（一九四〇年）规定的男子日常必须穿用的、类似军服的土黄色服装。

时向报道部长高桥武治借来的。由于穿在身上有些肥大，所以他一直隐隐地担心着，这会不会显得不敬呢？到达宫内省的一行人注意到了早早等候在那里的情报局第一部长加藤祐三郎和广播课长山岸重孝，这几个人同样身着非常合体的国民服。所有人都不清楚自己的使命是什么，但他们个个都浮现出一副异常紧张的表情。

录音相关人员被领到宫内省二层的等候室，他们检查过设置有麦克风的政务室和隔壁用于拜见天皇的房间之后，立刻开始了录音的准备工作。由于还没有确定录音的具体日期，他们只得尽可能早地做好准备。

就在那时，宫内省的工作人员询问录音完毕之后，天皇可否立即收听的问题。由于没有准备重新播放录音的装置，所以得到的回复是，如果有需要的话就安装一台。虽然不知道需不需要，但为了万无一失，长友技师还是决定与玉虫技术部员一同去把东京绝无仅有的那台双连录音播放机取来。

这台播放机被安放在日比谷第一生命馆的地下室，那里有一个“保密室”——是为了广播而设立的备用录音棚。一旦广播会馆被炸毁，常用的录音棚被破坏，还可以在这里继续进行广播。当车辆行驶进大树底下的树荫里时，他们感受到带有凉意的空气轻拂过汗津津的脸颊。原来东京也还有这么生机勃勃的绿色啊！他们依然记得当时那份奇妙的感动之情。

此时此刻，位于市谷台的陆军总部也同样笼罩在一片美丽的绿色之中。然而，那里的居民们望着那片茂盛的树林，眼神里却透露出用语言无法表达的落寞和凄凉。谁又能想到，堂堂帝国的陆军军人有一天竟然会怀着这样凄惨的心情站在市谷台上。当然，这也是罪有应得的结局。帝国陆军必须为自己从昭和六年（一九三一年）“满洲事变”[①]以来的野心、蛮横和虚伪付出代价。

他们已经忘记了自己不仅仅是一个战斗集团，还忘记了日本的优越性和道德的规范。他们是一支拥有崇高荣誉的军队，而现在，他们已经完全忽视了这一点。这些军人过分地强调着纯日本的精神，认为一亿日本人都是为了军人精神而生的，坚信作为一名军人，理应为了这种精神而献出生命。这种顽固的精神愈发膨胀，由此出现了一批对政治抱有浓厚兴趣的军人。至忠至诚和强大的战斗力已经不再是军人最重要的品质，甚至上前线都变成了一种惩罚。军风军纪越来越涣散，有没有都没什么两样。整个军队就像是布满裂纹的瓷

① 译者注：满洲事变，即九一八事变。是日本在中国东北蓄意制造并发动的一场侵华战争，是日本帝国主义侵华的开端。

器一样，完全失去了内部批判性。明事理的军人们深知，这种侮辱是他们应得的惩罚。

作为其中一员的阿南陆军大臣在陆军首脑会议结束后并没有立刻返回内阁会议，而是把自己关在房间里，孤零零地站在窗边。他想起了对天皇做出的承诺——“军人将会自己承担一切责任”。他意识到，绝不能任由陆军这个易碎的危险品破碎，而应该将其放在合适的位置上。于是，陆军大臣命令陆军省课员以上的全部人员到陆军省第一会议室紧急集合。

在虚无、幻灭和痛恨的目光中，陆军大臣登上讲坛，缓缓地开口了。早在十日天皇做出圣断时就决定了是和是战取决于盟军的答复，所以他曾命令大家作好和与战的两手准备，静观时局的变化。然而在这天上午，天皇再次做出圣断，最终决定结束战争，并表示可以亲自前往陆军省说服军人们。

“现如今圣断已下，吾辈也多次蒙受天皇的恩惠，对于陆军来说，摆在眼前的路只剩下一条，那就是谨遵圣断，并且付诸实践。在‘捍卫国体’这个问题上，天皇今天也表示‘很有信心’；在元帅会议上，他也对元帅说‘朕有确凿的证据’。所以，今天三位长官和元帅会晤时也决定要遵照圣断开展行动。”

若是平时，这样就已经足够了，全体陆军的方向也已经决定了，只要是陆军大臣做出的决定，不论如何也是不能提出异议的。然而时代骤变，有军人公然断言：虽说是大元帅的命令，发现错误也应该立刻进行阻止，这才是真正的忠诚。于是大臣继续说道：

“今后皇国的苦难将会越来越深重，诸位……”

会议室里一片肃静，可以听到各个角落里部属们哭泣的声音。在他们中间，竹下正彦中佐一脸严肃地端坐着。三小时之前，这位中佐还强烈地提议陆军大臣辞职，制止副署签字，甚至主张本土决战以求体面地结束战争。然而他此刻却同其他人一样，为陆军大臣的话感动不已。听到大臣说出“诸位”的时候，他惊讶地抬起了头。按常理来说，大臣应该说“我们”的，可见大臣已经将自己排除在外了！竹下中佐再次感受到新一波强烈的感动。大臣已经做好准备，要引咎自杀了。

“请诸位牢记在心：过早的玉碎绝不是解决问题的办法。哪怕是啃泥土、睡荒野，也希望诸位能够为了捍卫国体而奋斗到底。”

大臣平静地结束了训话。所谓“过早的玉碎”，其实指的就是自杀。大臣意在告诫大家要在国土被占领后继续为了捍卫国体而努力奋斗，要在天皇的命令下自杀，也要在天皇的命令下忍痛解除武装，这才是皇军真正该走的道路，也是皇国的生命所在。感觉到这是陆军大臣最后一次训话的不只是竹下中佐，很多人的直觉都告诉他们，陆军大臣就要引咎自杀了。

接着，出席了御前会议的军务局长吉积正雄站了起来，如实传达了天皇的旨意，详述了大臣的训话。然后，若松次官代表全员致辞，决定严格遵守大臣的训话。满洲事变已经过去了十五年，全体陆军一直追求的目标在陆军大臣刚刚的训话中得以实现。建军十七年来，用血肉筑起帝国陆军精髓的将军们的亡灵和满满的回忆，在这栋大楼里面无处不在。如果这些伟大的前辈们能够看到今天的一幕，看到会议室里这些神情极度严肃的男人们在为了最后一个任务而努力，会送上什么样的祝福呢？此刻，男人们目送着陆军大臣走下讲坛、默默离开的背影，充满了无限的敬意。他们预感，这将会是他们与陆军大臣的诀别。

但是，有几个不服气的青年军官并没有列席大臣训话的会议。因为没有点名，所以并不清楚是谁缺席了会议。比如井田正孝中佐，他虽然知道要集合开会，仍然不愿意动身前去，而是回到了陆军省的地下防空室。在他看来，这一切都是愚蠢至极的，自己也仿佛正失魂落魄地漂浮在酷暑的空气中。

椎崎二郎中佐和畑中健二少佐也没有出席会议。他们为了实现自己的理想，正分头奔走在皇宫的周围，寻找志同道合之士。当陆军大臣登上讲坛，环顾会议室里的下属时，畑中少佐正在东部军管区司令部的司令室拜访司令官田中静壹大将，而司令室位于日比谷第一生命馆的六层。此时此刻，一种奇妙的偶然在支配着一切。就在同一时间，技师长友和玉虫正在生命馆的地下室满头大汗地试图卸下录音播放机，想要将其运送至宫内省去。这时，热血沸腾的畑中少佐急匆匆地跑上了技师们头顶上的楼梯。

田中大将很快答应了同畑中少佐见面的事情。副官塚本清少佐为了以防万一，手持军刀站在司令室的内侧警戒。畑中少佐大声喊了报告之后走进了司令室。刚一进来，田中司令官就给了他一通暴风雨般的当头棒喝。

“你来我这里干什么！你心里的算盘我全都知道，什么都不用说了，请回吧。”

决定终战的消息传到了东部军那里。同时，“青年军官中有人正在蓄谋暴动”这一暗藏危险的消息也传到了大将的耳中。

必须要给这段悲惨的战争画上句号了，在田中司令官和参谋长高嶋辰彦少将，以及其他东部军干部的心中，这样的决心愈发强烈。

东部军管区司令官田中静壹

他们是实际作战部队。正因为如此，他们比别人更早地认清了现实，那就是除了早日结束战争以外，对于已经走向末路的日本来说，别无他选。管区内的大部分兵工厂都已经被摧毁了，国民的内心充满了对战争的倦怠，军队的作战能力也由于人数的过度扩充而愈发低下。他们意识到，如果在这个节骨眼上敌军的机械化部队靠着空军的支援趁虚而入的话，关东平原可就要沦陷了。

然而更重要的是，预计的登陆地点都分布在住宅区及生产区域。他们根本没有仔细考虑过这方面的问题——在这些地区生活着一千二百万居民，将他们转移到哪里去才安全呢？眼下的状况是，根本没有可以用来转移民众的土地和粮食，也不知道敌军登陆后民众将会受到怎样的对待。他们只是草草地以他们的军人精神论调来敷衍了事，认为日本人心中的大和精神决定了民众绝不会做出任何妨碍军队的行动，他们只会心甘情愿地为了死守国土而牺牲自己。

然而，在敌人登陆前歼灭他们，真的就像嘴上说的那么简单吗[①]？

悲剧性的矛盾摆在了田中司令官和高嶋参谋长的眼前。在同盟军连日连夜的疯狂空袭中，真正深陷于火海中的恐怕不是军队，而是手无寸铁的民众。现实就是，日本已经走上末路，仅仅靠个人的力量已经无济于事了。他们担负着防空的使命和任务，现实让他们的良心备受谴责。如果撇开军人的职责客观地进行判断的话，除了结束战争之外，已经无路可走。他们不得不硬着头皮面对这个事实。

田中司令官深谙这个事实，他十分明白，就算是军队现在违背圣断奋起反抗，民众也不会跟进的。他能够预见到这样惨痛的事实，所以一看到畑中少佐的脸就忍不住大声训斥了一番。

畑中少佐脸色苍白，嘴唇颤抖着。他像是想要说些什么，声音却嘶哑着说不出话来，只是像根木棍一样呆呆地站立着，最后机械性地敬了个礼，什么都没有说，就这样离开了。塚

① 事实上，参谋本部首脑和阿南陆军大臣所考虑的是在预计十月展开的九州登陆作战中给予敌人沉重一击，然后再提出终战。如果敌人在关东地区登陆的话，日方就无任何胜算，只能打游击战了。

本副官终于放下了心里的石头，望着司令官。司令官正好也往这边看了过来，并且说：

“塚本啊，这次要是稍有闪失，我们就会重蹈永田铁山的覆辙啊。”

汗流浃背、东奔西走的并不只有畑中少佐一个人。木户内大臣也忙得像是热锅上的蚂蚁，感觉即使有分身术也忙不过来。三时二十分，三笠宫拜访了木户，两人推心置腹地交谈了一番。三时四十分，木户会见了莲沼侍从武官长。木户和其他人最担忧的就是军队会奋起反抗。因此，如何让军队接受终战的决定，如何不流一滴血就使他们收兵呢？有什么两全其美的办法可以解决问题吗？他们就这些问题进行了讨论。

四百三十万陆、海军官兵，一万架敢死队飞机，三千三百枚海上特攻兵器在日本国内各个地方已经做好最后大决战的准备并且伺机而动。全军都像是熊熊燃烧的火把一样，方针就是不惜一切代价，哪怕全军覆灭也要拼死决战。士气受到了极大的鼓舞。负责指挥的陆军统帅夸下海口：整个战争期间，陆军打的全部都是小规模的岛屿战，而且仅仅是在补给战中战败过。如果十几个师团正面进攻，实施陆上作战的话，陆军是不会轻易失败的。如果连仗都没有打过，一夜之间就被敌人解除武装，不论是对于军人还是军队来说，都会遗恨千古。

木户内府他们最担心的就是这一点。活着受辱，成何体统！这种强烈的悲痛会演变为疯狂的行为，怎样才能保证军队中不会发生预料不到的骚乱？莲沼侍从武官长向木户传达了两位大臣的答复，那就是陆、海军将全权负责军内事务。木户对此也表示同意。但是，这个男人的心中仍然充满了忧愁，挥之不去。

三时五十分，警视总监町村金五登门拜访木户。总监似乎想要消散内府心中的忧郁，他肯定地说道："您完全不用担心治安问题。"木户点了点头，等待着总监的下一句话。因为若想平安无事地维持治安，一定是需要什么条件的。然而总监继续沉默着，木户也没有继续追问下去。即便不说话，他们也都已经心领神会彼此的意思。不能再拖下去了。第一条件就是"必须要以电光火石的速度来完成终战的手续"。而阻碍这个条件实施的，恐怕就是陆军了。两个男人这样想着。

木户他们的担心不无根据。虽然军队的大方针是"承诏必谨"，可是战败后如何使军队乖乖地解除武装，具体要怎样实施，仅仅凭借单纯的想象来确定方法以及时间等，是不可能得出切实可行的方案的。有史以来，大家第一次体会到了灭亡的滋味。各种谣言满天飞，其中有一条格外深入人心：敌人的登陆船队明天一大早就会侵入东京湾，登陆之后立即进驻京城，并且将毫不留情地解除我军的武装。他们坚信，就在明天，自己将要忍受光天化日之下被没收军刀和枪支，甚至肩章都被一把扒下的奇耻大辱。有几个青年军官大声喊叫着，所谓承诏必谨，难道就是忍气吞声地白白等待迟早会到来的屈辱吗？一直到昨天还在杀戮战友和同胞的敌人，如今就要站在自己眼前了，军人们能不能忍受这份屈辱尚不得而知。

在陆军省的后院，重要文件不断地被搬运出来，堆放在一个稍微凹陷下去的地方，浇上汽油，一烧而净。火焰熊熊燃起，工作人员退得远远的，往火堆中扔着文件。火星四溅，烟雾直冲云霄。就像是在祭奠帝国陆军的覆灭一样，华丽而又转瞬即逝。

井田正孝中佐从地下室回到房间，注视着眼前的景象。军务局军事课员室里，有几个同事也表露出失落的神情。中佐对他们说道：

“万事休矣，全都结束了，全部都烧掉吧。做完该做的事情之后，我们军人就该真正承担起战败的责任了，以此向陛下谢罪。大家怎么看？我认为，市谷台的将校，如果可能的话全陆军的将校都要无一例外地切腹自杀，以此来谢罪。

对于我们来说，这是唯一的道路，没有比这更加完美的姿态了。怎么样，我说得对吧？大东亚战争期间，我们从来没有表达过感激之情，现在我们应该弥补自己的过错，全员切腹自杀，以此表达我们对于战败由衷的歉意。”

井田中佐在绝望得近乎枯竭的精神中看到了一丝丝活力。每个人的命运都是不确定的，但是这并不重要，重要的是，我们应该同心协力，壮美地走向死亡。中佐陷入了沉思。这样的话，国家就能够熬过困难的时期，神州不灭的信念就会更加深入人心。这样一来，与“承诏必谨”这个美名所带来的卑怯投降不同，日本战败的意义可就十分巨大了。就这样，井田中佐将他独自在地下室里，经过深思熟虑得出的结论传达给了同事们。

“反正明天也是一死。”

——井田中佐

下午四点至五点

阿南陆军大臣从陆军省一回来，一度中断的内阁会议就再次开始了。迫水书记官长将油印的纸质印刷物分发给了阁僚们。这份投降诏书草稿历经周折，参考了安冈正笃的意见，书记官长和木原通雄做了最后的润色[①]，以求最大程度地体现

① 从第一次御前会议结束的十日早上起，迫水久常和木原通雄就开始了诏书的起草工作。他们只参考了四本书，分别是《历代诏书集》《内阁告谕集》《汉和大辞典》和《广辞林》。由于开战的诏书中出现了语法错误，所以这次所有人都更加慎重，汉学家川田瑞穗和安冈正笃针对用语和表达进行了指导和协助。虽说在第二次圣断下达之前，油印的稿子就已经出来了，但还是有必要在其中加入二次圣断时天皇所说的话。迫水书记官长决定修改油印版的稿子。就这样，本应在内阁会议上讨论的稿子再次接受了安冈正笃的校验，完成的时候已经是下午三点多了。这一次刻油印蜡板的是内阁官房总务课的课员佐藤嘉卫门。

天皇在早上的御前会议上所说的话。这些老人们毕恭毕敬地接过来，从口袋里掏出老花镜，开始通读这份诏书草案。

不知道为什么，官邸总给人一种阴森森的感觉。为数不多的窗户十分狭小，玻璃上用细细的纸条密密麻麻地贴出了十字架的形状。为了防止光线射进来，黑色的窗幔垂在窗前。建筑里昏暗无比，甚至白天也要点燃室内的灯光。湿气很重，让人顿感阴森。稍稍走到阳台上，就可以看到一副战败的光景，凄惨的气息扑面而来。屋后的日本馆更是一番凄惨的模样，彻底被烧焦后坍塌下的黑漆漆的木头胡乱地落成一堆，仍然挺立着的木头也已经被烧成干裂的空心管。过去是书记官长、书记官和秘书官等人官舍的西洋式建筑也已经遭受了轰炸，墙壁几近坍塌，房屋摇摇欲坠。向外望去，视野里全都是一望无际的荒野，大火燎过，一片萧条，处处可见徒剩外墙的建筑、孤零零的金库，以及仓库的断壁残垣。隔着蓄水池，可以看到对面斜坡上白色墙壁的美国大使馆巍然耸立在茫茫瓦砾堆里，只有房顶被烧焦了一部分。

战败的惨状和绝望使这些老人们痛彻心扉。他们通读着诏书草稿，感到一阵阵心痛。通读过后，文部大臣太田耕造率先发言：“我看这个不错，就把这个当作议题吧。”他其实还准备了另外一个诏书草案，但是却把它收了起来，并提议内阁会议围绕这份油印的草案进行讨论[①]。

大家一致同意将由迫水和木原起草的诏书当作试行方案。米内海军大臣和阿南陆军大臣提出，应该将印刷品的一部分分发给陆军省和海军省的有关负责人。得到同意后，这部分资料就从副官的手中被运送到了陆军省和海军省。大家深知陆、海军大臣的苦衷，所以无论他们提出怎样的要求，都会尽可能地予以满足。

有关人员判断，不论如何，一小时后审议就会结束，便事先通知了宫内省人员。三点半左右，一切准备就绪，在另一个房间等待录音的相关人员接到通知，预计最晚在六时许进行录音。

但是意想不到的事情发生了，计划并没有按预想的方向发展。第一个障碍很快由陆军省发起，传至阿南陆军大臣手中。从法律上来看，接受《波茨坦公告》是一种条约缔结的形式，所以有必要向枢密院进行咨询，政府在公布诏书之前，应该先办理该手续。陆军大臣不是没有考虑过这个问题，正是因为预先想到了这点，所以才让枢密院议长平沼骐一郎作为枢密院的代表出席了御前会议。但是从《宪法》大的原则上来说，佯装不知是不可以的。

---

① 除此之外，还准备了一份由综合计划局参事官毛里英於菟起草的草案。

阁僚们众说纷纭，如果以上说法合理的话，就必须紧急召开枢密院会议。但是如果想要召开正式会议的话，今天是来不及的。当然也不能一味地拖延时日。无论是对外，还是对内，都必须要尽快办妥终战手续。迫水书记官长拼命地辩解着，想要蒙混过关。但铃木首相还是理所应当地命令法制局长官村濑直养去进行充分的研究。村濑长官站起身，回答说马上去调查，然后静静地退出了内阁会议室。

内阁会议就这样悄无声息地切换到了休息模式。人们仿佛看到了潜藏在水底的更大的阴谋，认为陆军正在做着最后的挣扎。内阁会议上弥漫着令人毛骨悚然的气氛。阁僚们纷纷猜想，陆军大臣口袋中正攥着“辞呈”，担心他会马上把它拿出来。然而，作为责任人的阿南陆军大臣却没有表现出任何异常的举动，只是从容地等待着村濑长官的归来。

大多数阁僚们都在隐隐地担心着陆军会在暗处谋划着什么。但是事实上，对于全体陆军来说，现在想要拧成一股绳的话，未免为时已晚。大方针“承诏必谨”已经确定，御前会议前一直在大臣和参谋总长的带领下反复推敲的政变计划也宣告失败。也有因为面子和倔强而死死硬撑的将军，但形势让他们失去了力挽狂澜的可能性，而“承诏必谨”的方针开辟了一条通向光明的道路。陆军不知道从什么时候开始就已经失去了斗志。

但是不能忽视的是这样一群身影，那就是像椎崎中佐和畑中少佐这样的青年军官们，他们已经开始拼命地四处活动。他们的行动已经超越了面子和倔强的范畴，被一种疯狂而又激进的信念支配着不能自拔。刚刚在大臣室失去控制地哭泣，后来飞奔出去就没有再回来的畑中少佐，就在油印版诏书草案在内阁会议上被提出来的时候，又充满杀气地出现在了陆军省。他被东部军司令部赶了出来，又顺道前往军事课员室拜访了井田正孝中佐。

井田中佐正坐在座位上为了他所主张的“军官全体自杀”方案做着整理和准备。畑中少佐顶着炎炎烈日，骑着自行车从陆军省到近卫师团，从近卫师团到东部军，再回到陆军省，马不停蹄地狂奔着。汗水夹杂着灰尘，他简直就像是只落汤鸡一样。与中午那个在大臣室哭成泪人的少佐完全相反，现在的他是一副十分明朗的表情，明朗到连井田中佐都感到困惑。畑中少佐将井田中佐叫到了屋顶的天台上，两位军官望着眼前的荒凉景象，彼此敞开了心扉。

畑中少佐首先问道今后该怎么办。井田中佐在士官学校的时候是比畑中少佐高一届的前辈，所以两个人忽然回想起了令他们怀念的学生时代，那时候，他们也常常这样交谈。

中佐说起了通过全体自刎来承担战败责任的主张。畑中少佐大吃一惊，瞪着眼睛回答道：

“嗯，正如你所说，那的确是皇军最壮美的姿态，也许是最好的一条路。但是你有没有考虑过真正实施起来有多困难，这可能吗？我认为这恐怕是不可能做到的，所以我无法同意你的主张。但是难道就这样白白地待着吗？为了捍卫国体，是严肃地采取‘承诏必谨’的政策呢，还是放弃没有确凿证据的交涉而尽快结束战争呢？不看结果的话是不能加以断言的。何况人类并没有预知未来的能力，所以不管是选择哪一条路，一切终究还是要交给上天来裁定的。如果是这样的话，与其借助他国的力量来捍卫国体，不如承受着逆贼的污名，坚持走一条对于军人来说最应该走的道路。”

法制局长官村濑直养

畑中少佐喋喋不休地讲着，两眼炯炯有神，话语中蕴含着一种奇妙的力量，仿佛一下子就能够打动人心。他接着说道：

“谁都不知道上天会青睐哪一边。不管是哪一边，我认为判决都是根据实际行动来决定的。而且只要是出于纯粹的忠诚心，作为臣子就没有什么值得羞耻的。中佐，我认为应该首先占领皇宫，断绝其与外界的一切联系。为了收拾残局做最后的努力，以助天皇一臂之力。这条路比全体将校集体自杀更加合理一些。我已经与近卫师团取得了联系，一切已经准备就绪。接下来，只要少数人能够奋然而起，军队就能一呼百应，齐心协力地直奔成功。没有任何疑问。恳请中佐一定要同意，加入到我们的计划中来。”

井田中佐侧耳倾听着，感觉到自己就要被少佐说服了。吃过战败带来的当头一棒的沉重打击，计划也彻底化为泡影，在这种无力感和绝望中还能够单枪匹马地奋然而起，孕育新的计划并积极地开始实施，这个男人为什么会有如此活力？眼前这个男人正是货真价实的鞠躬尽瘁、死而后已的军人楷模。在最后那些遭人唾弃的陆军中，少佐是唯一一个让人精神为之一振的人物。只是，井田中佐并没有将这些想法说出来，而是讲起了现在日本所处的“现实”。陆军大臣已经表示过了，天皇没有想要继续战争的意图，所以再怎么计划也是徒劳的。但是少佐却断言，只要努力，没有什么是不可能的。

“试一试最后的直谏，难道不是相信神州不灭的人们赋予我们的使命吗？”少佐说道。

中佐回答道："但是现在，我们面对着强大的敌人，如果生起了事端，成功还好，一旦失败引起了内乱，可就不得了了。只要没有十足的胜算，我认为就应该走'承诏必谨'的道路。所以我不同意你的计划……畑中少佐啊，熊熊燃烧的烈火一旦被水浇灭，也不会再死灰复燃了，这是人之常情啊。"

"中佐总是在说成功不成功的问题。其实'承诏必谨'的困难远不比预知胜算小。就算是走上了'承诏必谨'的道路，真的就能够捍卫国体了吗？不管是首相、海军大臣，还是外务大臣，谁也拿不出确凿的证据。所以我才认为，应该坚定地实施计划。"

此时，井田中佐个人对于政变计划的成功已经没有任何幻想。从阿南陆军大臣决定谨遵圣断的那一刻起，成败就已成定局。不论是军人的理解能力，还是普通人正常的感觉，都已经将这个事实推到了中佐的眼前。事到如今，时代的洪流已经无法挽回，举起拳头也不知道该砸向谁。与其焦躁不安地抓耳挠腮或自暴自弃地张牙舞爪，还不如堂堂正正地挺起腰板，在世人的注视下放下武器。这才需要真正的勇气，而且剩下的道路只有一条，那就是毫不留恋地告别这个世界。

"畑中，我赞同你纯粹的精神，但是不支持你的行动。如果可能的话，你也可以试试。我不会阻拦你的，反正明天也是一死。”①

几分钟后，井田中佐有力地拍了拍畑中少佐的肩膀，将他送了出去。不管怎样，少佐的计划是在圣断下达之后才仓促地琢磨出来的，想要实施这项计划的话，估计时间也是不够的。想到这里，中佐不由得向少佐那失落的背影投去了温暖的目光。

畑中少佐向井田中佐多次提到，已经与近卫师团取得了联系。这个近卫师团步兵第二连队的队旗，此时在连队长芳贺丰次郎大佐的指挥下正威风凛凛地从乾门进入皇宫。平日里，皇宫内的警备工作由第一连队和第二连队轮流负责，十四日和十五日正好轮到第二连队执勤。第二连队由三个大队构成，警备轮班的方式就是当第一大队在皇宫里警备的时候，第三大队就在司令部待命，而第二大队则在训练或者休整。这一天，第一大队（大队长北畠畅男大尉）已经进入皇宫，各归其位，开始警备了。正在待命的第三大队（大队长佐藤好弘少佐）也加入到了警备的工作中，第二大队则直接担任指挥工作。这一天并没有下达空袭警报，出现这样的状

① 两人的问答来自于昭和二十年（一九四五年）八月十六日记录的《关于八一五事件的井田中佐访谈录》。这是荒尾军事课长询问井田中佐时所做的记录。另外，井田正孝的手记以及谈话等内容也列入了参考范围。

况是史无前例的。

芳贺连队长命令第二连队副官曾我音吉大尉在处理好部队的事务之后参加警备工作，大尉于是留在了师团司令部。他听说十一日左右接受了《波茨坦公告》，但并不是什么确切的情报，而对于今天上午再一次做出圣断一事更是毫不知情，所以对于皇宫内加强警备，竖起连队旗，连队长直接上任指挥的这些特别措施①，副官虽然感到不太对劲，但是也并没有放在心上。

在近卫师团司令部的参谋室，两位青年军官正在待命，等待着那一时刻的到来。他们分别是陆军航空士官学校第一学生队第三中队区队长上原重太郎大尉，陆军士官学校的藤井政美大尉。上原大尉于八月十二日作为航空士官学校教官佐藤干雄少佐的联络官拜访了近卫师团，会见了古贺参谋。从那以后，大尉就加入了主张彻底抗战的政变派。藤井大尉来自近卫师团第一连队，由于想要了解中央的情况，所以从座间远道而来。虽说与上原大尉是初次见面，但很快就与豁

① 下午四时一过，一大队的警备力量得到了加强。这可以从两个方面进行考虑：一是得知圣断已下这个事实之后，在师团长的命令下所采取的行动，以备不测；另外一个就是，连队长此时已经同意了畑中少佐他们的计划，是在该计划之下采取的措施。不论是哪一种情况，都没有办法去彻底查清楚了。芳贺连队长在接受本书的采访前就已经逝世，所以在此不加任何推断，只是如实地记录下当时的状况。

达大方的大尉成了难舍难分的挚友，同时也更加坚定了一旦有变故就奋然而起的决心。由于当时人员出出进进非常混乱，所以第二连队副官曾我大尉几乎没有注意到这两个人的存在。

烟中少佐所说的“已经取得联系”的近卫师团波澜阵阵。这时，村濑法制局长官回到了内阁会议，条理清楚地报告道：从法律上来讲，没有必要向枢密院进行咨询。迫水书记官长曾经非常担忧事态的发展，但是听到村濑长官冷静的说明后，不禁顿生一阵佩服之情，也放下了内心的包袱。阿南陆军大臣也没有继续追问下去。该问的就问，如果赞成就简单地表示默许，这是陆军大臣一贯的作风。

内阁会议进行到了诏书草案的字斟句酌阶段。讨论中，各个大臣不断地被叫出去，议论时不时要中断一下，待大臣各自返回后继续开始。迟迟没有任何进展。内阁会议室里里外外的人们好不容易从茫然自失的状态中恢复过来，开始匆忙地四处活动着。

“近卫师团有暴乱计划。”

——近卫公爵

下午五点至六点

时钟刚刚划过五点，前首相近卫文麿公爵便得知了皇城中心局势不稳这一消息。他的脑海中马上浮现出当年的“二二六事件”①。综合考虑下午将召开御前会议这一消息，他认为应立刻通知木户内府。公爵原以为木户会因御前会议或是公务繁忙而联系不上，谁料对方马上接了电话。因在电话中不便交谈，木户请近卫公爵立刻来找自己一趟。

办公室内，两人相对而坐，木户内府已将上午提前召开御前会议，并将当时众人流泪的情况一一告知了近卫公爵。

① 译者注：指一九三六年二月二十六日发生在东京的一次兵变，皇道派青年军官率兵刺杀了政府要员及军队“统制派”将领。

当把天皇的旨意如实地传达给近卫公爵后，公爵不禁脱口而出："这下成功了！"他泫然欲泣，而后热泪盈眶，泪水笔直地划过他消瘦的脸庞。公爵感慨到"这是铃木首相的无为之策赢来的停战啊"，之后便再也抑制不住自己的感情。受到他的感染，木户内府再次流下了眼泪。两位殿上人[①]隔着脏兮兮的办公桌，泪流不止，以至于让双方都觉得有点不好意思。

片刻后，近卫公爵说：

"近卫师团有暴乱计划，听说了吗？"

木户摇摇头。

"嗯……希望只是传言吧。"

木户内府打探消息的来源，近卫则笑着搪塞了过去，只是觉得还是严加戒备一下为好。

"嗯，我会的。"

木户嘴上这么说，但实际上心里却是半信半疑。近卫师团到底会不会有所行动？有没有确凿的证据？他在心里对这些画了一个问号，或者说，在他的心里更倾向于这是无稽之谈。

虽然木户不认为近卫师团会有什么异常之举，但有人还是较早地嗅到了一丝蹊跷的味道，此人便是侍从户田康英。

① 译者注：即准许上殿的人，只有五位官阶以上的人才有此资格。

近卫文麿公爵

从宫内省到御文库的路上，不少士兵踱来踱去，数量大大超过了平时。见到此景，户田侍从深感蹊跷，但马上又转念一想：对了，刚刚决定“终战”，估计这些军队是用来防备什么不测之事吧。虽然如此，士兵的数量还是太多了……

殊不知，这些士兵也并不是自己要在这里徘徊的。他们原本接到命令进入皇宫，但宫殿在五月的空袭中被焚毁后，岗哨的数量就减少了，仅需少部分人便可满足原定的守卫工作。

多达两个大队的士兵自然无法全部待在宫内，他们只得一边徘徊，一边等待命令。

说到等待，参与录音的相关人员在紧张地等待着那个漫长“时刻”的到来。他们最初获悉录音工作将在六点左右开始，单从时间上来看，等待并不漫长。他们宽慰自己说，时间马上就到。但在三点半一切准备就绪后，时间仿佛无比漫长，让人等得不耐烦。

无论录音相关人员等待诏书完成的心情是多么苦闷，内阁会议上的阁僚们都无从知晓。围绕着诏书措辞的讨论正呈白热化，而阿南陆军大臣再度成为焦点人物。迫水书记官长的脸色因亢奋而变得苍白，一脸严肃的米内海军大臣坐在其斜前方，阿南陆军大臣坐在海军大臣旁边，一副自信满满的样子。铃木首相则坐在他们前方，神情茫然，不知道是否在听他们讲话。

米内海军大臣的发言结结巴巴，但却充满激情。他说："我们的国家正面临崩溃。冲绳如何，缅甸如何？非常遗憾，我们都是一败涂地。那么本土决战呢？如各位所知，我们毫无胜算。事已至此，还能说我们没有战败吗？不言自明，我们已经战败了。"

阿南陆军大臣对此进行了激烈驳斥："陆军和海军在这方面的感觉不一样。"他认为个别战斗虽然失败了，但是整场战争的胜负仍未决定。

讨论的焦点最后落到了诏书草案中的"战势日非"[①]这句话上。阿南陆军大臣称："草案里这样写的话，会让人认为此前大本营的战况发布全是虚构的。而且我们也并没有战败，只是如今形势没有好转而已。"基于这个理由，他坚持

① 译者注：即战争形势每况愈下。

要将这句话修改为“战局尚无好转”，而以米内海军大臣为首的两三位阁僚则主张草案的说法是正确的。双方争论了数十分钟之久，仍然莫衷一是。

在这点上，阿南陆军大臣格外强硬。即便无人附议，他也未露妥协之色。事到如今，阿南陆军大臣依然固执己见、自行其是，以致阁僚们无不感到诧异，到底是什么原因迫使他如此坚持？不过，他们很快就明白了陆军大臣的艰难处境。他是担心部下暴动，他比任何人都清楚这一可悲的现实——一旦皇军无视上级命令，将会发生什么。陆军的崩溃，会让绝大多数忠诚的军官彻底动摇，无论是其思想还是信念。他们第一次直面自己内心的纠结，他们不知道在“终战”之际应该怎样，将要做什么，他们迷失了自己的方向。什么是“忠诚”？为了拯救那些因绝望而陷入混乱的部下，为了亲自引导大家做出正确的决断，陆军大臣倾尽了全力。最重要的是，他要给这些军人一次“光荣的败北”。

作为一名军人，阿南惟几大将一直是一名耕耘在教育领域的不显眼的将军。毫不夸张地说，他没有立下任何辉煌的前线战功，仅有的闪光点，也就是在担任第一〇九师团长时，在中国山西省潞安城的一次果断进攻。然而，如今他肩负着全军的期望。

为了让全军“承诏必谨”，这些努力是必要的，所以他无所畏惧地阐述自己的观点，提出自己的主张，无视时间的流逝。在日本本土之外，有三百万官兵仍在前线，他们或与敌人势均力敌，或稍处优势。自十二日以来，当他们听闻中央将要无条件接受《波茨坦公告》时，无不怒叱中央方针之软弱，并向上级请愿，称要迈向战争的最后胜利。如中国派遣军总帅冈村宁次大将强硬地表明了要继续战斗的意愿，他称：“宁可全军玉碎，也要完成战争目的。”南方军[①]总帅寺内寿一元帅给陆军大臣及参谋总长发了电报，称坚决战斗到底。军队昂扬的斗志仍未熄灭，但一到明天，他们就要在今日的敌人面前放下手中的武器。

怎么能将“战势日非”这种罔顾他们努力的评断加在他们身上呢？他们完全履行了军人的本分，但因为“战局尚无好转”而不得已停战。这就是陆军大臣的想法。的确，陆军大臣没有米内海军大臣、东乡外务大臣的那种战败感，但这也是整个日本陆军的感觉，更何况整个日本陆军的强烈意愿都集中在了陆军大臣一人身上。

下村总裁和迫水书记官长商量一番后，给宫中打了电话，称六点肯定无法录音了。“我知道了。”加藤总务局长问道，

---

① 译者注：指东南亚作战部队。

“那大概何时可以录音呢？”书记官长不知如何回答，只好说“嗯……我觉得七点应该可以吧。”

放下电话后，书记官长不由得苦笑了一下。他内心有一种奇怪的自信——我怎么会知道几点可以录音，如果七点可以录音的话，让我切腹都行。

书记官长回到座位后，米内海军大臣因为有要事要离开一会儿。在离开时，米内悄悄在书记官长耳边说：“听我说，书记官长，‘战势日非’就是‘战势日非’，绝对不要修改。”

书记官长表示首肯，但即便如此，他又觉得要和顽固的陆军大臣争辩实在是力不从心。陆军大臣气色很好，精力和体力都很充沛。反观书记官长，从九号至今都是夙夜未眠，一直扑在工作上，早已身心俱疲。面对陆军大臣的激烈攻势，他感觉已经招架不住了。这一周，他都不得不去体验那种站在刀尖上的惶恐感。

记者招待会结束后，《朝日新闻》的记者柴田敏夫在官邸的记者俱乐部傻站了一会儿，回到了报社。亢奋之后，疲劳感一股脑儿涌了上来，他无精打采地看着夕阳西下，好像望着什么稀奇的景象，又忽然想到今天一天都没有空袭，感觉真是少见。据说终战诏书一旦正式发布，外务省马上就会通过瑞士公使馆向盟军发电，表示愿意无条件接受《波茨坦公告》。他深深地感觉到，一旦接受公告，一切就都将结束了。

而政府走在刀尖上来拼死上演的这出“终战大戏”是何等的惊心动魄，他却全然不知。为什么不能早点结束战争？在他看来，这完全是因为政府和重臣的不作为与不负责所造成的。这些领导者相信什么天佑神助，抱着侥幸心理，把希望寄托在特攻队的殊死战斗上，却没有一个人愿意主动承担战败的责任。就因为他们，数十万国民在战争中白白送命，家园化为一片瓦砾。如今，在天皇的推动下，战争终于要结束了。而这些领导者却打算把责任全都推到天皇身上，想方设法将自己的责任推得一干二净。柴田记者从悲愤的谷底恢复过来，重新找回作为新闻记者的自我。此时，他发现自己对某些东西一直抱有愤懑，不由得吃了一惊。

不管怎么说，今晚得熬夜了，为此他做好了心理准备。终战诏书何时能够下达仍不甚明了，他必须与官邸记者的主管吉武信一道，共同记录下日本历史上的首次战败。在此之前，他想先打一个盹儿，但躺在夜班用的折叠床上后，眼睛却怎么也合不上。辗转反侧的他，想起了一件事。

那是八月十三日下午，同盟国对日本政府发出的有关国体问题的照会做出了正式回复。围绕回复中的“subject to”一词，内阁会议产生了争执，就在争执最激烈之际，为继续战争而奔走的青年军官们未经陆军大臣同意，擅自向报社和广播局分发了奉敕命令，其内容令人惊骇："大本营下午四时发表。皇军奉新的敕命，将与美英苏中四国作战。"

朝日新闻社报道第一部长长谷部忠对此深感怀疑，于是联系了驻官邸记者，命其确认消息真伪。

接到命令的年轻记者冲到了内阁会议室，找到书记官长，掏出大本营发表的纸片递到了他的面前，询问政府是否知道此事。书记官长为之惊愕，记者接着说道："这条消息将于下午四点进行广播。"返回会议室的书记官长向陆军大臣了解了情况，并向参谋总长发出了请求，终于在还剩几分钟就到四点的关头，取消了这次发表。

当时，盟军正密切关注着日本军队会在《波茨坦公告》面前做出怎样的行动。一旦这条杜撰的奉敕命令发布的话，后果不堪设想。在这危机一触即发之际，避免了这场悲剧的人可谓功不可没，而此人正是年轻的记者柴田敏夫。

柴田记者躺在折叠床上，得意地想起了这一危机时刻的大逆转。在巨大的历史转折点上，自己发挥了些许作用，如今想起来，就像是什么亘古通今的故事一般。

再把视线转回到内阁会议室。房间内，没有一个人像柴田记者那样优哉游哉地回想着往事，围绕着"战势日非"与

“战局尚无好转”的唇枪舌剑仍在继续。迫水书记官长代替了米内海军大臣，他像防波堤一般挡住了陆军大臣不断涌上岸边的激烈辩论与如波涛汹涌般的犀利言辞。然而在争辩的过程中，书记官长却突然有了一种欣慰之感。

每当在会议中途阿南陆军大臣悄悄离开之际，书记官长都在心里打鼓：“他是不是去拿辞呈了？”但现在已经没有了这种担心，书记官长已经完全了解了陆军大臣此人。陆军大臣之所以顽固地坚持自己的意见，并不是因为倔强或是骑虎难下等感情用事，而是为了让自己接受“终战”这一决定，要在最大限度内理清“终战”的相关事宜。书记官长饱含敬意地注视着陆军大臣，陆军大臣也并非不懂装懂。但即便如此，四点钟再度召开的内阁会议已经拖拖拉拉地进行了两个小时，墙上的时钟即将指向六点，但连一件事都没有谈拢。唉！这种巨大的痛苦又有几人能够明白，书记官长也快要失去耐性了。

虽然书记官长无比焦急，但内阁会议如此拖沓也是无奈之举。能进入这间会议室的人，除首相、阁僚、书记官长之外，还有为耳背的首相担当“助听器”的铃木一秘书官、法制局长官、综合计划局长官等二十人。因为日本从未经历过战败，陆军大臣、海军大臣的忙碌自不必说，需要与各省厅商议的议案也频频出现。每当有要事发生，相关大臣就必须离开座位去外面解决问题。为了等他们回来，会议不得不一再中断。

在会议室激烈讨论的两小时内，宪兵司令部也决定了在终战之际将要采取的态度。在陆军大臣将陆军省中坚军官召集到一起传达“陆军方针”之时，在宪兵司令部，本部长石田乙五郎中将也将全体人员集中到讲堂，宣布天皇已经做出圣断。

“天皇陛下确信国体可以得到捍卫，遵照天皇的旨意是……”

高级部员塚本诚宪兵中佐倾听着石田本部长的训话，脑海中突然如电光般闪过一个东西，那是《军人敕谕》中的一个段落：“与朕一心，竭力护国，则吾国苍生将享太平之福，吾国之威，亦可光耀于世矣。”——塚本中佐想通了，天皇的这番话，就是表达自己要与国民共命运的一份宣言。倘若是天皇自己这样想的话，那不应该有任何异议。事到如今说什么都无济于事了，在静谧的礼堂中，塚本中佐自言自语着，投降就是深明“大义”。

与此同时，塚本中佐的脑海中浮现出一张面孔。这是一张视投降为耻辱的、斗志昂扬的脸，是一张对两千六百年悠久历史充满信心的脸。因为工作关系，中佐的手里掌握了一份军部激进分子的名单，在“首领”一栏里就写着这个人的名字。在这种非常时刻，这个人将会有什么举动呢？中佐忧虑着。一旦发生什么事件，宪兵队必须要进行处理。中佐把这些记在心里，并再一次回想起这位斗志昂扬的军官。这位军官就是——新任军事课员井田正孝中佐。

“关键时刻，务须小心。”

——莲沼武官长

下午六点至七点

天皇似乎在眺望远方。太阳才刚躲进云层，在天皇每天散步的吹上御苑，暑气顷刻间消散，仿佛夏日苦短一般。入江相政侍从跟在天皇后面，天皇突然停住了脚步，再次问起诏书草案一事。此前天皇已多次询问此事，每次入江只能据实回答，这一次亦是如此。入江回复草案还未送达后，天皇抬起头，望着远方。啊，陛下等待草案的心情是如此焦急——入江侍从深深垂下了头，仿佛自己受到了责备一般，心情十分难过。同时，入江注意到另一件事，平时禁止入内的吹上御苑周边，也出现了近卫兵的身影，这让他不得不感觉蹊跷。

恰在此时，有人通报铃木首相前来觐见天皇。不过，首相的到来并非为了呈送诏书，而是为汇报内阁会议的内容，并为会议延时而道歉。

首相在御文库的拜谒室觐见了天皇，并向天皇致歉。与此同时，在内廷厅舍[①]的侍从武官长办公室，近卫师团长森中将正在拜访莲沼武官长，两人推心置腹地交谈着。森师团长还不知道御前会议已经做出停战决定。

森师团长问道："从早上开始，美军飞机就不断飞撒传单，那上面写的是真的吗？"

传单上，赫然印着"日本接受《波茨坦公告》"这一行字。

"嗯……御前会议已经决定投降。军队方面有什么异常吗？"莲沼侍从武官长问道。

侍从武官长莲沼蕃

莲沼武官长还全然不知，近卫师团第二连队一大队已增强兵力进入宫内，负

① 宫内省建筑物的一部分。皇宫失火后，用作天皇的住所，以及政府行政机关各部门的办公场所。

责特别警备。而森师团长回他说，因十号以来各种流言四起，“军队多少有些动摇，但并无大事”。

莲沼武官长很担心那些血气方刚的青年官兵发生暴动。他体内流淌的军人之血，正是在陆军的这种传统下孕育出来的，因此似乎能预感到这一点。武官长强调了近卫师团长所肩负的重大责任，而森师团长立刻铿锵有力地答道：“我绝对不会让您操心。”

“以平时对你的了解，我也认为不会有问题，但关键时刻，务须小心啊。”武官长如此说道。不过他又觉得，这样的忠告对森师团长也许是多余的。他从心底感到森师团长的可靠，觉得只要有这位忠诚刚毅的将军在，皇宫的守卫工作定会平安无事。

此时，终战决定及陆军“承诏必谨”的方针开始从陆军省和参谋本部逐层向前线部队传达。先从市谷台到守卫帝都的东部军司令部，再到守卫皇宫的近卫师团司令部，军队的意志慢慢地向下流动着，而这些前线司令部的将军的行动，也开始因此而激动起来。

森师团长从莲沼侍从武官长处告辞，回到师团长办公室不久，东部军参谋长高嶋打来电话，命其去东部军司令部集合。接到命令后，森师团长即刻动身前往。在东部军司令部，军司令官田中向森师团长、东京防卫军司令官兼东京师管区司令官饭村穰中将、高炮第一师团长金冈峤中将等人，正式传达了终战敕命。而田中军司令官与高嶋参谋长，也是刚刚从杉山第一总军司令官那里接到此敕命的。

“皇军会依据天皇的圣断而行动，这是毋庸赘言的。但很难预料终战将会引发何种混乱。我们要维持治安，始终不渝地维护好国法，特别是……”

说到这里，田中军司令官将脸转向了森师团长：“在这种非常时期，很容易发生争夺天皇陛下的举动，近卫师团肩负的重任可想而知。”

田中军司令官和森师团长都不知道危险已经临近。战斗并未结束，他们的战斗才刚刚开始。无论和平的滋味是多么美妙，品尝这番美妙滋味的闲暇尚未降临在他们头上。

从内阁会议中途离席，回到海军省处理事务的米内海军大臣在处理完事务后欲返回官邸，顺便去了一下洗手间。下村情报局总裁的秘书官川本信正此时也恰好在洗手间里，他向海军大臣点头致敬，但海军大臣并未注意到他。身材高大、体形稍胖的海军大臣神情暗淡、双眼深陷。看到海军大臣疲惫不堪的样子，川本秘书官心痛不已。他深深感受到海军大臣面对国家存亡之际那种“苟利国家生死以”的悲壮精神。

他偏转视线，向窗户方向看去。就在此时，与秘书官并排上厕所的海军大臣发出了一声喟叹：“唉！”

这声喟叹十分豪迈，令川本秘书官不禁为之一惊。没人能发出比这更豪迈的喟叹了，它似乎源自腹部最深处的最深处。川本秘书官的眼镜片上立刻蒙上了一层雾气。

元帅畑俊六

川本不知道米内海军大臣震惊的原因。返回海军省的米内海军大臣接到消息，海军中央的中坚参谋之中有人不肯投降，企图暗杀坚持走投降路线的米内海军大臣。由此看来，海军也不能自诩把内部管理得铁板一块、坚如磐石了。

海军大臣回到内阁会议时，迫水书记官长不由得松了一口气，他感到终于不用自己出面了，可以把辩论的“接力棒”交到海军大臣手里了。谁知海军大臣刚一坐下，就和旁边的陆军大臣窃窃私语起来。片刻后，他转向书记官长，欣然说道：“就按陆军大臣的意见修改草案吧。”书记官长瞪大了眼睛。“可是……您刚才说……”话未说完，就被铃木首相制止了。

“书记官长，此事就这样吧。”

对于“战势日非”与“战局尚未好转”之争，这是铃木首相第一次发表自己的意见。这是铃木一贯的作风，在重大问题上，他会给予阁僚们充足的机会，让他们尽情发表意见，自己则在一旁缄默不语，只是似听非听地听着别人的意见。他会一直忍受着，直到他所认为的最后一刻到来。在疾风怒涛般的紧急关头，首相那春风骀荡的处事方式在别人看来真是天生的一根筋。但正是这种处事方式，才使得首相成了完成各种大任的最佳人选。

不论如何，诏书中最大的一个难题终于解决了，众人决定暂且休息片刻。从椅子上站起来的阁僚们一个个疲惫不堪。沉闷的空气、阴暗的房屋，但与昨天不同，现在他们不需要与时间赛跑了。不过因为其他因素的叠加，或许会让他们更加焦急。这个因素究竟是什么，他们自己也不清楚。或者说，这个因素就是命运吧，他们在与命运赛跑。

黄昏终于来临，微风吹起。

为了换掉湿透的内衣，六点四十分左右，阿南陆军大臣回到了官邸。前首相东条英机大将、畑俊六元帅造访了陆军大臣官邸。针对战犯问题，东条大将对陆军大臣说：

“倘若投降的话，毫无疑问，我们会被送上军事法庭。届时，你我二人……”大将的眼镜上闪过一道敏锐的光芒，似乎要通过陆军大臣的表情来读出他内心的想法。

“就堂堂正正地讲述大东亚战争的意义，主张我们进行的是自卫战争。”对此，陆军大臣没有多说什么。

畑元帅吞吞吐吐地表明了自己的来意，他希望此时能辞去元帅一职。

陆军大臣没有余裕慢慢考虑两位前辈的意见。凭借肉体上以及道德上的勇气，他正竭尽全力，避免这艘慢慢下沉的小船在最后时刻支离破碎，仅此而已。在一切结束之前，他必须在内阁会议上将自己不屈的意志不断燃烧。作为陆军的最高负责人，能做到这些已经足够了。

“军方的决定没有任何内幕。”

——荒尾军事课长

晚上七点至八点

原定于六点的录音计划推迟了一小时，改在七点。与天皇的声音比较近似的户田康英侍从负责朗读报纸，用他的声音来调试机器。不过这项准备工作也早已完成。眼看着七点已过，仍旧杳无音讯。录音相关人员等得不耐烦了，开始焦躁起来。在偌大的等候室里，挂钟的钟摆单调地摆动着。相关人员目不转睛地看着钟摆，每个人都怀着一丝不祥的想法。到底怎么了？发生了什么事？虽然大家都知道，即便把这种疑问说出来，也没人能够解答，但每隔十分钟或是十五分钟左右，总会有人提出同样的疑问：“到底怎么了？发生了什么事？”而每次提出之后，也必定会有人随声附和：“是啊，到底是怎么了？”无论从哪种意义上来看，这种对话都颇为奇怪。然而，这种对话却一直反复进行着。

他们所担心的事情并未发生，不过，要说什么都没有发生也并非实话。简单来说，由内阁会议所提交的诏书，由“战势日非”改为了“战局尚无好转”，此外，“义命所存”一句以不好理解为由，改为了“时运所趋”，而“朕信倚尔等忠良臣民之赤诚，常奉神器与尔等臣民共在”一段，石黑农商相认为，“如果写上神器什么的，美国占领军也许会借此展开多余的调查”，基于这个理由，删除了“神器”一句。应阿南陆军大臣的要求，插入了“于兹得以持护国体”一句。最终这一段修改为“朕于兹得以持护国体，朕信倚尔等忠良臣民之赤诚，常与尔等臣民共在”。

总之，他们在辩论和协调中度过了沉闷的数小时。删除二十三处，共一百零一个字；修改十八处，共五十八个字；新加内容四处，共十八个字。这些修改都是十五个大男人认真讨论的结果，有些地方的确是讲不清为什么改。就这样，内阁会议暂且通过了这份修改后的诏书，并将一份用复写纸誊写过的诏书成文送到了宫内省。

奉加藤总务局长之命，宫内省总务课员佐野惠作带上毛笔和两张奉书纸，前往宫内次官大金益次郎的房间。次官看到佐野后，马上拿出内阁送来的诏书修正稿，命令道："把这个誊写一下。"佐野看到，在一张红格稿纸上用毛笔浓重地写着"终战诏敕如左所示"，上面还有铃木首相及各位大臣的签字。他毕恭毕敬地接过了稿纸，埋头在房间内，即刻开始了誊写工作。

也许是过于匆忙之故，在复写纸誊写的诏书草案中，有的地方被涂成漆黑一团，有的地方像个袋子一样后加了很多东西，还有的地方是把后加上的文字划掉，又新加了文字。这些地方连成一片，导致文字很难辨认。佐野课员小心翼翼地写着每一个文字，同时也不敢忘记大金次官的叮嘱："录音时，天皇陛下将要朗读这份文稿。广播局录音班的人白天就来了，一直在等这份文稿，要赶快完成。"

与此同时，内阁理事官佐野小门太也收到了内阁送来的诏书文稿，他一个人待在官房总务课长办公室的隔壁房间内，正埋头进行诏书的誊写工作。佐野用毛笔将正式的诏书誊写在内阁的"鸟子纸"[①]上。天皇的玉玺很大，在誊写时必须留出七行余白，而且这份诏书的成文中，有很多添加的文字和涂改过的地方，要精确计算字数，将成文的结尾誊写在规定好的地方实属不易。

① 译者注：一种高级日本纸，呈淡黄色。

内阁会议将诏书正文送到宫中后，又继续针对播放的时间进行讨论。因为讨论字句的时间过长，已经没有了预告时间，所以只能放弃原本定于十四号夜晚进行广播的方案。广播协会方面也停止了一切安抚民心的广播，以应对随时可能出现的情况，不过其实没这个必要。另一个方案是十五号上午七点进行广播，东乡外务大臣、米内海军大臣等人认为尽早广播为好，所以持支持态度。但阿南陆军大臣则主张推迟一天（在十六号进行广播）。这样一来，东乡外务大臣、米内海军大臣与阿南陆军大臣的意见又对立起来。

阿南陆军大臣主张道："对于海外大部分地区，要一层一层传达。如果广播定在明早，就没有多少时间传达给前线了。而且，要在敌国领土上让那些出征在外的军人解除武装的话，需要对他们进行一番说服。所以可能的话，我希望广播可以推迟一天。"

而东乡、米内则认为，要尽快通告同盟国，广播已经刻不容缓。

总之，大家一方面讨论着"时间"，另一方面又被时间步步紧逼。要找到适当的时间，双方必须有所妥协。很明显，双方已经没有精力再进行唇枪舌剑式的激辩了，现在的辩论只是为了找到时间上的妥协点。倘若找到双方都认可的方案，任何一方都希望将其作为内阁会议的决定明确下来。

察觉到这一点的下村总裁加入到讨论中。他指出，还是尽早广播为宜，不过若在早上七点进行广播的话，收听率将极低，达不到广播的效果。尤其是农民会在早上外出农耕，所以定在这一时间段并不合适。可是，如果延迟到第二天的话，一旦有什么不测的事态发生，就会相当危险。在这番阐述后，总裁做出了总结：

"基于此点来看，我认为最适当的方案是，在今晚充分做好预告，将广播时间定在收听率最好的明天正午。"

于是，广播时间就这样决定了。不发言、不引导，而让大家充分辩论，直到全体人员都欣然接受，铃木首相的方针发挥了作用。等全员都同意下村总裁的方案后，首相进行了发言，即将该方案作为内阁会议的决定。而后他又说道：

"恳请陆军大臣尽力传达给第一线的将士们。"

对此，陆军大臣欣然允诺，表示将会尽力而为。不过，面对陆军大臣这种淡漠之举，有几位阁僚反而心生疑惑。因为陆军大臣曾那样强烈地主张推迟一天，但对下村总裁提出的折中方案却未作任何抵抗，只是唯唯诺诺地服从了。他们不由得担心，在陆军大臣的心中，是不是还有着什么别的盘算，在推迟一天的背后，是不是有着政变的计划。

相对于对战争、军队的“力学”不甚了了的文官政治家而言，陆军大臣的只言片语便会令人嗅到其疯狂、暴力、政变的气息，这也是无可奈何的事情。陆军大臣的强硬言论绝不是表面上逞强，他坚信，直到最后一刻，都应高扬军队士气，这样才能堂堂正正地贯彻“承诏必谨”的方针。过去的诸多战史无不说明——只有最强大、最精锐的部队才能在最艰难的撤退任务中依旧展现出一丝不乱的威严军容。这便是军队矛盾的“力学”。

不管怎么说，从十四日正午到十五日正午这二十四小时内，没有一个小时像七点到八点这般静得出奇。内阁会议上已不再有唇枪舌剑，事务在有条不紊地处理着。在不同的地方，两位佐野正在认真地誊写诏书。而录音相关人员也已获知，诏书已经送达，现在正进行誊写工作。大家焦急的心情不由得归于平静，一边闲谈一边等待录音时间的到来。侍从不再忙着换班，而是围在餐桌前谈笑。而东部军在完成各种必办的手续和联络后，一下子多出了不少空闲时间。时光就这样静静地流逝着。

在陆军省，军事课长荒尾兴功大佐正在接待第二总军参谋白石通教中佐的造访。荒尾大佐向白石参谋阐明了军队的真实想法。今天清早，白石参谋陪同参加元帅会议的总军司令官畑元帅来到东京，而明天一早，又将乘飞机返回驻地广岛。在回广岛之前，白石参谋造访军事课长，旨在弄清陆军的真实想法，以及“承诏必谨”中有无“内幕”。白石参谋推测，假若军队真有什么秘密计划，那么阿南陆军大臣最为信任的荒尾课长必定是介入阴谋最深的人。荒尾课长请白石参谋坐在自己身边。课长与参谋曾有一面之缘，当时白石担任派遣到婆罗洲[①]的川口支队作战参谋，因此也算老相识了。课长也熟知白石参谋是一个可靠、率直的人。

白石参谋阐明来意后，课长立刻否定道：“这就是军方的真实想法，没有任何内幕。”

由于连日的忙碌，课长的声音已经嘶哑，他疲惫不堪、全身疼痛，似乎能听到他身体咔咔作响的声音。

“我们的最终条件就是保有名誉下的讲和，我们一直以阿南陆军大臣为核心，凭借坚定的决心为此付出努力。我们主张本土决战，也是这种努力的体现之一。我们最初的打算是在岸边痛击第一波敌人，使其损伤惨重，把讲和引到保有名誉的这条路上来。就是说，本土决战只有一次。因为我们认为，解除武装之后，就不能捍卫国体了，意大利就是先例。然而在今早的元帅会议、御前会议上，天皇陛下都对捍卫国

① 译者注：婆罗洲，现多称加里曼丹岛，为世界第三大岛屿，位于马来群岛中部。

体表明了信心。我们以捍卫国体为第一使命奋斗至今，倘若陛下确信国体可以得到捍卫，那么我们对此便无需多言，只需要做到‘承诏必谨’。不论从哪个方面来说，陆军的决定都没有内幕。我认为仅需做到省部一心，贯彻大臣们所制订的大方针。”

飞虫在灯火管制下的昏暗灯光周围飞舞，嗡嗡作响。白石参谋感到，虽然军事课长的脸上一直保持着温和的笑容，但在这表情的背后却隐藏着一股闪烁着光芒的昂扬斗志。他是刻意在让自己心平气和地说话，是在压抑着自己内心的真实想法。参谋将课长滔滔不绝的言论都做了记录。

“所谓名将，就是有能力让行进中的大部队井然撤退的人。我想，为了让全军团结在阿南阁下周围，肃然有序地撤退，我们幕僚必须倾注最大的努力。我相信这是帝国陆军最后的荣光。”

军事课长讲完这番话后，白石参谋面色凝重地沉思了许久，而后慢慢回答道：

“您的意思我明白了。战也好，和也罢，拯救日本才是我们的本分。”

白石参谋心想，刚才所记录下的荒尾课长的话，明天必须要从自己口中传达给那些血气方刚的部下和怀揣疑虑的前辈、同僚们，这真是一项艰巨的工作。“您的话，让我受益匪浅。”白石参谋说道。

“自召开御前会议以来，同样的话我已经说了不知多少遍了，所以表述的能力也自然会提高。”荒尾课长极为羞涩地回答道。

但是，不要忘了青年军官中还有这样一派人，他们不关心陆军的大方针背后有无内幕，天皇对捍卫国体有多少信心，他们只会按照自己的信念，忠实地将其付诸行动。这些人是椎崎中佐、畑中少佐、近卫师团参谋石原贞吉少佐、古贺秀正少佐，在陆军通信学校任教的窪田兼三少佐也因为有着共同的目标而加入了进来。此外，还能见到航空士官学校第四区队长上原重太郎大尉、陆军士官学校藤井政美大尉的身影。这些青年军官，正逐渐向着最后的阶段猛冲。

“只要留下一点点种子，我们就有复兴的光明。”这是天皇在圣断中的想法，但是这些人并不同意。天皇在御前会议中表达了自己的希望 :“无论朕将如何，都要拯救万民的生命。”但面对天皇的此种希望，他们则以不胜惶恐为由，不予认可。

自日本有史以来，恐怕还没有哪个时期能像现在这样关注“国体”问题。除了他们之外，也许还有成千上万的人围绕“国体”问题谈论了几次、几十次、几百次。然而，如果观察一下每个人对于“国体”的理解便会发现，其实是千差万别的，就好像每个人的脸孔一样各不相同。有时“国体”被抽象地大声疾呼，有时也会被进一步赋予具体意义。但毋庸置疑的是，“国体”一词具有非常强大的力量①。

这些青年军官们对天皇所表达的“无论朕将如何”这句话十分抵触。因为，天皇是“现人神”，自日本有史以来，天皇的神性已经存在于国民的感情之中。在他们的理解中，日本国民当然要考虑这一点，而天皇自己也必须深刻考虑这方面。“承诏必谨”之类的愚蠢方针将会让皇室只剩一个空架子，它无视了日本的传统精神。他们固执地认为，皇室之所以为皇室，是因为皇室是与民族精神共存的。无论是政府还是军队首脑都急于“终战”。这些青年军官断定：那些领导者将“终战”的目的归为保全皇室的存续，但如果仔细看一看这些无能领导者的内心深处，便会发现他们的真正目的。比起国家的颜面，不如说是他们在面对艰苦的物质生活，乃至战争的恐怖之际，除了保全自我的一己私心之外，什么都没有。

---

① 一般而言，“天皇亲政”即为国体的中心。但在战争末期，这种看法又向后延伸，变为国体等同于皇室的安全。

在现实的历史进程中，天皇的圣断已下，“承诏必谨”的大方针也已确定，一切已成定数。在这一切已成定数的背景下，这些青年军官们开始找寻一种幻想，他们开始失去判断力和平衡感。他们不相信已经穷途末路，即便事态已经到了最糟糕的地步，他们也必须奋起。面对时代的潮流，他们发起了悲壮的抵抗，并沉醉在这种悲壮感中。他们认为，只有自己这种誓将国体捍卫到底的决心，才会永载史册。

晚饭后，在皇宫内的武官府，众人享受着录音前的片刻悠闲。石原、古贺两位参谋出现在这里，他们正在讨论计划中的某个部分。在武官府的某个房间内，莲沼侍从武官长、侍从武官中村俊久少将和清家武夫大佐等人正在商量事情。就在此时，两位参谋进入了房间，大家都怀着诧异的目光投向了他们二人。两位参谋则若无其事地问道：

“听说陛下今天要录音，是在几点呢？”

之后又补充说，他们作为近卫师团的参谋，需要提前了解兵力调配的情况。但武官长和两位武官都默不做声。于是，两位参谋又追问道：

“还是说，录音已经结束了？”

“没有。”清家武官回道，“武官长和我们都只是听说有录音这回事，但并不了解详细情况。”

这并不是瞬间想出的谎言，只是下意识地这样回复。

“但是……”其中一个参谋打算继续追问，而另一个参谋制止了他。

“别问了，长官们可能是真不知道。”

两位参谋的军装和举止毫无变化，他们敬了一个标准的军礼，便离开了[①]。

① 清家武夫曾与两位参谋有过一面之缘，虽然不知道他们的姓名，但估计两位参谋应该是古贺秀正、石原贞吉。他们或许是听说了将要广播录音的消息，来打探情况的。

“鄙人决心战斗到底。”

——小园司令

晚上八点至九点

除了东奔西走的椎崎、畑中、窪田、上原等青年军官外，晚上八点，以海军航空基地为中心，又出现了一群与他们没有交集，但势力更大的青年军官。这群青年军官也反对投降，并且因为观点一致而愈发团结。

厚木三〇一空军司令小园安名大佐在东南亚拉包尔[①]感染的疟疾复发了，当天整个下午都只能卧床。多亏军医长的急救，从傍晚开始，小园大佐开始退烧。到晚上八点左右，他恢复了体力，又可以披上军装了。一起床，他马上将航空队

① 译者注：位于西太平洋巴布亚新几内亚的一个城市，是二战中日美两军反复争夺的一处要地。

的各课长（飞行、地勤、机关、军医、会计等），以及副长菅原英雄中佐召集到司令室。面对无条件投降的命令，厚木基地应采取的态度是什么，是服从还是抗拒？小园大佐明确地表明了自己的决心，同时又向众人征求意见。

“正如十三日晚上我与各位商议的那样，不管今后的事态如何，鄙人都决心战斗到底。我希望诸位能与本人思想一致，共同前进。”

话已经这么说了，也就由不得同意与否了。副长首先表态，而后各个课长也当即同意了司令的意见。这时，一位课长吐露了内心的疑问：“我们应该如何看待海军大臣发出的‘承诏必谨’的命令与违反敕令的问题呢？”司令心想，这是必然会出现的疑问，如果不先把这个问题解释清楚，在今后的行动中恐怕会有人打退堂鼓。

“对于刚才这个问题，鄙人认为，凡是符合国体的行为，都不算违反敕令。”

在这个时刻，内阁会议已经决定“终战”。中央的陆军海军两省、参谋本部、军令部决定了“承诏必谨”的方针，并已肃然垂首于这一决定，而内阁也处于迎来在终战诏书上联署这一决定性的瞬间。但全日本的陆海最前线像神经网一样遍布各地，残酷无情的战斗仍在继续。特别是在陆、海军的航空基地，十四日清早已于日本近海发现了敌机动部队，他们正斗志满满地打算对敌人进行夜间攻击或是在黎明展开猛攻。此时，要他们欣然接受这道突如其来的投降命令是不可能的。

为准备第二天清早的攻击，厚木基地的地勤人员、武器准备人员，乃至机关、工事、会计、护士等部门的相关人员都与机组人员一同，有条不紊地进行着出击准备。不仅有紧张地进行着“准备”工作的基地，还有已经箭在弦上、即将出击的基地。例如，在距厚木基地不远的埼玉县儿玉的陆海混编第二十七飞行团基地，机组人员在晚上八点接到了出击命令，现正在倾听各飞行支队长的训话。用陆军轰炸机改装的三十六架鱼雷轰炸机开始了暖机，轰鸣的引擎声一齐传到了夜空中。他们对日本的投降决定全然不知，此刻正准备投入到残酷的战斗中去。这样的基地在日本各地比比皆是。

暂且不论前线的战斗员们是否知晓情况，在东京，两位佐野终于完成了终战诏书的誊写工作。在他们刚开始誊写工作之际，因为天皇想要将诏书过目一遍，于是命木户内府拿来了诏书。不久，天皇又对诏书做出了五处左右的修改，并将诏书送回了总务课。宫内省与内阁方面进行了联系，内阁理事官所誊写的诏书中的相关部分也被修改了。

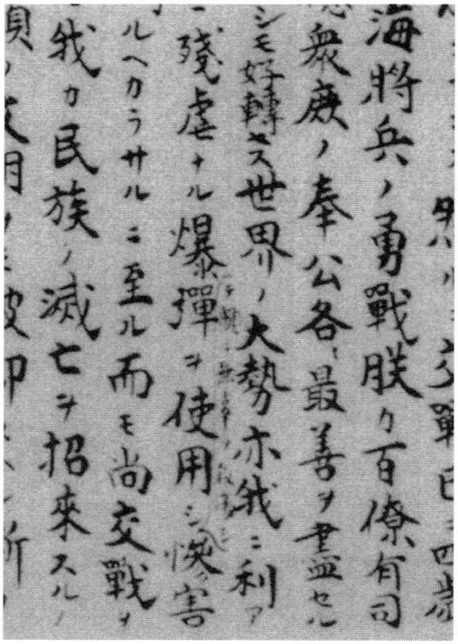
海將兵ノ勇戰朕カ百僚有司
衆庶ノ奉公各ゝ最善ヲ盡セル
シモ好轉セス世界ノ大勢亦我ニ利ア
殘虐ナル爆彈ヲ使用シテ慘害
ルヘカラサルニ至ル而モ尚交戰ヲ
我カ民族ノ滅亡ヲ招來スルノ

带有添加修改痕迹的诏书

为了代天皇参拜，侍从德川义宽这天一大早便驱车前往鹿儿岛、香取两座神宫。傍晚回来后，他向皇后汇报了情况，马上又投入到匆忙的“终战”准备工作中。他不时出现在佐野惠作总务课员埋头誊写的房间内，为诏书的誊写工作帮忙。佐野课员心想，来得正是时候，便拜托德川侍从：“我要剪纸，之后用糨糊贴在修改过的地方。在此期间，你能不能先帮我重读一下诏书？”接着，佐野课员又苦笑道：“此前诏书没有出现过这样的情况，但已经没有重写的时间了。”

内阁方面的佐野小门太理事官也是如此，他将纸贴在相关地方进行了修改，因为他也没有重写的时间了。诏书共有八百一十五个字，倘若重写的话，又要花一个多小时。这样一来，不仅录音又要推迟，也会给以天皇为首的很多人带来麻烦。他知道，外务省此时相当焦急，因为随便推迟时间，将会让同盟国怀疑日本是否真的同意和平，有可能导致同盟国的态度变得强硬。最初预定在下午六点公布诏书，同时给同盟国拍发“无条件接受《波茨坦公告》”的电报，但现在已经推迟了两个小时。外务省次官松本俊一每隔三十分钟就会给内阁总务课长佐藤朝生打一次电话，催问诏书何时公布。佐藤课长一边苦笑着答复，“现在我正忙得团团转”，一边不断地与外务省、宫内省以及内阁会议进行联系。在这无比繁忙的时刻，的确没有多余的时间重新誊写诏书了。

佐藤课员整齐地将剪下的纸贴在诏书上，然后写上了修改过的文字。在内阁会议上讨论了整整两个小时的“战局尚无好转”，现在加上了“未必”二字被送了回来[①]。

德川侍从和佐藤课员都不知道因为这句话，曾经引发过激烈的争论，所以也没有什么特别的感慨。但如果米内海军大臣、阿南陆军大臣，还有热血的迫水书记官长当时在场的话，还不知会作何感想呢。

誊写工作终于要完成了，但此时内阁方面发生了一个始料不及的严重问题。为了慎重起见，佐野理事官对诏书进行了校对，可在这时候，他“啊”地大叫了一声便面无血色了。

---

① 在佐野惠作的手记《关于诏书誊清》中有如下记载：在其他几个相关记录中，“战局日非”一句刚开始是“战局非”（战局不利），其后在阿南陆军大臣的主张下变为“战局尚未好转”，最后修改为“战局未必好转”，经过多次修改才统一了意见。

也许是因为被催得太急，大约在诏书三分之一处，即“敌方最近使用残酷之炸弹”的地方，本应继续写“频杀无辜”，但这一句被漏写了，直接跳到了“惨害所及，实难逆料”，所以佐藤理事官誊写的诏书变短了。

无论是佐野理事官还是佐藤课长，都没有遇到过这种情况，所以不知该如何是好。但如今正值生死存亡的关头，于是他们马上得出一个结论：虽然没有先例，但在这种关头出现特殊情况恐怕也是可以允许的。“现在只能把文字加上去了。”佐藤课长说道。他亲手将漏掉的几个字，在旁边用更小的文字添了进去。这份史无前例的诏书就此完成[①]。

佐藤课长将诏书送到正在进行内阁会议的铃木首相手中。铃木首相认为内阁会议还会一直磨磨蹭蹭地拖下去，于是决定暂时休会，九点半再继续进行，并立刻去觐见天皇。他需要让天皇过目刚刚写好的诏书，以得到天皇的认可。他急匆匆地赶到了宫内省，这份天皇将要在录音时朗读的诏书，有添加修改的部分，也有贴纸修改的部分，可谓史无前例的特

① 据佐野理事官回忆，这一句并非是漏写了，而是在誊清结束后，内阁再次要求修改这一部分，才不得已添加进去的。而历史学家茶园义男经调查认为，与其说是佐野理事官漏写了，不如认为是在内阁会议决定诏书成文后，在誊写成文之际产生的错误。当时，负责向复写纸上誊写诏书的迫水书记官长身体状况十分糟糕，已经到达疲劳的极限，根本无法正常完成誊清工作。当两位佐野在誊写诏书时，有一张作为内阁会议文件的诏书被送到会议处经众人传阅，当时松阪司法相就发现了几处错误。

殊诏书。铃木首相看到这份诏书时，他那茫然若失的老脸不由得皱在了一起。这是因荒唐而笑，还是因可悲而哭，就连站在铃木首相身旁的秘书铃木一也搞不懂。而不知为何，这两份满是修改的诏书，非常适合用来象征战败后的日本。

八点半，在木户内府的侍立下，铃木首相呈送的诏书得到了天皇的认可。终战诏书终于完成了。

木户内府突然想向手捧诏书，并准备退下的铃木首相确认一个消息，一个从近卫公爵那里得来的“秘密”。局势紧张，不知何时会发生暴动，这种担忧一直萦绕在他的心头。虽然木户内府是有心理准备的，但当听到“近卫师团”四个字的时候，还是感觉完全无法相信。木户从莲沼武官长那里得知，森师团长在傍晚拜访了武官长，明确表示不会让武官长担心。大家都认为只要有忠诚的师团长在，近卫师团就不会发生什么乱子。但不怕一万，就怕万一，因此，木户才希望向铃木首相打探一下。

内大臣木户幸一

铃木首相斩钉截铁地否认了这一消息。

“我不知道，我没有从任何人那里听说这一消息。”之后他又毫不在意地说了一句，“近卫师团肯定不会发生暴乱的……”

近卫师团负责守卫皇宫，是一支光荣的部队。要说这支部队会发生暴动、背叛天皇，戎马一生的老首相是不会相信的。木户内府也是这么认为的。于是他判断这不过是近卫公爵自寻烦恼罢了，因为公爵似乎很爱听信风言风语。

但其实这并不是近卫公爵自寻烦恼，也不是风言风语。椎崎、畑中他们对于录音是否已经结束、天皇何时广播、在哪里开始等一些情况一无所知。但他们认为，一旦“终战”的消息传到全国各处，国民知道了天皇的意愿，知道了“终战”这一事实后，再采取行动的话就万事休矣。椎崎、畑中这些阴谋家这样想着，正因为这种想法，他们越发感觉“时间”这个来来去去，又让人无可奈何的“怪物”在催促着他们提前实施计划。

为了将自己的想法渗透到近卫师团内部的势力中，他们分头行动，尝试去说服近卫师团大队长级别的人物。在谋反计划的起始部分，他们无奈地在森近卫师团长的名字上画上了“×”，而参谋长水谷一生大佐一直跟随森师团长的意愿，他们在其名字上画了“△”。在参谋中，古贺、石原两人已经加入，于是画上了“〇”。还有一位参谋——沟口宏昌中佐目前在轻井泽出差，所以没有考虑他。在此基础上，征得第一、第二连队长同意，大队长、中队长级别的人就有数人加入了进来，随着标记“〇”的人不断增多，难以对付的森师团长也就不得不同意他们的计划了。这就是他们预想的方案进程。他们认为，在短时间内进行计划，做好准备并付诸行动的话，出现一些疏漏也在所难免。

他们相当活跃，完全不像躲在阴暗的角落中搞什么阴谋。因此，近卫公爵得到的情报可信度是非常高的。但木户内府却简单地认为，这是因为近卫公爵对军部恐惧，无非是自寻烦恼、杞人忧天，完全没有认识到火已经烧到自家门口了。

话说回来，木户内府没有意识到即将到来的危险也不足为奇。就连正在成为阴谋中心的近卫师团步兵第二连队的曾我音吉副官也是如此。就在那份颇费周折的诏书刚刚完成誊写之际，曾我音吉接到过近卫师团步兵第四连队副官打来的电话：“皇城中心有要暴动的倾向，据说好像是近卫师团的命令，但似乎是伪造的命令。你那边有没有什么消息？”曾我答道：“别开这种玩笑了，我看不出师团有什么异常状况。”

不过，叛乱计划还是在黑夜中逐步地进行着准备。这是违抗命令的行为，是反叛国家的行为。虽说是政变，但与

“二二六”那种单纯针对一个政治体系进行反叛相比，这是一种对整个国家的反叛。在他们的背后，没有为他们撑腰的其他政治体系，也就是说，没有幕后操纵的指挥者，他们只是凭借赤手空拳去扭转历史的潮流，只是想凭借无所畏惧的勇气去实行扭转乾坤的大事业。

他们制订了行动计划，第二阶段的部署也即将告一段落。曾我副官在接到四连队副官的电话后来到宫内。当他来到二重桥旁的卫兵司令所时，看到了三位陌生的军官。曾我副官头一次遇到这种事情。因为通常情况下，除了近卫兵，其他人不得进入皇宫。再加上此时已经八点多了，一名中佐、两名少佐却这么大摇大摆地进来了。倘若多加留意一番，也许便能从中嗅到事变的味道。但曾我副官对内阁会议做出的“终战决定”毫不知情，与战争末期敌人空袭所引发的恐怖破坏和大火相比，这种事情已无法令人感到异常了。所有日本人都对异常现象麻木了。

此时，刚才提到的那位躺在行军床上，努力想让自己入睡，但因为左想右想最终没能入睡的《朝日新闻》记者柴田又回到了首相官邸。因暂时休会，阁僚们已从官邸散去。柴田记者心想：终战诏书很快就要发表了吧？这一切真的都要结束了吗？战败的话，天皇会被流放到冲绳还是什么地方去，妇女会被强奸，日本民族会被混血，这样的街谈巷议不绝于耳。如果真是这种情况的话，那么苟活下去又有什么意义呢？在昏暗的记者俱乐部中，柴田坐在角落里，不停地思考着“战争”的本来面目。

“给我写师团命令。”

——芳贺连队长

晚上九点至十点

晚上九点，广播在进行最后报道之际[①]，突然播放了一条令所有听众都吃惊的预告：“明日，即十五日正午，将会有重要广播，请全体国民届时务必收听。”只说有重要广播，而对内容只字不提，不由得让人产生各种联想。

这一广播文稿也被立刻送到报社。但报纸一般是印刷两次，六点左右，第一版已经截止，报社拿着文稿不知如何是好。在下午下村总裁召开的记者招待会上，已经大致传达了御前会议所做出的终战决定。各家报社都在等待诏书的公布，

① 当时在播报新闻。另外，这份预告的文案是由情报局播放课的周藤二三男所写的。

诏书一旦公布，他们就会立刻将这一消息放到第二版进行报道。柴田记者在首相官邸的俱乐部等待着诏书的公布，雄壮如常的《军舰行进曲》和大本营公告不绝于耳。突然，他听到了重要广播的预告。他深知这意味着什么，战败的感慨再次涌上心头，不禁热泪盈眶。

这一天，陆军省军事课长荒尾兴功大佐也几度落泪。直到昨天，访客络绎不绝，他已经是疲于接待。有的人主张战斗到底、神州不灭，有的人则小心翼翼地打探战争的局势。不过今天除了白石参谋和另一位访客外，并没有其他人造访。终战决定的消息已经大范围传开，一旦战败，陆军也就没事可干了。想到这帮人，很多人都觉得不妙。荒尾课长深切地体会到，再也没有比人心向背更不可靠的东西了。对荒尾课长而言，帝国陆军最后的日子是郁闷而又凄凉的。市谷台笼罩在浓浓的夜色中，万籁俱寂，仿若对外界筑起了一道屏障。今晚，真想在这静谧的城堡之中尽情地睡上一觉。

当各种各样的流言传来之际，荒尾课长就会想到畑中少佐和井田中佐这两人。自圣断下达以后，就几乎没有见到过他们的身影。他们究竟在计划着什么，在一定程度上，荒尾课长是明白的，所以想劝说他们，采取背叛陆军方针的行动将在国内引起极大的混乱，而这只能造成国家崩溃。能否说服他们，课长并没有把握，但作为井田中佐的直接上司，告诫井田中佐要控制自己的行为，不要走错路，则是他的义务（他还全然不知，井田中佐此时就在附近的房间内，因心中不满而焦躁不安，一心只想寻死）。

虽然课长这样想着，但因为对他们心情的深刻理解而悲伤不已。无论这些青年军官打算做什么，都无法指责他们缺乏爱国心。很明显，他们的目的是要拯救日本，在拯救日本这点上，大家的想法是一致的。然而，他们的行动是徒劳的，只能招致流血与混乱，造成无可挽回的大罪。这两种矛盾的心情在他的心中纠结在一起。他骨子里的军人性格，使他无法顺从地将屈辱之酒无所谓地一饮而尽。先给敌人以重创，创造有利条件再进行和谈——他发现自己的心中仍然追求着这一愿望。不过，他倒也爽快地认为，军人的职责就是在做出决定之前付出最大努力，而在决定下达之后，则要绝对服从。

在冷冷清清的陆军省内，荒尾大佐沉浸在各种感慨之中。此时值班士兵告知他，阿南陆军大臣有请。于是大佐整理了一下军服，挂上军刀，急忙驱车赶往陆军大臣官邸。他想当然地认为陆军大臣人在官邸，但并不知道就在不久前，陆军大臣刚刚回到陆军省。

陆军省内一片寂静，仿佛终战时的所有任务已经完结（实际上，终战剧的舞台正从市谷台移向皇宫）。大门与主楼入口处的卫兵和警备宪兵都不见了。集体逃跑这种可耻的行径如今正在制定军纪的陆军省内上演。他们似乎是相信了流言——明天早上，在东京湾外待命的盟军将会登陆，开始作战[①]。他们对此非常畏惧，谁都不想在终战诏书下达后白白送死，于是选择了逃命。陆军大臣最担心的事情现在就在他的眼皮底下发生了。

陆军大臣面不改色地回到了自己的办公室，整理了办公桌的四周。秘书官林三郎大佐想要帮忙，陆军大臣并没有让他帮自己，而是命他去叫竹下中佐。值班士兵去找了，但并没有找到。于是，陆军大臣又命他们去叫军事课长。而此时，被陆军大臣有请的荒尾课长错误地向官邸方向赶去。

在荒尾课长回到陆军省之前，陆军大臣已将自己应该对军队做的事情毫无遗漏地全部做完。

明天正午将有天皇广播的消息已在收音机中反复播放，想必前线已经接到了这一消息。然而为了慎重起见，陆军大臣还是与参谋总长联名向前线的各支部队发出了如下电报：

---

① 当时这种说法流传很广，而且为很多人所相信。当时军队指挥层很担心，随着终战，盟军会在一两天内登陆，而届时一定会爆发小规模的冲突。

（前略）圣断已下。全军上下皆遵从天皇的旨意，直到最后一刻，绝不有辱光荣传统与赫赫战功。以采取令我后世民族感佩之举为紧要，一兵一卒皆不可轻举妄动。盼望诸君向国内外彰显皇军永远的名誉与光荣。（中略）鄙人饮万斛之泪而传达此令。上文中已提及，诏书将于明日，即十五日公布。预计正午陛下将通过广播进行播放。万望诸位体察天皇之苦心。（未有改动）

那是一个闷热的夜晚。屋内简直能把人热晕，但偶尔也会刮来一阵阵凉风，从陆军大臣那修得整整齐齐的胡子上扫过。窗外一片漆黑，辞去陆军大臣一职的辞呈也已经写好，就揣在怀里。该做的事情都做完了，如今军队的名誉和希望都化为了灰烬。对于陆军大臣而言，这间宽敞的房间不啻一间牢狱。他坐在这里，静静地等着军事课长。五十八年来，通过反复历练，他在这里形成了杰出的人格。众多血气方刚的部下曾在这里群情愤懑、号啕恸哭，一切就像一场梦。

身材魁梧的荒尾课长气喘吁吁地走了进来，他跑了冤枉路。距离九点半重开内阁会议只有几分钟了，课长抬起头，严肃地望着陆军大臣。

陆军大臣说道：

“荒尾，希望你能想办法让优秀的年轻军人活下去。转为警察也可以，可以便宜行事。”

好像是从众多的愿望中挑出了一个来说一样。

“我明白了……那么……今后我们该如何是好呢？”荒尾课长问道。

陆军大臣没有回答，只是缓缓向窗户走去。至少，他对于自己今后该干些什么是心知肚明的。他转过身来，换了个话题：

“即便没有军队，日本这个国家也不会有问题，日本不可能灭亡的。因为我们还有勤劳的国民啊，日本一定会复兴的，届时你们必须发挥作用。”

中等身材的陆军大臣把雪茄烟夹在腋下，与魁梧的军事课长走出了房间，来到了楼梯口，其间两人一言未发。“日本这个国家不会灭亡的”，课长兴奋地想起陆军大臣刚刚这句铿锵有力的话，一股自信涌上心头。在楼梯口分别之际，陆军大臣拿出两支雪茄：“对了，给你这个。”荒尾课长接了过去。陆军大臣微微一笑，愉快地说道：

“那就再会了……”

当陆军大臣穿过夜路，再次回到内阁会议室之际，还有大约一半的大臣没有到场。铃木首相将诏书摊在桌上，焦急地等待着全体阁员的聚齐。已经备好的砚台上放着崭新的毛笔。各大臣都要署名，之后交回印刷局，作为官报号外的形式公布。到那时，一系列的流程才算完成。

外务省比任何人都期待着完成这一系列流程的瞬间。内阁的佐藤总务课长与外务省进行了联系，告知马上将会进行联名副署以及公布的工作。为了不使发送给同盟国的最终答复出现意外，以松本俊一次官为核心，课员们已经做好了万全的准备。驻瑞士的加濑俊一公使负责通告美国与中国，驻瑞典的冈本季正公使负责通告苏联与英国。东京将发电报给这两人。

这份关键的电报内容如下：His Majesty the Emperor has issued an Imperial Rescript regarding Japan's acceptance of the provision of the Potsdam Declaration.（天皇陛下已经发布接受《波茨坦公告》各项条款的诏书。）

同时，借这个机会，在解除武装、保障占领等方面，外务省将十二号以来陆军大臣和两位总长一直坚决主张的各项条件作为日本政府的希望条款提了出来。例如，在解除武装一事上，可以见到这样的措辞："《海牙陆战法规》第三十五条规定，应重视军人的名誉，许可军人佩刀。另外，我们也了解到，对于解除了武装的日本军人，同盟国方面没有强制其劳动的意图……”虽然事到如今，已经没有必要写这些虚无缥缈的希望了。

就这样，对外投降以及法理上的投降准备工作已经完成。从昭和六年（一九三一年）的“满洲事变”开始，持续了十四年之久的战争就要结束了，剩下的只是日本国民精神层面的问题了。在这里，无法描绘各种幻想，不，是不应该描绘各种幻想。既然是无条件投降，就不能对盟军抱任何期望。无边无际的绝望将一直持续，而国民将如何去承受这一切呢？

政府、相关各省已经做好了准备。无独有偶，椎崎中佐、畑中少佐、窪田少佐等人野心勃勃的计划也已经做好了一切准备，只等待时机的到来了。他们花了一个多小时游说芳贺第二连队长，最终得到了他的同意①。畑中少佐等人撒了谎，即近卫师团将守护皇宫及其外围，切断皇宫与外面的交通联系，请求天皇更改因受“君侧之奸”蛊惑而做出的决定，全陆军将团结一致、众志成城，向捍卫国体而迈进，而这一计划“已经得到了陆军大臣、参谋总长、

① 如今相关人员已经都故去，关于芳贺连队长是否同意一事已无从判断。但从畑中少佐在本乡旅馆里造访竹下中佐时所说的话，以及从芳贺连队长与畑中少佐等人的联合决裂等情况来看，我认为这一说法是正确的，即芳贺连队长是因为受骗才同意的。

东部军司令官、近卫师团长的同意”。芳贺连队长是一个容易轻信别人，容易被骗的人。但即便是骗，只要在芳贺连队长发现之前同意了他们的计划，就可以认为他们已经占领了皇宫。占领皇宫后，纵使大臣、参谋总长不同意，也可以拥戴天子以令全军。只要号令一下，那些不知道是屈辱的生还是光荣的死，那些直到现在都不知自己何去何从的陆军各方面部队，立刻就会统一意志，决然起义。届时，大臣、参谋总长也无法反对了。再建立一个只有陆军的军事政权，请求天皇更改圣断——这就是他们的宏伟计划。

他们心无旁骛地推行着自己的构想。然而，他们的计划却有一个致命的缺陷，那就是，该计划并未得到陆军大臣、东部军司令官、近卫师团长这三人中任何一人的同意。而他们三人的同意是该计划不可或缺的，用这个条件来说服芳贺连队长才更为有效。退一步说，由近卫师团长所签发的堂堂师团命令，是无论如何也不能缺少的。如果连这个都没有，芳贺连队长早晚会察觉到他们的阴谋。所以说，近卫师团长森中将是最为关键的人物，也是最难对付的人物。还在质疑计划能否成功的藤井大尉问及此事，畑中少佐不假思索地说：

“届时杀掉便可。”

听到畑中少佐这番坚定的言辞，藤井大尉和上原大尉答道："明白了，我们来干吧。"这些青年军官满怀信心，感觉一切都在按其计划进行，接下来也会这样发展下去吧。他们无不意气扬扬。

曾我副官被芳贺连队长召到了司令部，刚一进来，他就发现刚才那三位陌生军官已经从容地坐在椅子上，军刀立在他们的两腿之间，两手则叠在刀柄上。一瞬间，曾我副官感觉房间内的气氛有些异常。看到副官后，连队长说：

"给我写师团命令。"

曾我副官想反问一句是什么命令，但他没说出口，而是做好了书写的准备。芳贺大佐思考了一会儿，三位军官则一言未发。副官抬起了本来已经低下的头看着连队长，不料连队长却对他说："算了，不写了。辛苦了。"副官走到了屋外，心想：这是怎么回事，到底发生了什么？他完全摸不着头脑。

快十点的时候，内阁会议室的座位上，大部分阁僚终于到齐了。诏书的联名副署由铃木首相开始。他用笔沾满浓黑的墨汁，第一个签上了"铃木贯太郎"几个大字。

“没有杀人的决心，就无法成功。”

——畑中少佐

晚上十点至十一点

在内阁会议室，阁僚们还在进行联名副署。在另一个房间内，下村总裁的秘书官川本信正等待着会议的结束。这时，人在宫内的广播课长山岸重孝打来电话，川本信正被叫了出去。

山岸在电话中首先告知录音的准备工作已经完成，他笑言，等了这么久，真是度日如年的感觉。“已与大桥广播协会会长等人商量过了，”他在做了铺垫之后，接着说道，“希望总裁也能来到宫中，见证录音现场。”

川本立刻答道：“总裁正在内阁会议室里。总之，我会想办法和他联系，让他进宫参见。”同时又对山岸课长表示了感谢：“辛苦您了。”

进出内阁会议室相当严格，即便是秘书官也不能入内，只有一位官邸里都认识的、名叫柳田的老人可以出入会议室，于是川本托他带了个便条进去。

司法大臣松阪广政

在内阁会议室，大臣们一个接一个完成了联名副署。静寂统治着这里。室内的结构十分庄严，而与此形成鲜明对比的是，在此列席的阁僚们一个个都灰头土脸，狼狈不堪。虽然身心已极度疲惫，但在诏书传到自己面前时，他们还是伸直了原本弯曲着的背脊，努力摆出了一副庄严的姿态，好像要将自己的全部精力都倾注到这剩下的最后一项工作当中。有的大臣戴上眼镜，把诏书反复读了数次，这就花了相当长的时间。在铃木首相、米内海军大臣、松阪司法大臣署名后，轮到阿南陆军大臣署名了。此时，房间内的气氛变得有些微妙。由于军刀有些碍事，阿南陆军大臣花了一些时间把它立在旁边，之后面不改色地署上了自己的名字。日本陆军曾长期占据支配地位，而这一瞬间也是日本陆军卡其色的影子从政治舞台上消失的一瞬。

下村国务相完成署名后，告知大家由于自己要见证录音，所以要中途退席，便走出了会议室，命令在外面等候的川本秘书官与自己一同前往。总裁和秘书都身着国民服，一边佩戴“仪礼章”，一边上了汽车。坐在副驾驶席上的侧卫今野巡查身着便服，胸口配着手枪。他们三人乘坐的汽车在一片漆黑中疾驶着。在火灾后黑乎乎的废墟中，道路隐约可见。由于荒无人迹，一直向北延伸着的道路越发显得空旷。废墟上方的星空和一个月前一样，和一年前也是一样，或许再过几千年也是如此。川本秘书官感悟到祖国灭亡的疯狂和激奋终会散去，终会被人忘却。

静谧的夜晚就这样一点点地过去。从表面上看，一切活动都静止了。除了外务省即将要发出接受《波茨坦公告》这一重大电报外，昔日里喧嚣的各省几乎都不见人影。漆黑的夜色中，鸦雀无声，万物入眠。在皇宫内，和录音工作没有关系的清家、中村两位侍从武官正要入睡。在莲沼武官长办公室的隔壁房间内，临时放了一张上下铺，清家武官睡在上铺，中村武官睡在下铺。现在成了陆军省军务局宿舍的骏河台涩井配楼内，提前返回的竹下中佐与同僚白井正辰中佐、浴宗辅中佐一起喝了酒。他们已经很久没在一起喝酒了，虽然没有什么特别的事情要谈，但现在除了喝酒外也没有其他事情可做，他们只是为了麻痹自己的神经而喝的，也并没有哪一天值得喝酒追忆。一切都是空虚而茫然的，就好像拖着腿独自行走于荒野之中。明天会如何？后天呢？后天之后呢……中佐想不了这么远。

在厚木机场也没有见到任何异常的动向。官兵们都在自己的岗位上切实地履行着自己的职责。在司令室内，小园大佐对着自己的办公桌不停地冥思苦想。不管明天天皇广播的结果如何，他都要进行指挥，为全海军起到表率作用。他正在苦苦思考届时要发布给全海军的电报文稿。

“重臣阁僚受赤魔阴谋所愚，颠覆圣明，滥发亘古未有之敕令，实属妄为。不日将公诸世之停战命令或解除武装之令，乃灭亡天皇之大逆不道之举。服从此令，不啻同犯大逆不道之大不忠之罪。”他如此奋笔写道。之后，他又将自己的愤怒与悲痛一吐为快：“神国日本，不可战胜。我等战斗员若燃起必胜之信念，确保现状，同仇敌忾予敌寇以痛击，则必胜无疑。”

因疟疾复发，他的大脑昏昏沉沉，身体也非常虚弱，只是在异常疲惫的状态下，奋笔疾书写下了头脑中的各种思绪。写了一行擦掉，又写了一行再擦掉。看起来未曾停笔，实际上是写写停停，而停笔叹气的时间也变得越来越长。大佐在写下“必胜无疑”几个字后停下了笔，一番思忖后，又加上了一行文字："万望各位同意。"

在诏书下达后，平日里态度坚定的各位队长还能否追随他，即便是他这样的猛将也全然没有把握。只要有大义名分在，人们就愿意藏在这面大旗下。

此时，椎崎中佐和畑中少佐等人赌上自己性命的、将之当作自己生存的信念而谋划的计策终于走上正轨，开始变为现实。在这几个小时里，他们点起的叛乱之火火花四溅，仿佛借一个信号便可呈燎原之势。他们无所畏惧，面对不可收拾的局面，他们还在为继续战争而东奔西走。这些人早就应该被逮捕，但没有任何力量约束他们，使得他们可以自由奔走。"畑中一派似乎在搞什么动作"的风言风语早已流传开来，但无论是上司还是他们的同僚，都默许了他们的行动。大家虽然切实地感受到了绝望，然而在心理上还是希望自己是一名勇敢的军人，也许是这个原因，使得他们对畑中少佐一干人等的行动采取了默许态度。

只有拧成一股绳的陆军才是强大的，一旦败北，或是意识到再继续抵抗也是徒劳的，军人就会四分五裂，最终只能剩下一个个的普通人。而如此看来，皇军无条件投降一事是决定性的，并且也已经由事实所证明。他们的内心一直受到无条件投降一事的煎熬，这是对国民的严重背信弃义。在这些男人的眼中和心中，椎崎中佐、畑中少佐等人的行动是令人吃惊的，这种强韧的精神抵抗力甚至令人觉得恐怖，去分析这些青年军官的行动，就好像是自己在道德方面的勇气受到考验一般，令人不快。所以，对他们那些过于单纯的想法只能稍稍蔑视。或许正是这些复杂的感情交织在一起，才使得众多的军人默许了椎崎中佐、畑中少佐等人的行动。因此，这些狂热分子才能大摇大摆地随时出入陆军省的大门。

畑中健二少佐

刚过十点半，一直留宿在陆军省的井田正孝中佐在刚要入睡之际被椎崎中佐和畑中少佐叫了起来。井田中佐一脸不悦，内心十分愤怒，心想：明天也许就要死了，最起码今晚让我好好睡个安稳觉吧，这两个人完全没有考虑我有多累。这两个人也没有说一句道歉的话，一上来就开门见山地说起了事情。畑中少佐大声吼道：“我们为恳请中佐的同意而来。”“恳请？”“是的。”椎崎中佐在一旁补充道，“白天，畑中少佐已经被拒绝过一次了，所以我是再次恳请您出马的。”

"除了森师团长阁下外，近卫师团的其他人都已经同意。森阁下一旦同意，我们可以立时起义。"

这么重大的事情在畑中少佐的口中就像拉家常一样。

"所以呢，"少佐说道，"我们恳请您立刻同意出马。"

为何他们要找井田中佐呢？因为森师团长是少佐陆军大学时代的教官，只凭少佐自己的话，在森师团长面前完全没有威信。而古贺参谋虽然可靠，但从年龄上而言，森师团长一直当他是个小孩子。因此，他们想请井田中佐来当这个说客。

井田中佐答道："即便我去当说客，森阁下也未必同意。倘若他不同意的话，你们作何打算？"

"如果在您的劝说下师团长都不同意的话，我们也就放弃了。但现在的问题不是他同意不同意，而是我们做不做最后的努力。"

畑中少佐跨近了一步。望着少佐严肃的目光，井田中佐深深地感到，他们并不是为了私欲、怨恨、名利心而策划谋反的卑劣叛国者。然而，是否加入到他们当中则是另一个问题。井田中佐叫醒了睡在隔壁的军事课员岛贯重节中佐，征询他的意见。岛贯中佐答道："现在干什么都无济于事了，死了这条心吧。"岛贯中佐又是一位已经站在终点，看到了结局的人。井田中佐回到房间，传达了岛贯中佐的意见，对畑中少佐说道：

“现在就连说服我的战友都很困难，更何况是师团长了。师团长是不会答应的。要是师团长不点头的话，你们打算怎么办？这一点我想问清楚。”

畑中少佐反驳道：“我们确信，至诚通天。但是，最后……”他不由得欲言又止，但继续压低声音说：“没有杀人的决心，就无法成功。”

杀人？为了什么……井田中佐思考着这个问题，问道：

“东部军的动向如何？”

“我们姑且对军司令官进行劝说。虽然现在还是未知数，但如果近卫师团起义，占领皇宫的话，我们确信全天下都会响应的。这是毋庸置疑的。”

“原来如此。从你们刚才讲的来看，你们计划当中最根本的一点似乎就是近卫师团拥戴天皇，据守皇宫。但如何做到这一点呢？从结论上来说，近卫师团能否团结是成功的关键。倘若师团长不在第一线进行指挥，据守皇宫是无法实现的。但你们又说，如果他不同意的话，就必须杀掉他。杀掉师团长，你们觉得计划就能成功吗？杀掉师团长，只能失掉大义名分，使这场行动变为一次单纯的暴动。我想你们的初衷不是为了引发社会动乱吧。”

听到这些话后，畑中少佐几乎要哭了出来，只是反复说着“绝对没问题、绝对没问题”。

“如果井田中佐阁下为我们出马却还无法说动师团长的话，我们就放弃。”

井田中佐追问道：“到那时，你们真能放弃吗？”

畑中少佐做了明确的表态，而井田中佐也无意再继续追问，他的内心受到了冲击。

中佐抱定了决心，他知道，要说服师团长几乎是不可能的。但正如畑中少佐所言，不是同意不同意的问题，而是尝试不尝试的问题。这也算是给几百万英灵一个交代吧，不能让祖国就此灭亡，必须给祖国带来新的生机，令其复苏。井田中佐要把自己的性命赌在森师团长的答复上。

竹下中佐、井田中佐、畑中少佐三人原本都是东大教授平泉澄博士的直系弟子，从昭和十年（一九三五年）开始，他们就一直是师兄弟关系。他们从平泉博士那里学到的国体观是“自然发生的实在”，简单来说，自日本建国以来，日本的君臣之分就如天地般自然形成，正确地维护这种国体观即是“忠”，万物都归于天皇所有，国民应感恩戴德，将天皇奉为“现人神”，完成一君万民这一结合——这正是日本国体的精华所在，他们对此深信不疑。

按照这种想法，他们得出的结论是，无条件投降的理由只有两个，一是贪生怕死的卖国者逻辑，二是越早结束战争就越能减少各方面损失的“唯物战争观”。在他们看来，战争并不仅仅是由军人所进行的，而是应该君臣一心，全体国民必须战至最后一人。以挽救国民生命之类的理由来同意无条件投降反而是破坏国体，是对国体的变革。因此他们相信，只有阻止投降才是对国体最大的忠诚。

从九号至今，这种想法就以他们三人为中心反复讨论了无数次，而他们也一直在互相验证对方的想法。从这个意义上来说，井田中佐从开始就和畑中少佐持有同样的心理。但他是信奉绝对服从命令的军人，不是反叛者，也不是革命家。他倾注了全力的政变，是以大臣、参谋总长、东部军司令官、近卫师团长四人同意为条件的。这一情况，充分反映了他服从命令的性格。然而圣断已下，计划只能取消，他陷入了绝望的深渊。可是，畑中少佐站在他面前，几近哭泣地恳请于他。考虑到畑中少佐的心情，以及无法抛弃生死与共的战友的那种友情和义务感，将他从绝望的深渊中一点点拉了出来。

“畑中，我明白了。我尽力而为。”

井田中佐以一种无可奈何的、认命似的口吻对畑中说。

他们的目的不是为了引发暴乱。政变成功与否，必须尽早做出判断。如果成功无望，自己要立刻负责令他们放弃。这种想法也是井田中佐答应出面劝说的主要原因。

畑中少佐的表情一时间变得明朗起来。他莞尔一笑，喜形于色，晒黑的脸庞加上白白的牙齿，给人留下了俊朗的印象。他们两人的手紧紧地握在了一起。井田中佐的疲劳感似乎也渐渐缓解了。他心想：明天要么出现一个新的日本，要么我们已经死去。

中学二三年级的时候，井田中佐曾在校友会杂志上读到过一篇小说。该小说的笔法相当稚气，但不知为何，小说的故事一直留在了他的心里。幕末时期，大恒藩卷入了勤王佐幕的旋涡之中。在一番激烈的争论后，藩内一致决定勤王，但仍有两三位青年武士为了报答德川家的恩情而选择脱离大恒藩，加入了叛军。井田中佐与情投意合的椎崎、畑中一起骑车从陆军省去往近卫师团司令部。在路上，井田中佐想起了这篇小说。这次离开市谷台后，也许就再也回不来了，这和小说中的人物脱离大恒藩有着一样的心境。究竟是叛军还是皇军，就让上天来决定吧。自行车已经旧得生锈了，也不知是哪一辆一直在吱吱作响，在这深夜静谧无声的街区投下了令人焦躁不安的声音。

十点五十五分，突然警报笛声大作。当时，天皇为了录音，正要走出御文库。在内廷厅舍的录音室（御政务室），以下村总裁、大桥会长为核心，相关人员已经完成从录音的准备到明天播放时的安排等一系列工作，现在万事俱备，只等天皇的到来。在首相官邸的内阁会议室，小日山运输大臣是最后一位在诏书上署名的人，当他快要签完的时候，响起了警报声。

天皇毫不在意地要走出御文库，跟在天皇后面的入江侍从不知道敌人的编队是以哪里为目标进行攻击。他认为情况危险，于是急忙劝天皇止步。天皇同意了。

事实上，为了应对日本万一出现的拒不投降的情况，“猛牛”司令哈尔西上将所指挥的美国机动部队从八月十三日开始一直游弋在日本近海。十四日午夜，由于尚未收到日本政府投降的通告，他们开始向房总半岛海域推进，以便能在十五日凌晨，在预定的地点展开计划好的攻击。

此外，似乎是为了催促日本投降，马里亚纳基地的二百五十架 B29 轰炸机正在飞向日本。它们设定了高崎、熊谷、小田原、秋田等数个目标，欲进行分散攻击。当时，机群已经进入了太平洋上空的警戒网。

面对敌人如此大规模的行动，海军总队司令部立刻向本土周边的所有地区发出了警报，尤其是向九州第五航空舰队司令部发出了“敌即将登陆本土”的紧急警报。宇恒缠中将（第五航空舰队长官）在日记中写道：“于我即将发出投降议案之际，乘此虚势从四周来犯，乃促我屈服之意。”从这里可以看出，他依然有旺盛的斗志。

如果可以对历史进行种种假设，比如，诏书字句的审议再拖得长一点，井田中佐再早一点加入政变，B29 编队把东京作为攻击目标，等等，那么结果会如何，接下来的进程又会如何，都是无法预料的。一分一秒的差异，将会产生迥然不同的结果。各种因素微妙地交织在一起，仿佛都在“赶时间”一般，集中涌向了一个地方。现在，皇宫成了“终战剧”的舞台。刚才，我们的视线从陆军省转到首相官邸，如今又必须要移向皇宫了。此前的故事都是慢慢展开的，然而从这一刻，则要加速了。

“总之，一切都平安无事地结束了。”

——东乡外务大臣

晚上十一点至十二点

外务次官松本俊一从电话中得知，为了正式公布终战诏书，内阁的佐藤总务课长已经进入内阁会议室。于是，次官马上命令大江电信课长向同盟国发出最终答复。日本的投降已确定无疑了。在阁员们进行联名副署之际，田畑喜代子又书写了一份诏书誊本。一般情况下，诏书是要转给官报课的，但因情况紧急，又是如此重大的诏书，佐藤总务课长把官报课长叫到了会议室，亲手把诏书递给了他。不过，由于当时不便印刷，实际上并未发行官报（政府公报），在文案记录中，诏书发布在官报号外上。

从九号开始，阁僚们就一直在反复辩论，现在他们都感觉总算可以告一段落了。身心俱疲的操劳感一下子全涌了上来，疲惫不堪的脸庞上满是油汗。他们比任何人都最先知道，大日本帝国就此终结了。今后的日本国，无论是在政治方面，还是经济方面，都必须处在同盟国的“管理下（subject to）”。在他们面前的命运之路是暗淡的，是迷茫的。他们必须比任何人都先要思考清楚，日本在历史上首次经历的战败意味着什么。

然而不论如何，一切都结束了。今后会怎样，同盟国会怎么做，这些都没人可以预料，他们只知道自己必须做什么。以铃木首相为首，很多内阁大臣考虑的都是“辞职”。这既是负起战败的责任，也意味着向接下来的新日本交接指挥棒。

阿南陆军大臣要做的事情却稍有不同。他将军刀挂在腰间，整理好军服，走到了感慨万分的东乡外务大臣身边，摆正姿势，将上半身倾斜十五度鞠躬敬礼，并说道：“刚才鄙人拜读了外务省的方案①，关于保障占领和军队解除武装，向同盟国提出了我方的希望，对于该方案我深表谢意。早知道是

① 在发送接受《波茨坦公告》的电报时，日本提出希望盟军提前告知进驻时间，为尊重军人的名誉，希望由军队自行解除武装，等等。这是由外务省的安东义良根据军人的要求自行添加的。此外，在安东的手记中记载，当时向他提出这些愿望的是“军务局代表永井少将等数人”，但军务课长永井八重因为在空袭中负伤，岗位早在一个月之前就由吉本重章大佐所代理，所以安东的记录应该有误。

这种方案，我在御前会议上也没有必要那么强硬了。”

东乡外务大臣苦笑了一下。陆军大臣之所以和外务大臣在这个问题上争执，是希望以条件的形式获得同盟国的首肯，而外务大臣则表示反对，他指出，作为希望提出可以，但作为条件附加上去的话，则有可能使好不容易进行的谈判破裂。“啊，在作为我方希望而向同盟国提出这一点上，外务省也没有异议。在这一点上，我已经向您解释过很多次了……”外务大臣用充满讽刺的口吻答道。

阿南陆军大臣毕恭毕敬地弯腰行礼：“一直都承蒙您的各种关照。”外务大臣感到有些诧异，赶忙回礼说：“总之，一切都平安无事地结束了。真是太好了。”外务大臣只能如此回答。之后，两雄相笑而别，此生终未再见，但两人直到最后都是很好的对手。

陆军大臣还有其他必须要进行的告别。他把特意从陆军省自己的办公室中带来的雪茄夹在腋下，大步扬长地走向首相的办公室，脚下的靴子嗒嗒作响。与内阁会议室仅有一间之隔的地方便是首相办公室。在房间内，首相、书记官长、秘书官们相视而坐，气氛平静。首相衰老的脸庞似乎有些滑稽，而在这副脸庞下面隐藏着深深的疲劳感和虚脱感。他好像在追忆着逝去的漫长岁月，迫水书记官长则潸潸泪下。之前，他们一直心无旁骛地倾注自己的全部精力去“结束战争”。清醒过来的时候，一切都顺利地结束了，一股虚脱感涌了上来。不过在他们的心底，对于自己能顺利完成这项工作也有一股自豪感。他们中的每一个人仿佛都变成了房间内的一件家具，只是端正地坐着，一言不发。

就在这时，腰间挂着军刀，手配白手套的陆军大臣走了进来。他一边说着“打扰了”，一边走到首相身边，摆出一副直立不动的姿势，缓缓说道：

“自商议停战事宜以来，我作为天皇录音广播布置图陆军意志的代表，屡屡提出强硬的意见，给首相添了很多麻烦，在此谨表歉意。我的初衷本是助首相一臂之力，却招致了意见对立。作为内阁成员而言，实属不该。不过还望您能理解，我的心愿只有一个，即捍卫国体，除此之外别无他意。”

不知何时，首相也离开了座位。陆军大臣的话语中萦绕着优美的余音，眼中闪烁着真挚的光芒。首相抖了抖他的长眉，像看着自己孩子一般凝视着神情紧张的陆军大臣，把手放到了他的肩上。

“你的想法我十分清楚。我对你所提出的那些坦率的意见表示衷心感谢，并且一直乐于倾听。那些意见，都是源自爱国的赤诚之心啊。”

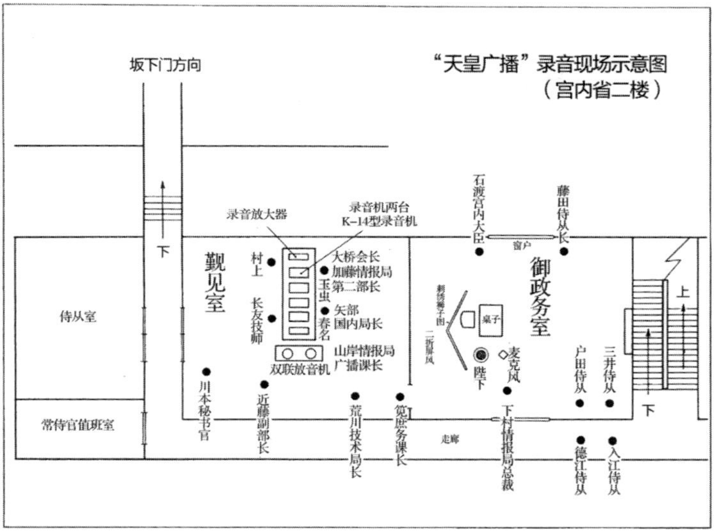

天皇录音广播布置图

陆军大臣深深地点了点头，那样子不禁让人想到了率真的孩子。

“我说啊，阿南君。”首相继续说道，“日本皇室是绝对安全的。陛下不会有什么变化。你看看，当今圣上对于春秋两季的祭祖活动还是那么关心呢……”

“我也是这么认为的。”阿南陆军大臣悲伤地答道。

“而且对于日本的前途，我也认为不全是悲观的。”

陆军大臣用力地点了点头，说道：“我也完全同意。我坚信，日本君臣一体，必将复兴。”

这两位大臣凝视着对方，沉默了一会儿。片刻后，陆军大臣掏出用报纸包好的夹在腋下的雪茄。“这是南洋前线给我送来的。可是我不吸烟，就把它带来了，希望您能尝一尝。”说罢，他把雪茄放到了首相办公桌的边上。

陆军大臣敬了一个礼，之后默默地退出了房间。书记官长把他送到玄关处后返回首相办公室。铃木首相说道：“阿南君是来告辞的。”

书记官长脑海中浮现出陆军大臣那结实的背影转瞬间消失在黑暗中的情景。他感觉从自己的身体内涌上来一股热流。

是夜，在火灾过后漆黑的原野道路上，陆军大臣的汽车疾驰着。他回到了位于三宅坂的陆军大臣官邸。在玄关处，同车而归的林秘书官把两张“半纸”[①]交给了陆军大臣，这是内阁会议开始前陆军大臣托他去搞的。在当时，如果没有准备，就连“半纸”都不能轻易搞到。林秘书官刚刚离去，女佣便问陆军大臣：“您平时都在打的针现在马上需要吗？”陆军大臣迟疑了一下，苦笑着点了一下头，像是在说“嗯”一样。每天晚上，阿南陆军大臣都要打维生素针以缓解疲劳。

内阁会议结束了，天皇的录音就要开始了。阿南陆军大

① 译者注：一种用于写字的日本纸。

臣的汽车在十一点二十五分到达官邸，而此时，身着陆军大元帅服的天皇在入江侍从的陪同下，从御文库乘车出发，来到御政务室。空袭警报尚未解除，但宫内省防空课长松冈进次郎已向东部军询问了敌机的情况，东部军防空负责人藤井恒男中尉回答说："敌机没有飞向东京的迹象"。于是，他们决定冒着警报强行录音。

建筑物内所有窗户的卷帘都放了下来，由于内部的光亮不会漏到外面，房间内灯火煌煌。在明亮的御政务室的正中央放置着立式话筒，两曲[①]刺绣狮子图的金屏风立于两边。宫内大臣石渡庄太郎、藤田侍从长站在窗边，下村总裁等人则站在走廊边，大家都在等待着天皇的到来。虽然藤田侍从长知道天皇在御文库练习过宣读诏书，但想一想天皇连日来的辛劳，他不得不祈祷录音工作能够从始至终圆满结束。

石渡宫相心中另有一番感慨。到今天为止，事情居然进展得如此顺利，他不由得感到喜悦与吃惊。他感慨万分地回想起八月十二日天皇提出要见皇太后一事。当时天皇曾说道："朕如今在竭尽全力地谋求和平，但尚不知能否成功，所以想见太后一面，亲口道别。因为说不定这一见便是永别。"就连天皇对于能否实现和平都没有十足的把握。可以说，天皇也

---

① 译者注："曲"是屏风表面图画的量词。

担心自己要直面军队所采取的强硬举动，以及由此带来的最坏的结果，他已经下了必死的决心。

的确是这样。以天皇为首，大家都抱定了必死的决心，好不容易走到今天。而对于石渡宫相而言，这一番感慨也是自然而然的感情流露。

终于，天皇在三井安弥、户田两个侍从的陪同下进入了房间。坐在隔壁房间角落里的川本秘书官看到天皇的一身戎装，不由得挺直了身体，深深地低下了头。三井、户田两名侍从站到了走廊一侧的门旁边。隔壁房间里，录音的相关人员站在墙的另一侧，用最高的礼节来向天皇致敬。这些人包括情报局第二部长加藤、山岸广播课长、广播协会的大桥会长、荒川局长、矢部局长、近藤副局长、长友技师，以及春名、村上、玉虫等技术人员，还有宫内省的笕庶务课长。房间内挤满了人，加之卷帘紧闭热气无法排出，使得房间内无比闷热，但是当时房间内的紧张气氛使得人们已经忘却了酷热。

天皇问道：“用什么样的声音来宣读为好呢？”

下村总裁回复说，用正常的声音即可。荒川局长站在隔壁房间紧挨着门口的地方，从这个位置可以清楚地看到下村总裁。下村总裁向天皇的前方迈出一步，毕恭毕敬地伸出戴着白手套的手，同时鞠躬行礼。白手套是一个信号，荒川局长马上向技术人员使了一个眼色。录音开始了。

“朕深鉴于世界大势及帝国之现状……”

天皇宣读了诏书。对技术人员的部署万无一失，长友、村上负责调整，春名、玉虫负责剪辑（在录音盘上刻出音轨）。刻刀静静地在录音盘上滑动，将天皇低沉的声音都吸了进去。从藤田侍从长、下村总裁到川本秘书官，都在一字一句地仔细倾听天皇的朗读。除了天皇的声音外，没有其他声音。楼外，是大内山静谧漆黑的夜。

“朕亦深知尔等臣民之衷情，然时运之所趋，朕欲忍所难忍，耐所难耐，以为万世之太平……”

房间内的人个个泪流满面，都在强忍着不发出呜咽之声。

约五分钟后，录音结束了。天皇问道：“效果如何？”筧课长小声地问了一下长友技师，技师也小声答道：“技术上应该没有问题，但刚才有几处听不太清。”而天皇自己也向下村总裁表示，刚才的声音偏低，感觉并不太好，要再读一次。

在同样的信号下，第二次录音开始了。天皇用其独特的声音抑扬顿挫地进行了朗读。这次声音高了一些，但不知道是不是因为紧张，有一个地方漏掉了连词。侍立在天皇身旁的人都异常紧张，汗流不止。此时，他们百感交集，几欲落泪，而天皇也是两眼含泪。第二次录音结束之际，加藤第二部长清楚地看到了天皇眼中的泪花。

天皇再次说道：“再读一次也可以。”

笕课长立刻问长友技师怎么样，长友技师回答：“这次可以了。”其实，笕课长的意思是再进行一次录音准备怎么样，但因为没有上下文的一句“怎么样”，使得长友技师误解了。两个人的精神都十分紧张，他们都以为对方明白了自己的意思。

但下村总裁、石渡宫相、藤田侍从长等人阻止了第三次录音。考虑到天皇的疲劳和悲痛，再进行第三次录音实在是太过惶恐。此时，时钟停在了十一点五十分，投降准备工作的第一步算是顺利地结束了。

在入江侍从的陪同下，天皇再次返回御文库。无论是来的时候，还是回去的时候，天皇都缄默不语，只是默默地靠着坐垫，闭着眼睛。从天皇的神态上，入江侍从感受到了其内心的痛苦。

同一时刻，在近卫师团参谋室里，井田、椎崎、畑中、窪田等政变策划者满怀期待地待在房间内，但在这份期待中，又交织着些许焦躁。他们或是拖着军靴在房间里踱来踱去，发出嗒嗒嗒的声响，或是一会儿从椅子上站起来，一会儿又坐回去。其中，井田中佐和近卫师团参谋古贺少佐是第一次见面。此外，在参谋室里，还有上原重太郎大尉、藤井政美大尉，畑中少佐也为大家做了介绍。如此一来，政变的中心人物算是聚齐了。他们想要实施的计划偏激而又残酷。古贺参谋和石原参谋对计划草案进行了逐一探讨，调整兵力的运用，并和部署在各自岗位的大队长级别的同志进行了联络。井田、椎崎、畑中等人的任务是去劝说近卫师团长森中将，倘若劝说不成，他们的既定方针是“杀”。

不巧的是，森师团长处恰有客人造访。他们已经等了近一个小时。畑中少佐似乎焦躁了起来，他快速翻动着办公桌上的文件，又突然停下来，之后又是一阵乱翻。时断时续的对话和令人压抑的沉默交替出现在房间中。

井田中佐看着眼前这些男人，心想：这些男人真的都相信起义会成功吗？他忽然觉得，这些人是不是只是被畑中那具有压倒性行动力的、纯真男儿的热忱所吸引，是否只是由负面力量所聚集起来的。在对美好未来的展望上，他们是否有共通的东西？他们的内心只被眼前的目标，即占领皇宫这件事所占据。但在这之后会发生什么呢？恐怕他们几乎没有考虑吧。他们只想着“光荣赴死”这件事。

在厚木三〇二基地，也有人同样想“光荣赴死”。在天皇第一次录音时，基地的全体官兵被召集到司令室，由司令小园大佐向全员传达了一个令人无比悲愤的消息：日本接受了《波茨坦公告》，决定无条件投降。血气方刚的年轻军官在那一瞬间都沉默了，但他们马上就异口同声地询问“司令的真实想法”。小园司令激动地叫嚷道：

“即便我亵渎了司令的职责，厚木航空队也绝不会投降！高座工厂已经把机床都转移到了地下，做好了打持久战的准备。粮食储备也够两年的。即便全海军都坐视不理，我们孤立无援，即便一时被冠以反贼的污名，我也绝不会同意这个有辱国体、违反传统的无条件投降的决定！”

听了这番话，军官们都热血沸腾了。大家都愿意追随司令，在同一面旗帜下共赴生死。即便被人定为叛乱，对于背负着死亡十字架的人来说，也已经别无选择——在厚木基地，全体人员团结一致，打算无所畏惧地战斗到底，据守此处。

还有其他人也沉醉于这种负面力量之中。东京警备军横滨警备队长佐佐木大尉也是不相信战败、拒不投降的其中一人。不管传来什么信息，他都一律不信。在皇军的字典中没有“投降”二字，一定要战至一兵一卒，他抱着这样的绝对信仰生存着。仅仅靠算盘是算不出战争胜负的，战争要靠强大的精神力来完成。何况，帝国陆军还牢牢占据着中国大陆，手中还有三十五万盟军俘虏，要是一命抵一命的话，盟军也相当不利。在如此强烈的确信下，佐佐木大尉萌生出一个念头，他要把以首相为首的一帮软骨头重臣一个不剩的全部杀掉，因为这帮人打算无条件投降。这又是一个鲁莽的计划。

他向鹤见总持寺后面的警备队本部走去，那里有一个常驻大队。他有一个强烈的想法，紧急集合并武装这些人，今夜就去袭击首相，阻止投降。

这三个集团之间没有联系，他们都是想当然地设定了自己的目标，并为此而行动。他们的意愿如同喷发的火焰，万幸的是他们不在一个火山带上。如果有一根线将他们联系起来，在一个大战略下一齐行动的话，说不定日本就无法结束战争了……不过，现在不是考虑这个的时候。

“你们还算是男人吗？”

——佐佐木大尉

十五日零点至凌晨一点

零点，东部军向管区全域发出了空袭警报。人们原本已经习惯了这种时而会出现的警报声，但因为原子弹的出现，警报声又带给了人们另一种恐惧。但在陆军省，荒尾军事课长却在想，如果今晚死了倒正好遂了自己的心愿，他毫无畏惧地打算上床休息。

在埼玉县儿玉基地，为了对游弋在房总半岛海面上的敌机动部队展开猛攻，第二十七飞行团的三十六架主力战机正在空袭警报的嘶鸣声中进行出击准备。飞行团长野中俊雄少将满怀期待地注视着准备工作。最前线的指挥官还不知道，战争已于晚上十一点结束了，他们决心把自己心爱的部下置之死地，以期部下能在此时发挥出平时严酷训练的成果。儿玉町的百姓知道了陆军飞行队将要出击的消息，他们手持太阳旗，不断地聚集到机场。这些百姓也不可能知道，自己的祖国已经投降了。他们只是相信“神风”将会吹来。

东京被黑暗所吞噬，一片寂静。零点五分，穿过黑暗，天皇再次回到御文库。入江侍从对天皇说，如果有什么情况，他会马上禀报。当然，他完全没有想到在这个战争已经结束的夜晚会发生什么状况。天皇点了点头，之后消失在里间。

在宫内省内廷厅舍的御政务室，正在重放刚刚录好的天皇朗读，相关人员聚集在一起进行试听。卷帘把窗户遮得严严实实的，虽说空袭警报还没有结束，但这个房间的电灯还像往常一样开着。片刻后，试听结束了，长友技师对笕课长表示，现在的录音盘不太好，希望能拿出没有穿针的那盘。他说明了他的想法，即广播之际使用最初录音的那张盘。

录音盘有两组（一组两张），录音负责人分别把它们放到了两个小罐中。如果只用小罐的话，上面的盖子有可能松掉，所以长友技师让荒川局长帮忙问一下笕课长是否有合适的容器。被这么一问，笕课长一时没有想出，但在冥思苦想一会儿后，他找来了两个装防空服的卡其色棉织扁袋，大小为四十五厘米左右，方形，用来装录音盘真是再合适不过了。就这样，长友技师把录音盘交到了荒川局长手中。

荒川局长拿着录音盘，感觉这东西相当棘手。广播时间定在明日正午，那么此时要把这两个重要的袋子放在哪里保管呢？从某种意义上来说，日本的未来就装在这两个棉袋中。

在拜谒室前面有一间侍从室（又称常侍官候所），现在

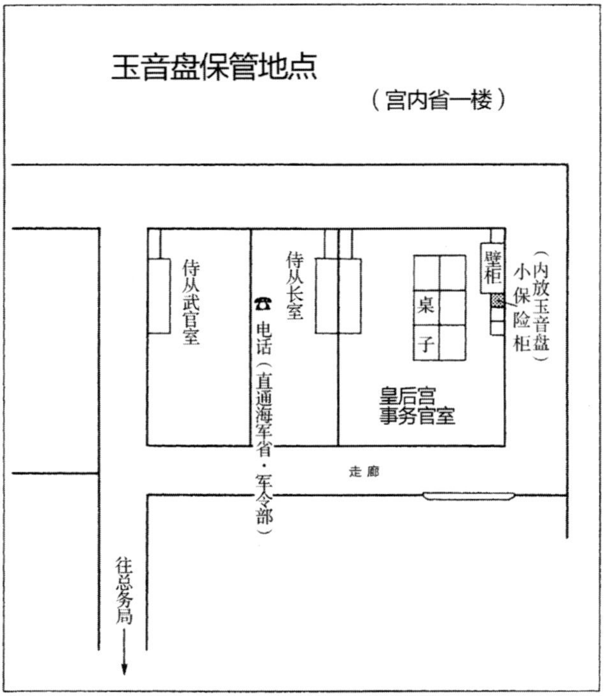

玉音盘保管地点

相关人员正聚集在这里，一起商量保管问题。宫内省的筧课长等人认为，录音盘自然应由广播局保管。而广播局方面则说，深夜把玉音盘带回去风险太大，理由是“听说陆军的一部分人有暴动的迹象，如果真是这样的话，玉音盘放在广播局就更危险了，还是由宫内省保管更为安全”。宫内省方面认为这种考虑很有道理。于是，决定日本命运的棉袋由荒川局长转给了矢部局长，再由矢部局长转给了筧课长。筧课长把袋子拿在手里，但也很为难，因为在宫内省庶务课里想不出合适的保管场所。恰好德川义宽和户田康英两位侍从也在场，他便拜托他们：“这个录音盘，可否由侍从保管一下？”德川侍从二话没说就答应了，爽快地从筧课长手中接过了录音盘。

就这样，因为保管的问题，录音盘从一个人手上传到另一个人手上。这里我们也可以进行“ifs”（多个假设）。假设按最开始的方法，由广播局或是情报局的人来保管，两组录音盘可能都会落入叛军之手；假设筧课长将录音盘放到宫内省庶务课的保险柜里，在军人们进行彻底搜查时也会被发现。录音盘交到侍从内最为勇敢、最为磊落的德川侍从手中，对于录音盘而言，同时在顺利地结束战争这一意义上，实属万幸。当时在场的人只是不经意地想到，一直陪同在天皇左右的侍从是保管录音的最佳人选。事实证明这是正确的。

德川侍从马上把两个袋子拿到天皇的皇后宫职事务官办公室，放入了杂物架旁边放文件的小型保险柜里。天皇的东西很少放到这里，但他觉得反正明早就要拿出去，就没有太过在意。不过，他还是不失谨慎地把柜子锁上了，并且在前面堆了很多文件以遮挡人的视线。

下村总裁看到录音盘交到德川侍从手中后，便打电话到首相官邸，但被告知铃木首相已经返回了私邸，他只好把当时举行记者招待会的迫水书记官长叫了出来。

“录音顺利结束了。这样一来都结束了吧。”

迫水书记官长也在想：真的就这样顺利结束了，希望一切就此结束……他放下话筒，回到记者招待会。因为当时防空警报尚未解除，所以这一天的记者招待会是特意在官邸地下的防空洞里召开的。书记官长一边顺着螺旋状的楼梯往下走一边做了几次深呼吸。他疲劳过度，已经到了不调整好呼吸和身体平衡就无法下楼的程度。他的腿已经累得不听使唤了，这让他对自己的身体非常生气。

柴田记者把从内阁那里收到的诏书誊本反复读了几次。由于内容太难了，只读一次根本装不进脑子里。但他似乎感觉到，这张纸片中包含着日本复兴所需要的力量。诏书似乎是在对国民号召，让大家在接受笼罩在全体国民上方的厄运的同时，也不要放弃希望。

迫水书记官长反复叮嘱记者们，在正午的“玉音放送”结束之前，绝对不要发出早报。除了迫水书记官长外，马场情报官也叮嘱了近二十位驻官邸的记者。理由是，如果在播放前早报就卖了出去的话，谁都无法预料那些传说中要闹事的一部分陆、海军军人会不会掀起暴动。过了正午才发早报在报社看来是很丢人的事情，但记者们还是答应了。

迫水书记官长口中的“传说中的闹事”其实已经不仅仅是传说了。在鹤见，打算袭击要员的佐佐木武雄大尉已经开始行动。在皇宫，录音盘已经被锁在小型保险柜中。因为在空袭警报中返回有些危险，参与录音的相关人员和侍从们便留在常侍官候所和办公室内闲聊。而就在此时，佐佐木大尉正与紧急召集来的自己大队的四个中队长展开激烈的辩论。

这些中队长称，如果是司令部设在涩谷，直属于东京警备军第三旅团长原田督少将的命令，他们便执行；但如果是佐佐木大尉一个人的命令，尤其是袭击要员这种叛乱性质的命令，则恕难从命。他们郑重严肃，且毫无商量余地坚持着自己的意见。佐佐木大尉发出了一声叹息，可怜这帮蠢材还没认清形势，现在投降并不是真正的忠诚。但大尉也没有多余的时间来劝说他们了。

大尉怒叱道："帝国存亡之际，你们为何不挺身而出？你们还算是男人吗？"

但中队长们面不改色，"你说什么都没用。"他们仍旧不松口。

大尉眼中充满了怒火："保护国家、发扬皇威，这是军人的使命！"

但中队长们只是冷冷地答道："没有旅团长的命令，我们是不会动的。"大尉还不知道，原田旅团长早就知道他过激的思想和性格，担心他搞出什么乱子来，所以提前就给各位中队长下了命令。不知情的大尉勃然大怒，他说道：

"好吧，你们不动也行。但不要妨碍我！"

此时，在另一个焦点场所，即近卫师团里，一场静悄悄的对话正在进行中。井田中佐和椎崎中佐坐在师团长森赳中将对面，第二总军参谋白石通教中佐端坐在中将的斜后方。白石中佐在傍晚时见过荒尾军事课长，得知"军方的决定没有任何内幕"后安心了。他明早即将出发，利用这段时间与前辈、友人叙旧，造访的最后一位，则是姐夫森中将。

正是白石中佐的造访，使得井田中佐等人在参谋室不得不一直等待。听着两人欢谈的声音，畑中少佐一跃而起。“没有时间了，不快点就没有时间了。”他通过副官川崎嘉信几次强行要求见面，终于得到零点三十分见面的答复。青年军官们拥挤着走过狭窄的走廊，来到师团长办公室的门前。也不知是想起了什么，畑中少佐突然对井田中佐说“对了，我还有事要办”，说完就带着窪田少佐一起走了。那一瞬，井田中佐感觉自己好像被畑中少佐欺骗了。

森师团长似乎察觉到了他们深夜造访的意图。他拦住了刚一坐下就要说什么的井田中佐，开始泰然自若地谈起了自己的人生观。两位中佐内心十分焦躁，带着几分怒气听着森中将讲话。森中将提高了音量，似乎要用先发制人的言论来打消他们的意图。井田中佐想在森中将讲话中断的时候说明自己的来意，但每次师团长都说：“啊，你等一下再说。”十分钟，二十分钟，时间就这样过去了。

与此同时，因为有事要办而离去的畑中少佐来到了骏河台的宿舍（涩井配楼），造访了当时已经入睡的竹下中佐，向其强调到目前为止的计划进行得都非常顺利。他似乎因亢奋与焦躁，已经失去了自我。他恳请竹下中佐起义，在他的口气里，他们共同起义是理所当然的事情。

“近步二（近卫步兵第二连队）已经举着军旗进入了

皇宫。他们会在凌晨两点举事，占领皇宫，之后在此据守。近步二连队长和其他四位大队长已经同意了我的计划。进展到这一步的话，问题就不大了，一切都会顺利的。”

畑中少佐那充满诉求力的言辞使竹下中佐有一点点动心。因为中佐出身近卫师团，曾经在刚刚进入皇宫的第二连队担任过连队旗手。中佐回想起具有光辉传统的连队旗，回想着那无上的光荣。曾经比自己生命还重要的、自己曾深爱着的连队旗，如今正飘扬在日本战败的第一线。

“目前，只有森师团长还没同意，我们正在说服他。我们肯定可以得到他的首肯，这只是时间问题。两点我们便会起义。请加入我们吧。一起开辟新的道路。”

在“承诏必谨”的方针确定后，竹下中佐就意识到，自己已经索然无味地从剧中人转为了坐席上的看客。但就在刚刚那短暂的时间内，他又感到自己正在一点点地变回剧中主角，这让他不知如何是好。“难道时间的流转要让我在悲伤的沉默中入睡吗？”然而，在冷静思考后，他感觉自己直到现在对于推行这个计划都犹豫不决。他心中浮现出一个疑问：自己是不是不够坚强，无法做出背负污名的思想准备，无法背负继续战争的责任。同时他也感到悲伤，认为自己是一个薄情的男人，无情到要对心意相通的同志坐视不理的程度。中佐的思绪就在这两种想法间摇摆不定，无法决断。

竹下中佐说道："其实一切早都结束了吧。我们所策划的政变应该是以大臣、总长、东部军司令官、近卫师团长四人意志的统一为重要条件的。现在，这一条件完全无法达成。事到如今，做什么都无济于事啊。"他还在抵抗自己内心的斗争。

畑中少佐亢奋地说："现在所有官兵都在犹豫不决。我们这些中坚力量能够果敢决断、冷静而又毅然地举事的话，全军都不会坐视不理。我们应该带头开辟出一条决断之路。忠勇的帝国陆军军人是不会对非常事态袖手旁观、置若罔闻的。"

"即便如此，阿南大臣也有可能不会响应。届时该如何是好？"中佐刁钻地反诘道。

"正因为如此，"畑中少佐则更加激动地说道，"我们才来拜托中佐您。全军一定会跟随在我们身后。到时候，我们只要给大臣戴个高帽就行了。游说工作就拜托您了，除了中佐您之外，没有人能说服大臣了。"

竹下中佐不知该如何回答，只能缄默不语，他陷入了自问自答的沉思中，激烈的思绪在他心中斗争着。看着畑中少佐的脸，他不能无情地拒绝。现在是做出最终决断的时刻。

忘记一切，认为什么都与自己无关，自己只想好好睡一觉的想法也必须抛弃。竹下中佐抬起了头，决定无论如何先去大臣身边看看再说。

畑中少佐急匆匆地站了起来，说道："没有时间了，所以我先返回近卫师团。事到如今，哪怕孤立无援，我也要干到底。我也并不要求您马上同意，如果计划能够顺利，届时希望您能助我一臂之力。"

"我也去，到大臣那里去试试。"

竹下中佐决定把自己的命运赌在大臣身上，正如井田中佐把自己的命运赌在森师团长的答复上一样。畑中少佐凝视着中佐的脸庞，一言不发，但可以看出一股喜悦涌了上来，仿佛他一生的喜悦都凝聚在了这一刻。他会心一笑，之后泪眼迷蒙，仿佛要哭出来。这时，竹下中佐打破了沉默。

"你要走了吧。我们一起走吧。"

此时，在近卫师团长办公室找到了说话机会的井田中佐正在与森中将缓缓展开论战。中佐在一字一句中都投入了毕生的热情，向师团长讲述他们头脑中捍卫国体的构想。他们认为，天皇作为"现人神"，做到"一君万民"这一结合，才是捍卫国体的正确方式，也可以将其理解为国民信仰。

"然而，政府的投降主义认为，只要在形式上保留皇室就行，我们对此持反对意见。皇室之所以是皇室，是因为它是与国民精神共存的。阁下，我们已经看透，只剩一个空架子的皇室、软弱的国民，还有只要能够保全国土即可的政府所谓的‘捍卫国体’，归根结底，不过是利用皇室之名来保全自己。”

森中将却提出，绝对要服从天皇的命令，他说：

“不管是什么理由，现在圣断已下，我绝对不允许违反陛下意志的行动。是战是退，都听从陛下的命令，这是近卫师团的本分。”

森赳师团长

两个人的意见就像两条平行线一样，怎么也说不拢。近卫兵的任务是保卫皇宫，即便是陆军大臣和参谋总长的命令，也绝对不允许占据皇宫、掀起混乱，在这一点上，师团长没有任何退让。从现实论上而言，师团长否定了占领皇宫的计划，但井田中佐却从观念论上讲述了为什么必须起义的原因。或者说，师团长是在讲原则，而中佐则是在讲述心情。

畑中少佐回到了参谋室，窪田少佐和上原、藤井两位大尉看到他后，都长舒了一口气。师团长办公室内究竟在谈论着什么，他们全然不知，只能继续着漫长的等待。

就在那时，隔壁参谋部事务室的紧急联络电话响起了起来。大家面面相觑。现在不可能发生什么事件，如果要发生的话，也只能是他们现在正要做的事情。电话响个不停，但没有人接。藤井大尉起身走出参谋室，到隔壁接了电话。话筒中传出了近步二连队第三大队长佐藤好弘少佐亢奋的声音：

“现在要监禁宫内省和广播局的人，人手不够，快派人过来。”

藤井大尉回答：“除了我们没别人了。”佐藤少佐马上说：“你也行，赶快过来。”两人曾是陆军士官学校的同期。

藤井大尉向畑中少佐说明了情况，得到许可后，借了一顶近卫师团的帽子戴上，走出了师团司令部，此时已经快凌晨一点了。藤井大尉还全然不知，这一偶然事件把他推到了叛乱的范围之外，他匆匆忙忙地朝伫立在皇宫正面的漆黑的乾门走去。

与此同时，在师团长室内，井田中佐满身大汗，还在继续劝说着师团长。无论是劝说的一方，还是被劝的一方都瞪大了眼睛，好像在比试着谁更认真一样。

“南美的小国巴拉圭，因为五年的战争，人口减少了八成。芬兰也是。中国也是如此。只有我们一个国家，虽然自负为神州正气之民，却未进行本土决战而投降，我觉得这也太计较得失了。像这样半途而废地停止战斗，这是对玉碎而牺牲、对特攻而牺牲的英灵的欺骗，没有比这个更过分的事情了……阁下，我不想再多说什么了。为了恢复日本精神，当今正是需要近卫师团挑起大梁的时候，我恳请您下定决心。”

井田中佐把该讲的话都讲完了。他凝视着师团长，等待答复。经过几十分钟的争论，淋淋的汗水从中佐的脖子流到了胸口。他的后背也湿透了，整件军服就像从水里拎出来一样，紧紧地贴在了他身上。森师团长本来已经换上凉爽的夏季室内单衣，但此时他的脖子和额头也滴出了汗珠。在数分钟内，令人压抑的沉默和静寂笼罩着房间。

“你想要东部军怎么样？”

——高嶋参谋长

凌晨一点至两点

终于，森师团长开口打破了房间内凝重的气氛。

“诸君的意思我已经完全了解了。实不相瞒，我本人也十分钦佩。现在，我想作为一个纯粹的日本人，去跪在明治神宫的神前，祈求神明给予我最后的决断。”

这句话通透了井田中佐的肺腑，因为这正是他所期待的答案。他觉得这样的答复已经足够了，除了天皇的命令之外，森师团长不听任何人的，即便是大臣、总长下达的命令，也无法调动近卫师团。而刚才师团长表示，愿意作为一名日本人，来重新思考在这紧急时刻应该做些什么，而不是作为一名师团长应该做些什么。对井田中佐而言，这个答复真的已经足够了。即便参拜神宫的结果仍旧是“否”，自己付出的努力也是有回报的，他感到一时间轻松了很多。

恰好在这时，一直在隔壁的参谋长水谷大佐露了一下脸。师团长看到水谷大佐后，不假思索地让井田中佐也去问一下参谋长的意见。井田中佐同意了，他留下椎崎中佐，走出了师团长办公室，正欲进到参谋长室时，满身大汗的畑中少佐等青年军官也赶了过来。一股超越人类力量的偶然因素推动了事情的进展。就在刚才辩论的主角要退到别的房间之际，畑中少佐、窪田少佐、上原大尉等人正要进入师团长室。井田中佐冲他们莞尔一笑，让他们在师团长办公室等着。但畑中少佐却把笑容的意思，理解为形势对己方有利。

事件在一瞬之间就发生了，结局快速、残酷而又不可避免。三位军官走入师团长室，畑中少佐和师团长说了一两句话，紧接着，上原、窪田两人好像接到了少佐的暗示一样，拔出了刀。畑中举起手枪向师团长开了火，剑道五段的上原从师团长的肩上斜着砍了下去，白石中佐与畑中少佐扭作了一团，上原从后面照着白石的脖子就是一刀，然后，窪田少佐给了白石致命一击[①]。

---

① 此处的描写源自秦郁彦先生的著作，但究竟是不是这样并无确凿证据。在作家饭尾宪士的作品中，有着不同的推理。

师团长室里那轰然的一声枪响传到了井田中佐的耳中。地板上杂乱的脚步声、呻吟般的悲鸣，使得井田中佐一瞬间全身都僵住了，他赶忙冲出参谋长室，水谷参谋长也跟在后面。两人还没走进师团长室，面色苍白的畑中少佐就从里面走了出来，他手中紧握着那把叛乱的手枪，悲痛地喊了出来：

“没有时间了……所以我最终还是干了……我也没有办法。”

井田中佐瞬间明白了整件事的来龙去脉——情况大约是这样，与冷静的井田中佐相对，畑中少佐是一个狂热的人，而师团长也并不知道怎么应对他这股狂热。也许畑中少佐把井田中佐的笑容理解为师团长已经同意。双方话不投机，刚毅的师团长怒叱了少佐，被大声斥责的少佐勃然大怒，不由自主地拿起了武器。其后，井田中佐又瞥了一眼师团长室，在一片血海中，森师团长和白石中佐的尸体堆在一起，后背朝上。椎崎中佐茫然地坐在椅子上，仿佛在俯视这一切。房间内还有两名亢奋的军官……

叛乱，已经开始了！

无法回头了，预计两点开始的起义提前了。原本打算将其作为支柱的师团长已经被他们亲手杀掉，冷静地思考一下，只能说是“万事休矣”。倘若还要继续计划，那他们自己就必须成为支柱，用假命令来强行推进计划。是进是退，在这危急时刻，需要一位靠得住的人，这个人能做出正确的判断，能斥责政变同伙的鲁莽，能使大家相信现在应该做什么。但问题是，现在谁都没有闲情去发挥这样的作用。他们没有考虑后退，在心中体会着“开弓没有回头箭”这句古话。不管三七二十一，大不了大家一起死，就连最为冷静的井田中佐都开始这样想了。

井田中佐和水谷参谋长都认为事已至此，必须要请东部军一起举事，于是他们赶忙开车前去。在车上，井田中佐平复了心情，冷静了下来。他认为，东部军不可能不响应起义。但他心中同时也有一股悲伤的豁达感，心想能走到哪步算哪步吧。

椎崎二郎中佐

畑中少佐等人行了瞑目举手礼后离开了师团长室，开始行动。古贺参谋和石原参谋听说师团长被杀了，内心受到了很大的冲击。但这些年轻的军官没有背叛盟约。古贺参谋正式制作了一份他早就想好了的师团命令。

近作命甲第五八四号

近师命令八月十五日〇二〇〇

一、师团破催敌之谋略，奉持天皇，捍我国体。

二、近步一队长以其主力，占领东二东三营内空场（含东部军作战室周边）及本丸马场附近，奉对外守护皇室之命。另，以一中队左右兵力，占领东京广播局，封锁广播。

三、近步二以主力据宫城吹上地区，奉对外守护之命。

四、近步六队长继续现任务。

五、近步七队长以主力，切断二重桥前宫城外周。

六、GK 队长令 TK 中队前进至代官町大街，主力在此共同待命。

七、近炮一队长待命。

八、近工一队长待命。

九、近卫机炮大队长以现态势，奉护宫城。

十、近卫一师通长切断宫城至师团司令部之外的宫城通信网。

十一、余在师团司令部。

近师长森赳[①]

① 出处为防卫厅战史室资料。GK 是近卫骑兵联队，TK 是坦克，一切与原文无异。

畑中少佐亲手杀死了森中将，现在他用中将的印章给这份命令做了“认证”。在士兵们并未察觉的情况下，近卫师团的指挥权在短时间内转移到了畑中少佐等政变者的手中。而且，在他们身后，还有同意政变的——或者说因受到欺骗而同意了的第二连队长及四位大队长、多位中队长。在这份假命令暴露前，赶往东部军方面的井田中佐，若能成功说服东部军的话，而竹下中佐可以说服陆军大臣出马的话……青年军官们领受了各自的任务。窪田少佐去陆军大臣官邸汇报情况，同时支援竹下中佐，上原大尉则回到航空士官学校，希望能集结更多的同志。他们干劲满满地分头行动了。

椎崎中佐和畑中少佐堂而皇之地开着近卫师团司令部的汽车进入了宫城。大约两个小时前，他们还是自己骑自行车来到这里的，现在却摇身一变成了叛军的总指挥官，可以驾车尽情疾驰。他们来到警备司令所找到了芳贺二连队长。

“正如早些时候和您提过的，现在我们两人正式作为大本营派出的增补参谋来到近卫师团。过一会儿，师团占领宫城的正式命令就会下达。希望您按原定计划，配备充足的兵力。”

芳贺连队长领会了他们的意图。不久后，连队副官曾我大尉收到了师团命令（口头传达并记录），他向连队长做了汇报。至于这是一份假命令、是一个阴谋，曾我副官全然不知。而从某种意义上来说，连队长知道这是一个阴谋。但他确信，这只是一桩全陆军以皇宫为中心发起的大阴谋，旨在让天皇再次做出圣断。即便是阴谋，也是针对国家发起的阴谋，而万万没有想到这是对陆军发起的阴谋。

在芳贺连队长的命令下，皇宫与外界的联系被切断了。叛乱活动有条不紊地进行着。

与此同时，东部军的不破博中佐接到了近卫师团参谋古贺少佐的电话，这个电话令他着实吓了一跳。

“近卫师团已经起义了，希望东部军也能一同站出来。请东部军司令官下达直接命令。拜托了……拜托了……近卫师团已经起义，请东部军也站出来。”

古贺参谋只是一个劲儿地恳求道“拜托了”，不破参谋完全插不进话。从语气上可以明显看出，古贺参谋已经声泪俱下，嗓子都哽咽了。在古贺参谋单方面说完后，电话便挂断了。

实际上，这是东部军第一次知道近卫师团的情况，但古贺参谋的报告过于简单了，不破参谋搞不清他的真实意图。同时，他又想起了昨天午后见到过绰号“和尚”的师团长森中将，中将曾斩钉截铁地说，既然已经决定终战了，便断然不可轻举妄动。于是不破参谋乐观地认为，即便近卫师团有什么突发事件，只要有“和尚”在，就不会有问题。

虽然如此，不破参谋还是向田中东部军司令官高嶋参谋长做了汇报。听闻汇报后，田中大将未露吃惊之色，但一语未发。不破参谋心想，似乎田中大将也难以相信事情的真相，在等待更为详细的情报。

没多久，更为详细的情报就到来了。参谋长高嶋少将的门外传来了“参谋长阁下，我是井田中佐”的通报，还没等参谋长许可他们进屋，井田中佐和面色苍白的水谷参谋长就歪歪斜斜地走了进来。高嶋参谋长直觉上感到发生了什么，一眼就能看出，水谷大佐的神情非比寻常。大佐做了汇报，在汇报的过程中，他的身体一直在前后大幅度地晃动。他讲了森师团长被杀一事、叛军占领皇宫一事，自己前来请求东部军的指示。他只说了这么些，感觉已经是精疲力竭了。因为极度的疲劳和紧张，大佐陷入了轻微的贫血状态，摇摇晃晃地倒下了。

水谷大佐躺在了隔壁房间的沙发上，一同前来的井田中佐与高嶋参谋长相对而视。毋庸赘言，井田中佐的最初愿望破灭了。他原本的计划是尽量隐瞒杀害师团长一事，在此基础上促成东部军起义。但水谷参谋长在晕倒前的一句话打乱了他的计划。

森师团长被杀这一情况意味着什么？那就是，直到最后一刻，森师团长肯定都在反对暴乱；占领皇宫的联队执行的无疑是一份假命令。如果东部军知道了这些情况，那么无论中佐费多少唇舌，无论怎么去舍身突击，他们都肯定不会行动。

“只要东部军能够奋起，那么全军都会动起来。陛下的想法也会改变。拜托了！”

在井田中佐的内心，已经做好了全部计划都泡汤的心理准备。而同时，他的心里也渐渐预感到，现今的苦恼在不久后都会终结，因此心中又充盈着一份轻松感。但即便如此，为了完成自己的信念，为了尽到自己的义务，他仍在努力着。他说道：“现在不起义的话就来不及了。一旦播放了陛下的录音，那就真是万事休矣了。为了捍卫日本真正的国体，现在请您表明坚定的态度。”

中佐的语气不由自主地亢奋起来。高嶋参谋长认为从正面来反驳他恐怕又会发生流血事件，因为他们刚刚杀害了森师团长。参谋长尝试着让这位血气方刚的青年军官冷静下来，于是采取了倾听的策略，任由他继续说下去。他的这种态度使中佐感到非常空虚，就好像在一个巨大的钢筋混凝土箱子中唱着独角戏一样，不知不觉中便停了口，而参谋长还在等他说下去。房间内冷场了，只剩下了沉默。中佐的头越垂越低。参谋长终于开口了。

“那么具体说来，你想让东部军干什么？”

井田中佐慢慢答道：

“近卫师团因为师团命令，已经行动起来了，希望东部军能承认这一行动，在此基础上出动一部分兵力。”

高嶋参谋长回道，承认近卫师团的命令，需要有军司令官的许可。而直接调动兵力一事，不是主管参谋就无法详细掌握情况，也无法详细商议。他建议马上把作战主任叫来。这是参谋长的妙计。因为面对这种情况，作战主任参谋板垣徹中佐是最合适不过的军官了，他在“二二六事件”时就担任过谈判人员，发挥了极大的作用。事前参谋长就和他打过招呼，一旦发生什么突发事件的话，就钦点他当谈话、谈判人员。

但是，板垣参谋并不需要花很大精力去说服井田中佐，因为井田中佐已经把自己说服了。政变不会成功的，看看东部军这消沉的气氛就知道了。天皇的意志重于泰山，他的话语中包含着绝对力量，只消一句话就可以把军中烈火般的敢斗精神全部吹灭。井田中佐切实感到了这种力量，同时又回想起自己曾把命运赌在森师团长的“YES”或“NO”上。他诘问自己，当时不是已经下定决心，在计划成功无望之际要负起责任终结事件，以避免皇军自相残杀的悲剧吗？

东部军最终没有起义，反而明确了镇压的态度。就在东部军明确立场之时，封锁皇宫内外交通网的工作正在有序地进行中。在巩固了周边后，叛军首先解除了皇宫警察的武装，占领了所有御门，只允许政变相关人员出入。据守皇宫之势已准备就绪。而让人完全没有想到的是，最先体验这场叛乱的居然是下村总裁和川本秘书官。这一天对他们来说，早上是令人飙泪的御前会议，下午是终战内阁会议上的辩论，到了晚上还有诏书玉音的录音工作。他们拖着疲惫不堪的身子走到休息室，边喝茶边与石渡宫相闲聊，小憩片刻。但下村总裁还挂念着仍在继续的内阁会议，打算凌晨一点半后冒着空袭警报回到首相官邸。

下村总裁来的时候走的是坂下门，正当他们原路返回的时候，上着刺刀的士兵从黑暗中冒了出来，命令下村总裁停车。接到士兵发来的消息后，椎崎中佐、畑中少佐判断，这么晚还要出去的话，车上坐的必定是参与天皇录音工作的相关人员，情报局总裁下村宏应该就在车上。

接到消息后，上着刺刀的士兵走了过来，打开车门，窥视车内，询问车里是不是下村总裁。坐得最近的川本秘书官答道：

“正是。”

刚说完，门就被狠狠地关上了。士兵站到车两端的踏板上，命令司机倒车。现在皇宫内黑得伸手不见五指，而且他们本来就对皇宫不熟悉。站在踏板上的士兵不断指挥车辆左转右拐，车内的这些男人不知道自己将被带向何处。剧烈的恐惧感穿透了川本秘书官，他心想：我们会不会就这样被带到高处，然后被扔进皇宫的护城河里。不过，这种野蛮的行为并未发生。

终于，车子驶上了一处坡道，并在坡道的尽头停了下来。在一处简陋的平房前，上着刺刀的士兵整齐地排在那里，下村总裁他们被带了出来。川本秘书官看到了一块写着“守备队大队本部”的旧牌子。这时，一位从未见过的伍长说话了：

“请随我来。”

总裁、秘书官，还有三位被没收了手枪的护卫只能跟在伍长后面。

录音相关人员前前后后都体验了大致相同的经历。在筧课长的带领下，长友技师等人打算穿过坂下门回去，但也被拦住了。问了几句之后，士兵回答他们不能放任何人出去，态度还算平和。后来也不知是不是接到了什么消息，事态突然大变。

"上刺刀，列两列枪队把这六个人围住！"

在这出人意料的命令下，长友技师等人被肃杀的枪口围了起来。笕课长勇敢地质问了一个像是头领的下级军官，为什么要如此粗鲁地对待他们。但得到的答复只是刺刀下的恫吓。长友技师捏了一把冷汗，说道："别问了，太危险了。我们又没有什么急事，他们让咱们去哪儿就去哪儿吧。"笕课长说道："真是太抱歉了，拜托大家先这样做吧。"

在士兵的引导下，长友技师等人被带走了。目送他们离开的笕课长一个人往宫内省厅舍的方向走去。士兵拦住了他，命令他一起走，但笕课长回答："你懂什么，我和他们不一样。"便强行推开士兵，一个人走了。大概士兵们也没接到特别强硬的命令，所以没有硬拦课长。

在刺刀的逼迫下，长友技师等人走到了二重桥附近，在黑暗中，一座小兵营渐入眼帘。士兵命令他们打开房门，门一开，他们吓了一跳，刚刚才道别的所有人，比如本来应该已经回去的下村总裁、大桥会长，以及矢部、荒川两位局长等人，全都挤在这间小屋里。

这是一间不足五坪的小屋，放着硬床和哪个兵营都有的桌子，还有两张长椅。可就在这间简陋的小屋中，塞了十六个大活人。朝向院子的窗户闭得严严实实的，还垂着厚厚的窗帘。小屋中又闷又热，这些男人个个汗水涔涔。谁也不知道到底发生了什么，也不知道要持续到何时。这十六个大男人对于自己的处境和未来没有抱一丁点希望，感觉自己就像是被判了死刑一般。

有一位士兵走了过来。“在这张纸上写下你们的位阶、勋爵等情况，以及姓名……不许说谎！”他边说边往桌上扔了一张纸和一根铅笔。滚动的铅笔与铁质的烟灰缸撞到一起，发出了“哐”的一声响。

这声音让川本秘书官心里一阵犯虚，于是立刻拿起铅笔，作为代表在纸上写下了情报局相关人员的姓名。写完后他把铅笔交到了广播协会相关人员代表的手中，之后轮到身着便服的贴身警卫、司机……就这样，从大臣到司机，这十六个男人被困在了这里。而且，从接下来那位少尉一露面开始，这种围困就变得极为残酷无情。少尉面无表情地对全体人员说：

“禁止私下说话，也不准吸烟。”

也许是因为这是他们赌上性命的一次行动，所以对别人宽大的话就是对自己残忍。川本秘书官有些生气，故意问了一句：“把上衣脱掉总行吧？”少尉不耐烦地回答：

“不行。听好了，这是命令。”

一张床和两张长椅，即便把身体贴在一起坐，十六个人也不可能都坐下，总得有人站着。广播局年轻的技术员们承担了这项任务，一声不吭地交替着站或坐。在门的内侧，站着两名上好刺刀的士兵，紧盯着众人。门被重重地关上了。

“这和当年‘二二六事件’一样啊！”

——石渡宫内大臣

凌晨两点至三点

年轻的广播员和技术员原本打算走回日比谷广播会馆，可是常务理事生田武夫及其手下近六十名广播局、情报局工作人员即将被软禁于此。在伪造的近卫师团命令之下，近卫步兵第一连队第一中队（由中队长小田敏生中尉指挥）为了“封锁广播消息”，每位士兵各自配备小枪弹三十发，正赶赴在占领会馆的途中。士兵们在日比谷大岔口装弹上膛，把枪贴在腰部，一副随时出击的架势直逼会馆。伪造的命令开始发威了。

全陆军发动了一场全国范围的叛乱，这一消息传到了各报社干部的耳朵里。几乎与此同时，首相官邸的记者也将终战诏书送了过来。这时，B29 轰炸机正在飞往高崎、熊谷、小田原的途中，它们要发起最后的攻击。因灯火管制而停电的东京一片漆黑，烛火摇曳，人心惶惶。烛影下，面对着这两条相互矛盾的消息，报社的干部们聚在一起开着令人头疼的会议。

有人认为陆军素爱逞强，威风得不可一世，他们绝不可能轻易就此收手，所以全军叛乱的消息极为可信。也有人说颁布诏书实际上是陆军大作战的一环，他们是要迎头痛击放松警惕安心登陆的敌人，与敌人来一场海岸大战。但也有记者断然劝说大家休要胡说八道，既然政府已经明确颁布了终战诏书，那就无可置疑。来自抵抗派与和平派两个阵营的消息纷乱无序，如洪水般涌来，冲走了办公桌上冷静的判断。究竟发生了什么？报纸上又该怎样报道？倘若贸然刊登诏书，会不会被军队报复？

《读卖报知新闻》政经部的记者原四郎也是这群男人中的一员，他们在眼前这难以分辨的诸多情报中困惑不已。报社总部被烧毁后，所有职员都搬迁到了位于筑地的本愿寺讲经堂。现在他们所面临的问题不是凭借良知判断或道理推断便能解决的。非战即和，只能二选一，这是关乎日本帝国兴亡的“现实性”问题。

苏联参战翌日，报社玩了一个大胆的花样，在报纸头版巧妙地并排刊登了两条互相矛盾的消息。一是反对玉碎，即暗示投降的情报局总裁谈话；另一则是号召继续前进，歼灭外敌的陆军大臣公告。然而这次不同，无论如何也没法同时刊登终战诏书和大本营将马上开展海岸决战的勇猛发言。那么究竟应该刊登诏书，还是在头条发表大本营发言？面对着这两条消息，记者原四郎没有争论，反而在烛光下一时陷入了沉默。

朝日新闻社也陷入了同样的情形。吉武队长和柴田记者从官邸撤回总社，在三楼政治部办公室的一角点上了好几支蜡烛，队长就应该如何理解《波茨坦公告》，柴田就接受公告的经过，各自小心翼翼地写着文章。在彻底明白事态真相之前，报社仍需做好交战与讲和这两手准备。吉武、柴田这两名记者亲眼所见、亲耳所闻之事确是事实，绝对真实的事实。然而，同样可以被称作“事实”的全军暴动的报道也传了过来。所以，他们要做好准备，各自写好所谓的事实，以便日后判明任何一条消息属于谣言都无所谓。

报社就这样被裹挟在困惑、不安和忧虑的旋涡中，忙乱地编排着这历史性的新闻版面。而此时，三宅坂的陆军大臣官邸正安静地进行着最后的晚餐。巨大的紫檀餐桌上摆放着日本酒和一点点奶酪，完全放松下来的陆军大臣心情愉悦地闲谈着。话题范围很广，从愉快的昔日时光、以前的好时代到现在的心境等。竹下中佐作为他最后的交谈者，一个人倾听着陆军大臣的谈话。陆军大臣尽管连日辛劳，气色仍然极好，精气神丝毫不让青壮年人。从中也可以看出，他作为军人，平素身心锻炼从未有所懈怠。竹下中佐不禁为此深感佩服。

从时间上来看，竹下中佐到达陆军大臣官邸的时间和畑中少佐在近卫师团长室里向师团长开枪，窪田少佐和上原大尉挥起军刀，如狼似虎般扑向与师团长同席的白石中佐参谋的时间相差无几，都是在一点半左右。那时，出迎的警卫宪兵和用人们的表情似乎都在说，中佐来得正是时候，而他自己瞬间就察觉到了陆军大臣要“自行了断”的决心。

竹下中佐虽不是在畑中少佐的说服下前来拜访陆军大臣的，但事实上，他心底也确实有着一种微妙的冲动，如有万一，自己要像桐野利秋对待西乡隆盛一样采取行动。另一方面，他的内心深处对畑中少佐有着深厚的友情。即使他并没有打算积极承担起政变的部分直接责任，但显而易见的是，他默许了他们占领皇宫，打先锋带动全军暴动的计划。竹下中佐感觉到，他从未如此长久、慎重地考虑过自己该选择的道路。

想来，其实自己当时回答畑中少佐说同意去陆军大臣官邸时，是想亲自见见陆军大臣，来让自己下定决心。但同时，他也突然有了一个预感。下午三点，在陆军省全员的告别演讲里，他就察觉到了陆军大臣准备自杀的决心，这也是所有人心知肚明的。竹下中佐忽然想到，难道就在今夜不成？

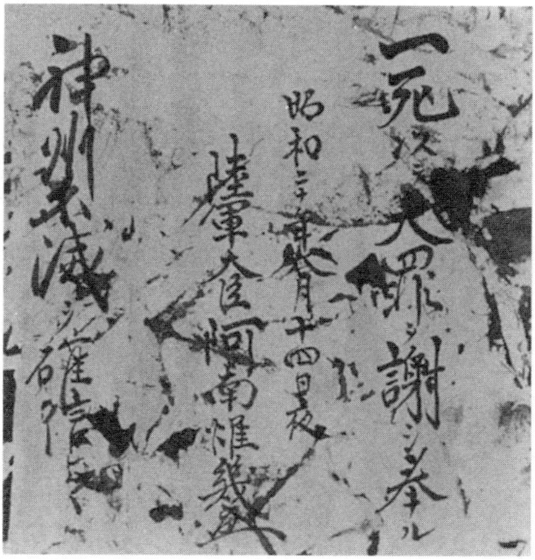
一死以テ大罪ヲ謝シ奉ル
昭和二十年八月十四日夜
陸軍大臣阿南惟幾
神州不滅ヲ確信シツヽ

阿南陆军大臣的染血遗书，内容为：一死以谢大罪，昭和二十年八月十四日夜，陆军大臣阿南惟几，确信神州不灭。

中佐的心情变得严肃起来。他觉得对将死之人没有必要去说任何多余的话。事到如今，再摆出所谓的政变计划来搅乱陆军大臣澄明的心境，实在是愧于部下之名、内弟之义。就在这番深思熟虑之中，他终于对畑中少佐等人策划的政变下了决断。

在陆军大臣的起居室外等候入室许可时，大臣仿佛责备般地询问他所为何事，但是又马上改口道："来得正好，进来吧。”里间接的是十二叠大小的日式房间，房角铺着被褥，吊着白色的蚊帐。陆军大臣背对着壁龛，在书桌前写完了东西，端看了好一会儿。书桌上还放着一张简单的托盘，上面摆放着酒杯和小酒壶。

大臣像是对待什么贵重物品一般，将自己写的东西收进了背后的多宝格橱架里。然后他转向中佐，轻描淡写地说道："我早已做好心理准备，今夜我将剖腹自杀。"

“我知道。”中佐回答道，“事已至此，我不敢做任何阻挠。”

陆军大臣说："是吗，那我就安心了。”他拿过一个酒杯，一边递给中佐一边说道："你突然过来，我原以为你是要来阻拦我。不是就好，你来得正好。”这样说着，他不停地向中佐劝着酒。

酒兴正酣，陆军大臣也愈发豁达起来。中佐反倒屡屡陷入沉思，他觉得自己内心深处似乎还郁结着一些不安，还有一些放不下的重要事情。烟中说要两点起义，两点就快到了，自己没有去制止应当竭尽全力阻止的事情，中佐为此陷入了极度的不安。陆军大臣已经铁了心要剖腹自杀，而自己竟没能察觉到这点，自以为赌上所有身家性命而做的一切，此刻都让中佐觉得羞悔不已，他几乎想要哭了。

"虽然说我是个将死之人，今天还是像往常一样，注射了缓解疲劳的药，总不能说我要死了就不用了。"

陆军大臣还在继续淡泊自若地说着。竹下中佐问道：

"刚刚您写了些什么吗？"

陆军大臣一边说"啊，那个呀"，一边从推拉箱里拿出了那两张收好的日本纸。

对折的白纸上飞舞着陆军大臣的笔迹，墨痕鲜明。一张写着遗书，遗书中写了一首辞世歌：

> 深受君恩身，无言可遗世。
>
> 陆军大将惟几
>
> 昭和二十年八月十四日夜

据说这首辞世歌是陆军大臣在昭和十七年（一九四二年）七月写好的。他当时担任满洲第二方面军司令官，为对苏联作战，他已经做好了战死的准备。

遗书只有三行字：

> 一死以谢大罪。
>
> 陆军大臣阿南惟几（花押）

昭和二十年八月十四日夜

辞世歌之中，他只署名为陆军大将，而遗书中他署名为陆军大臣，这是身为陆军大臣的体面之所在。陆军大臣身为公家之人，违抗天皇圣断，始终代表着陆军的意志而活，最后军队毁灭了国家，他又作为军队的代表而自裁。但作为个人，他从未丧失过对皇室的崇敬之念。竹下中佐感到眼角一阵温热。他在无言之中读透了大臣的内心。

这时，陆军大臣好像又想起了些什么，又研墨提笔，在对折的遗书背面空白处加了一句：

确信神州不灭。

他深信即使自己毁灭，祖国也绝不会灭亡。存活下来的人，可能要继续面对所有的苦难，但是只要团结一心，尽自身之义务，救国家于危难之间，祖国就不会灭亡。除此之外，没有任何魔法能够阻止亡国。以后的日本人，应当为何而生，为何而死；还有那么多的将士究竟为何而战，为何而牺牲。只有当存活下来的人们找到这个问题的正确答案时，日本才能得到拯救。陆军大臣要讲的是这个意思。

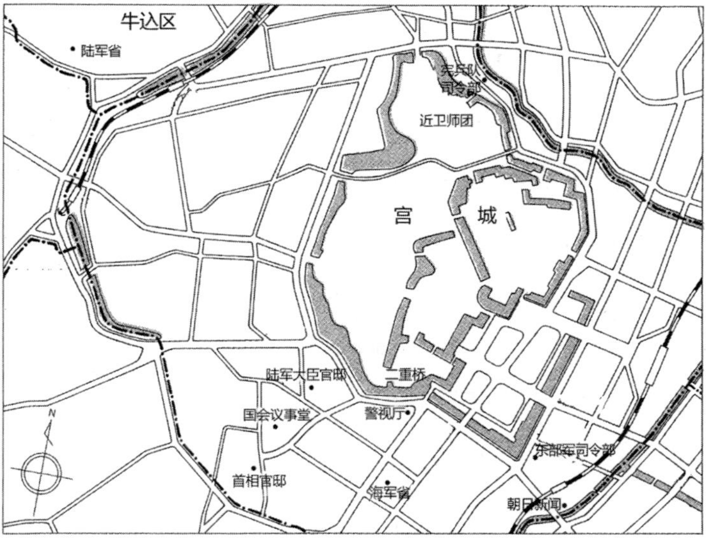

宫城地图

“呀，都已经两点多了。”陆军大臣看了看表。

“日历已经到十五号了，但我要当成十四号来自决。最初我打算在二十号自决，因为那天是我次子惟晟的忌日。但等到那天一切都太晚了。十四号是我父亲的忌日，所以我就定在这一天了。而且陛下的录音广播是在十五号正午播放，我实在不忍倾听。从这个意义上讲，我也早打算着在十四号这天自行了结，所以……”

陆军大臣从怀里拿出在陆军省自己的桌上写下的辞呈，

说道：

“辞呈的日子也希望你写在十四号这天。”

围着皇宫，陆军大臣官邸、近卫师团司令部、东部军司令部形成了一个大三角。作为三角的一点，陆军大臣官邸之夜就这样静静地沉了下来。然而三角的另一点，近卫步兵第一连队长渡边多粮大佐接到了古贺参谋口头传达的近卫师团命令，他完全没有想到这是假命令，正在进行紧急点名。而最后一点——东部军司令部里，井田中佐改变了主意，他按照约定，想着由自己承担责任收拾残局，正要只身赶赴皇宫。

与此同时，东部军司令部也必须相应采取紧急措施。指令纷飞，电话四响，传令兵飞跑，他们终于开始行动起来，一派骚然。东部参谋稻留胜彦大佐（民间防空主任）从位于竹桥的防空作战室赶到东部军司令部时，时间刚刚过了两点十分。

参谋长高嶋少将把说服井田中佐的工作交给板垣参谋，自己进入了田中军司令官的房间。就现状进行了简单汇报后，他希望能够在情况更加明朗一点后再去开展现场说服工作。而田中军司令官态度十分强硬，打算在尚未弄清现状的情况之下，前往现场去说服、镇压叛乱军。高嶋参谋长在获得司令官同意后进入军参谋室，开始了上任以来第一次前线指挥任务。稻留参谋、不破参谋、板垣参谋在其指挥下默默执行着任务。在这几近窒息的氛围中，近卫步兵第七连队长皆美贞作大佐赶到军司令部，汇报说：“刚刚在电话上接到了师团参谋的重要命令，但其中仍有可疑之处，为防万一，我前来问问军司令官的意图。”

所有情况都得以判明。阴谋家们杀害了师团长，发出了假命令，企图攻占皇宫。高嶋参谋长首先向东部军宪兵队司令部要求，在军司令官出动之时派遣护卫宪兵保护，另外命令不破参谋去视察近卫师团司令部的形势，为军司令官现场指导做好准备工作，又命令近卫师团各部队的部队长或者负责接受命令者直接紧急集合。

宪兵司令部塚本中佐也在此刻知晓了该事件。塚本中佐在接到森师团长被杀害的消息之后，为了确定消息真伪，命令伊藤宪兵大尉前往师团司令部打探消息。然后他紧急点名，采取全体警戒之势。

宫内大臣石渡庄太郎

在东部军和宪兵司令部采取全面措施的同时，阴谋家们正在活跃地密谋着此后的作战计划。他们将总部设置在皇宫内警备司令所之中，这里与东部军司令部位置相对，中间隔着二重桥。各大门都架设着轻机关枪，一副戒备森严的占据形势。该司令部深处的一间房子里，软禁着下村总裁、大桥会长等人。这里既是阴谋家和叛乱者的巢穴，也是一所监狱。畑中少佐端坐在阴谋的中心，而椎崎中佐则位列参谋长。除他们两人之外，还有四处活跃的古贺少佐，以及留在师团司令部指挥第一连队以响应外部联络的石原少佐。他们算是成功地将近步二连队拉入了阴谋之网中。

皇宫与外部断绝了一切联络，陷入孤立状态。事态由此变得极为复杂。井田中佐是否已经成功说服东部军，竹下中佐是否能够顺利说服陆军大臣，这两件事的结果关乎他们政变的成与败。然而他们并不知道，事实上，这两点从最开始就已化成泡影，彻底失败了。他们的目的是要一雪战败之屈辱，点燃全军起义的导火索。现在，他们反倒是引火烧身了。

两点十分到两点三十分这段时间，B29 轰炸机尚未采取大规模的行动，这一阶段的情况还算稳定。熊谷市等地已经因为空袭而被烈火吞没，但东京仍然毫发无损，也没有任何敌机来袭的征兆。虽然空袭警报仍在鸣响，很多人还是钻进了被窝。对这长得离谱的警报声，户田、三井、德川等侍从们原本也是打算保持清醒，直到警报解除，后来他们都放弃了等待，各自进入了梦乡。就这样，整个皇宫就像是海螺紧闭上开口一般，万籁俱寂。

这期间，畑中少佐等人不屈不挠、愈发活跃。窪田少佐出发去找在陆军大臣官邸的竹下中佐，以获取之后的情况联络。上原大尉前往位于丰岗的航空士官学校之后，他们开始逐一传讯被监禁的下村总裁等“俘虏”。第一个被传讯的便是宫内省总务局长加藤进。

畑中少佐问道："内大臣和宫内大臣现在在做什么？"

加藤局长泰然自若地回答道："内大臣是随时辅弼君主的人，要是知道发生了这样的骚乱，当然是陪同在陛下左右。至于宫内大臣的去向，你去问问宫内省的防空总部自然会明白。我和大臣告别之后就被拘禁于此。时间已经过去这么久了，我怎么知道他们在哪里。"①

在回答之中，加藤局长已经察知内大臣是他们的目标之一，并且大臣现在尚且平安无事。

之后，广播协会的矢部局长、荒川局长、大桥会长被依

① 具有讽刺意味的是，加藤局长是之后才和广播局、情报局等十六人关到一起去的。下村总裁等人在坂下门被拦住时，石渡宫相也在从乾门准备归宅时被拦截。当宫相回到宫内省后，由于他担心下村总裁等人安危，曾打电话去近卫师团调查情况，然而无人接听。于是，宫相命令加藤局长和两名护卫巡查前去警备司令所调查情况。加藤局长等人奉命前去，仿佛是自投罗网，加入那十六人的行列。当加藤局长到达警备司令所时，即刻就被监禁起来。

次传讯，从他们的话中，畑中少佐确认了天皇的录音已经在半夜完成，并且该录音带并不在这群“俘虏”手中。

在对主要人物的传讯过程中，皇宫内的电话无论内线还是外线都被士兵逐条切断了。石渡宫相的秘书官石川忠在宫内省地下室的防空总部里，与宫相、大金次官、筧课长等人一起，把通向近卫师团的直通电话转盘旋了无数个来回。他们拼命地想要向近卫师团长抗议，抗议他们占领皇宫各个大门，带走下村总裁等与录音相关人员，以及前去确认事态的加藤局长下落不明等事项。这不过是在近卫兵们切断电话线之前几分钟的事情。他们无法与近卫师团取得联系，接电话的人的回答也不得要领。他们对此无比愤慨，但同时又预感到了些什么。就在他们面面相觑的时候，系着白带子的近卫兵突然闯了进来。他们除了说“这是命令”之外就一言不发，也毫不理睬宫相和秘书官，挥起消防斧子，蛮横地斩断了电话线，随后扬长而去。

石川秘书官对石渡宫相说：“看来这事非同小可呀。”宫相也颔首认同。困在无处可逃的地下室太危险了，石川秘书认为保护石渡宫相是自己的职责。这时，他灵机一动，计上心头，将宫相带到一楼的大臣官房值班室并藏身于此。虽然不知道接下来会怎么样，他决定先静观其变。外面传来了士兵们奔跑在沙地上的靴子声、吱嘎作响的战车声，还有高亢尖锐的号令声。“这阵势是要政变呀，情况不一般啊。”石川秘书向大臣说道。大臣压低了嗓子回答道：

“石川，没错。已经不行了，我留下来。你还年轻，今后的路还长着呢，你快逃。”

尽管大臣如是说，秘书官也不能就此逃跑。恐怖的阴云席卷而来。不久，大臣仿佛自言自语般嘟囔着：

“这和当年的‘二二六事件’一样啊。”

三井侍从不知道自己是否还在做梦，迷迷糊糊半睡半醒的时候，他听到耳畔传来一阵低语。“近卫兵队好像已经占领皇宫了。电话线已经全部瘫痪了，和吹上方面也失去了联系……”过了一会儿，他意识到这是大金次官在压低声音讲话。三井侍从大吃一惊跳了起来，就算知道近卫兵在放肆，自己也无能为力呀，总之，得先叫醒隔壁房间的户田侍从。他的脑子里已经想不到其他事情了，然而他的腰以下部位却使不上一丁点劲儿，难道自己被吓瘫了？还真是窝囊。不，就算是爬，也得爬到隔壁去。

户田侍从也觉得，自己似乎在梦中听到了大金次官和三井侍从的对话。他好像听到了“近卫师团……”这一类字眼，马上翻身起床，步伐稳健地走进了隔壁房间。他看到大金次官和三井侍从脸色青白得近乎透明，仿佛全身的血都被抽干了一样。他感到一阵不安，看来出大事了。

凌晨三点，B29 轰炸机大队结束了对日本本土的最后攻击后撤退。空袭警报解除。来自空中的恐惧终于消失了，然而被烈火吞没的城市中，市民们仍然被熊熊火焰带来的恐惧威胁着。而现在，皇宫之内，人们未曾预想到的恐惧正在蔓延。

阴谋转化成了骚动。原本应当保卫皇宫的近卫兵竟然倒戈相向，在皇宫内胡作非为。很多人都无法相信这一看似荒诞不经的事实，但由不得人们信与不信，近卫兵确实开始叛乱了。窗外都是飞奔着的近卫兵，他们身上都系着白色的带子，仿佛是黑暗中的一种印记。他们的手中都端着明锃锃的刺刀。

“事到如今，再闹又有何用？”

——木户内大臣

凌晨三点至四点

三井侍从在地上奋力地爬着。虽然腰部无力，站不起来，这位戴着深度近视眼镜、为人老实的侍从却抱着必死的决心，在地上挪动着自己的身体[①]。他叫醒了德川侍从，然后又潜入了隔壁的武官室。他摇晃着熟睡中的清家武夫侍从武官的身体，压着嗓子悄悄报告：“大事不好了，军队打进来了！”清家武官从梦中惊醒，跳了起来。他异常镇静地问道：“真的吗？”戴着眼镜的侍从哆嗦着嘴唇点了点头。

清家武官立刻准备叫醒睡在下铺的中村俊久侍从武

① 三井安弥说：“后来听中村俊久武官说，三井当时的姿势就像是潜入女子房间幽会一般。真的是太恐怖了，让人想起‘二二六事件’。”

官——不，哪还用得着叫，他早已经清醒了。两人赶紧跑向武官长室。莲沼侍从武官长被清家、中村他们叫醒时，还想着是不是哪里搞错了。傍晚时分，他和森师团长见面时，师团长还斩钉截铁地说"请不必担心近卫师团"，并且告诉他"警备队改变部署也未可知"。将这两者结合起来考虑的话，他乐观地推测，现在军队在外骚动，说不定是师团长所言的"正在改变部署"。

然而，清家武官满脸严肃，全盘推翻了武官长这种天真乐观的推断和想象。他说道："近卫兵队占领并破坏了通信所，切断了与外界的所有联系，解除了守卫皇宫警察的武装设备，怎么看这都是要企图占领皇宫啊。"莲沼武官长认识到形势无比严峻，慌忙脱下睡袍，换上军装。

侍从武官长以及清家、中村两武官如离弦的箭一般冲向武官事务室。作为军人，他们三人深知"政变"意味着什么。对于"二二六事件"，他们也依旧记忆犹新。窗外的士兵上着刺刀，正向左右散开。一扑上电话，清家武官就急忙拨打着陆军省和参谋本部的号码。电话不止一台，但全都无法接通。尽管如此，两位武官仍然不肯放弃，不停地拨动着转盘。他们期待着与外界取得联系，通报现在的形势，同时请求支援镇压叛乱。然而这一次次的努力不过是徒劳而已[①]。

政变交由军人来处理，文官三井侍从则在其他方面继续发挥着作用。把他所能想到的人全部叫醒之后，接下来考虑到的就是必须尽快赶到陛下身边，禀告现在的形势，竭力保护陛下的安全。侍从使出浑身解数，试图突破军队的重重包围，甚至忘记了什么叫恐惧。他还保持着冷静的头脑，远离重兵把守的正门，准备悄悄地从北门溜出去。

侍从静悄悄地踏进了无边的黑暗之中。突然，一把闪着寒光的刺刀掠过他的鼻尖，他顿时失去了全身力气，软绵绵地瘫坐下去。“不准出去！这是命令。”士兵一声怒吼，侍从赶紧逃了回来，之后好长时间都还害怕得说不出话来。

恐惧感稍稍退去一些后，侍从又一次在漆黑的走廊里转来转去，想着有没有办法去吹上的御文库。他左右徘徊着，一看到带着刺刀的士兵们的身影，便像缩头乌龟一样打退堂鼓。他感觉自己被大金次官叫醒后仿佛已经过了一个多小时了，实际上现在才三点过五分，时间仅仅过去了十五分钟而已。

与此同时，皇宫已经完全被占领了，警备司令所也已变为叛乱军总司令部。井田中佐怀着“自己承担责任收拾残局”

---

① 当时的电话，必须先拨“0”，才能接通外线。

的想法，从东部军乘车径直来到了这里。一下车，他就受到了烟中少佐发自内心的欢迎。畑中少佐双眼放光，饱含着无限期待。然而，井田中佐并未携带任何“礼物”用以回应他的迎接。倒不如说，中佐感到自己肩负着使命，要毫不留情地夺走畑中少佐的希望，把天真的少佐逼入绝境——他咒骂着自己必须扮演的这种角色。而另一方面，关于东部军的进退问题，从中佐阴沉的表情中，畑中少佐迅速地读出了否定的答案。毋庸赘述，他已领会于心。少佐深切地感受到，这一根救命绳索已经被切断了。

井田中佐心灰意冷地说道：

“畑中，已经不行了。东部军已经完全没有了战斗热情，没有任何出兵的征兆。再这样下去，要守住皇宫只是痴人说梦。承认失败，把兵撤了吧。要是死守下去，国家陷入紧急状况，与东部军必有一战。”

畑中少佐强忍着心中的激情，平静地听着。他说道：

“不必害怕这一战。我们现在占领着皇宫，背后还有天皇陛下，有何可惧？而且下村国务相也已经成了我们的俘虏。”

井田中佐大喝一声：“别说傻话！”中佐思忖着，再来制造什么混乱，这恐怕是最糟糕的事了。的确，就算挑起内战，只要能确保近卫师团的团结，要带动全军起义也并非难事。

但是……

“你觉得杀了师团长，就能团结起近卫师团？团结不起来，打什么内战！要是师团长的死讯在师团内部传开，军队指挥会一下子崩溃的。守城只会招来混乱。这一点你不清楚吗？”

面对这番激烈的话语，畑中少佐一言不发，眼中却燃烧着怒火。

“天亮之前撤兵吧！责任就由我们自己来承担。畑中，这样没问题吧。世人只不过会笑话我们做了个‘春秋大梦’而已。”

井田中佐的语气缓和下来。这时，畑中少佐大失所望，气馁地松下了肩膀。他们的脚底仿佛有一张绝望和悲凉织成的网在收拢。少佐用软弱无力、精疲力竭的声音吐出了几个字：“我明白了。”尽管他明白了，井田中佐还是想着必须将此事通报给陆军大臣。可想而知，陆军大臣倘若知道了皇宫事件，该是何等心痛。中佐再三叮嘱撤兵事宜之后，重新回到了车里。等车子引擎发动时，他又打开窗户，对着呆站在那里的畑中少佐叮嘱道：

“没问题吧，天亮之前撤兵！”

中佐离去后，畑中少佐感到自己脚下的大地仿佛正在

古贺秀正少佐

崩塌，发出巨大的轰鸣。尽管如此，他依旧稳住阵脚，回到警备司令所，安静地坐在椅子上。他或许在叹息着，自己倾尽心血努力换来的结果是如此的虚无缥缈、转瞬即逝。但是他并没有沉溺于悲伤之中，也毫不犹豫自己接下来该做什么。因为是挟天子以守城，所以少佐确信：不管是东部军还是第一总军，只要对手是日本人，他就可以所向无敌。正是这种不屈不挠的精神一直支撑着他，现在这种精神又重新振奋起来。他和椎崎中佐、古贺参谋紧急协商，坚持守城，然后计划夺取藏在宫中某处的“录音带”，以此作为最后的王牌来拖延时间，等待事情出现转机。为了扭转现在被人追逼的不利处境，他们再次展开行动①。

① 这是基于各种数据上的推理。但在占领皇宫大约两小时后，他们切断电话线，控制大门，除了搜寻宫相及内大臣以外，并未采取其他极度暴乱的行动。凌晨三点左右，井田中佐回到皇宫，而士兵们开始搜查录音带的时间估计在三点三十分至四十分左右。这点从之后各种证言中都已得到确认。从中可以看出，畑中少佐在得到东部军不会出兵的情报之后，变得急躁起来。

古贺参谋[①]传令士兵，将广播局主任带过来。于是，矢部局长作为代表被带到他面前。古贺参谋问道："天皇玉音录得还顺利吧？""顺利。""录音带在哪里？""保管在宫内省里。""什么时候播放？"他又重复了一遍这个问题。矢部局长额头上冷汗直冒，全身上下都汗湿了。"十五号的正午，头条新闻。"接下来是个新的问题："是从宫内省播放，还是从广播局播放？""从广播局。""那为什么要把录音带放在宫内省？"实际上，这才是他提问的真正意图。

矢部局长并未意识到这点，如实回答道：

"最初是准备在上午七点播放，后来被改到了正午。由于深夜不方便运送贵重物品，就转交给宫内省了。"

"那倒是，确实如此。"古贺参谋用力地说出了"确实如此"这四个字。

"那就是说现在由宫内省保管着啦！"

"是的。"

古贺参谋站起身来，传令身边一名大尉："相浦中队长，让此人带领你们进入宫内省，找出那盘录音带！那可是贵重

① 在下村宏的记录中虽是畑中少佐，但根据矢部谦次郎所说，此人确实佩戴着参谋徽章。倘若如此，此人应该为古贺参谋。畑中少佐、椎崎中佐都未佩戴徽章，而石原参谋此时正身处师团司令部。

物品，切勿大意！”[①]

矢部局长跟随着那名中队长走出房间。门外是一列士兵，四十人左右，端着刺刀整齐地站立着。矢部局长被夹在中队长和士兵队伍之间，被人推搡着，在伸手不见五指的黑夜里，一直被带到宫内省大门前。草丛中传来窸窣虫鸣，听起来好不逍遥自在，让人好生懊恼，局长的脑子里塞满了这些无聊的想法。这时，中队长向着队伍大声喝道：

“装弹！”

近卫兵们闯入宫内省开始搜查，没有遇到任何阻挠。士兵们化整为零，五六个人结成一队，爬上无人的楼梯，沿着鸦雀无声的走廊，挨个儿潜入每一间屋子，进不去的就飞脚把门踹开。士兵们多次逼问矢部局长，究竟是谁在保管录音带，而局长每次都厉声回答道：“才见过一次面，我怎么可能知道那个侍从叫什么名字？”

户田康英侍从

① 一般观点都赞成将“八一五事件”看作夺取录音带事件，这是不正确的。正如笔者多次所述，这是一场通过占领皇宫以彻底抵抗的事件。至于录音带的有无及其搜查行动，都是事件发展至某个阶段的产物，处于次要位置。

这段时间里，侍从们也在悄无声息地做着惊人的事儿。户田康英侍从被大金次官的声音惊醒之后，知道“军队正在搜查内府和宫相”，便立刻赶到了三楼的内大臣室。当侍从急忙劝告大臣逃命之时，木户内大臣却不知为何在这种危急时刻竟咧着嘴笑了起来。

“是吗？果然和我担心的一样。真是一帮无可救药的家伙！事到如今，再闹又有何用？”

木户内大臣一副像是吃了涩柿子、唯恐吐之不及的样子。他的表情和腔调让户田侍从深有同感。然而，他们现在正被这一帮无可救药的家伙追赶着。户田侍从害怕骚乱到了最后可能就会变成一场血祭，死亡的舞蹈将充斥眼前。尽管如此，他也并不是完全没有心理准备去应对这场突发的骚乱。他联想到了“二二六事件”，心想必须快快逃命……可又能往哪儿逃呢？户田侍从突然想到，可以把木户内大臣藏身在侍医的房间里。和内大臣室相比，那儿或许要安全很多。

正在漆黑的深夜里摸索着前行时，木户内府突然停下了脚步。“完了，有一些重要的文件被我忘在房间里了，这些文件万万不能落到他们手里。我们回去取吧！”两人又返回到刚才那间挂有蚊帐的屋子。这时，士兵们大概已经闯入楼下开始搜查，户田侍从惊慌失措，他已经听到了军靴踏在地板上的杂乱脚步声。

木户内府从房间出来后直接钻进了厕所，这种异常的冷静让户田侍从难以忍受。面对他诘问般的目光，木户内府回答道："这些文件，或许撕碎扔掉最安全。"然后，木户内府开始慢慢地、慢慢地撕扯着这些重要文件，他或许已经竭尽全力加快速度了，但是在户田侍从看来，他的动作简直是缓慢得无法忍受。在这种紧要关头，犯得着去冒一些不必要的险吗?

好不容易看着木户内府安全进入了侍医室，户田侍从终于从心底松了口气。他想着，走到这一步应该没有什么大碍了。

户田侍从精疲力竭，仿佛刚完成一件重大使命。当他回到侍从室时，房间里一名拔出了军刀的军官和五六个端着刺刀的士兵迎接了他。一瞬间，他惊慌失措准备折回，但马上打消了这个念头。与其转身逃命，被人从背后干掉，还不如留下来，于是户田侍从毫不畏惧地走进了屋子。房间里被搅得一塌糊涂，东西乱七八糟地散落着。

"你是谁?"军官怒吼道。"我是一名侍从。"他平静地回答道。"知道录音带放在哪里吗?"这种问题当然无法回答。"木户、石渡他们在哪里?"户田侍从夸张地使劲摇着头，勉强装出轻松地语气说道："我这种小喽啰怎么可能知道？"

此时，石渡宫相已经被德川侍从带到了一个比木户内府藏身之处更安全的地方。而这完全是事出偶然。当德川侍从来到侍从职事务官室前面的走廊时，遇到了正要被石川秘书官藏身到值班室的石渡宫相。石川秘书官告诉侍从："宫相被盯上了。"德川侍从回答道："我有个好的藏身之处。"德川侍从马上从事务官室取了钥匙，从值班室将宫相、石川秘书官、猪喰清一秘书官、侧卫的二宫巡查四人带到了地下金库室。

那是个结构独特的地下室，只有三楼女官的库房有直达楼梯通进来。侍从们把这里称作金库室。一打开门，就看到女官们摆放的衣物。在这个乍看十分艳丽的房间深处，有一个很难被发现的楼梯。沿着楼梯往下走，尽头有一扇坚固的大门，那便是地下室的入口。

就这样，木户、石渡等重要人物在侍从们的帮助下免于危难。而皇宫之外，一沟之隔的东部军司令部正在竭力控制混乱的局面。近卫师团在编制上属于东部军。因此，这场叛乱理当由东部军直接镇压。从现在的形势来看，比起平乱，更重要的是防止事态扩大。根据高嶋参谋长发出的命令，近卫师团各部队的命令接受者三五成群地聚集到了司令部。他们接受了参谋长的特殊命令：

近卫师团长已被一部分阴谋策划者所杀害。

在接到下一道命令之前，近卫师团的指挥权由东部军直接掌管。

先前下达的师团命令是由一部分阴谋策划者所捏造的假命令，即刻取消对该假命令的执行。

皇宫护卫部队即刻解除包围。

接受命令的人们纷纷宣誓，严格遵守参谋长下达的特殊命令采取行动，绝不参与此次“皇宫事件”。于是，不断趋于复杂的事态瞬间变得明朗起来。皇宫内燃起的烈火并未殃及他处，一个危机暂时得以平复。

大约三点半左右，在警备司令所里发布“假命令”的各位发令者们最初的野心已经完全破灭。东部军不仅没有造反，还命令麾下各部队即刻停止占领皇宫的行动。也就是说，东部军没有和叛乱军站在同一阵线上，反而将其作为敌人开始了反击。当阴谋家们发出命令，而东部军叱令该命令无效之时，近卫师团各连队依然沉着冷静，遵从了后者的命令。叛乱者早先以为，那些不知何去何从的人们必定会跟随他们纷纷起义。然而事实证明，这只不过是他们妄想出的结论而已。暴动的计划一开始就是个可悲的错误，阴谋的命数正在飞快地走向尽头。

事态没有扩大，只是作为单纯的局部性叛乱就结束了，这其中，森师团长发挥了重要的作用。很有可能导致全体陷入混乱状态的事件也因为师团长的死十分轻松地画上了句号。叛乱者结果了师团长的性命，同时也葬送了自己，最终导致了失败的命运。

除第一、第二连队之外，高嶋参谋长正在给近卫师团各连队逐一下达军令。板垣、不破两位参谋为了确认森师团长值得尊敬的牺牲，亲自赶到了师团司令部，他们要打入在假命令指挥下行动的敌占区内部。两位参谋整理好军装，脸上带着视死如归的表情坐上了车。

车子从竹桥开往师团司令部。竹桥虽然在近卫步兵第一连队的占领和封锁之下，两位参谋仍然缓缓驱车前行，一边喝道“我们是东部军参谋，放行”，一边强行突破封锁，最终到达了灯火管制下漆黑一片的近卫师团司令部。两位参谋在黑暗中摸索前行，终于进入了参谋室。走廊的各个角落都有哨兵把守，一路上不断有人喝令盘问，两人仍然强行通过了。

师团参谋室里只有一盏小电灯，上面盖着黑布，投射出微弱的光芒。灯光下，一位年轻的参谋伏在桌边不断写着什么。抬头看见两位参谋进来时，他的眼中流露出冷酷与深深的怀疑。不破参谋大模大样地走过来，抢先开口自报身份，然后诘问这次暴动的来龙去脉，盘查叛乱军的动静。年轻参谋被人抢占了先机，沉默不语的他突然霍地一下站起身来，浑身散发出一股异样的杀气。他手按刀柄，恶狠狠地盯着两位参谋。两位参谋也做好了大打出手的准备，但又一转念，想到与其做这些毫无意义的事浪费时间，还不如亲眼看看师团长的被害现场。

师团长室门前的哨兵端着刺刀，严厉地阻止二人进入。两位参谋只好后退一步。这时，刚才浑身杀气的参谋从后面走来，说道："没关系，放他们进去。"不破、板垣两位参谋那时还并不知道，这位年轻的参谋就是石原贞吉少佐，他是留在司令部负责同外部联络，并负责指挥第一连队的叛乱军主谋之一。

一盏蒙着黑罩的电灯将师团长室映照出圆形的光圈，里面的情形惨不忍睹。森师团长身着便服，肩膀被削去一半，胸口中了一枪，倒在书桌前的血泊之中。白石参谋身着军服，头部被一刀砍断，浑身鲜血淋淋。两位参谋不禁屏住呼吸，说不出一句话来。

这段时间里，皇宫内搜索录音带的骚动仍然在继续。无休无止的不安侵袭了整个宫内省。然而，搜查行动实际上已经陷入瓶颈。叛乱军的士兵们仿佛迷失在浓雾中一般，由一个下士官和四五个小兵组成的分队在同一个地方来来回回地东奔西走，黑暗的走廊里，这些白色的带子若隐若现，并且急速地移动着。这一切都映在藏在室内的侍从们的眼里。

之所以出现这种情况，原因之一在于宫内省的建筑物结构复杂得难以形容。御政务室所在的建筑物是宫内省主楼和在空袭中烧毁的正宫殿的连接部分，所以走廊的一侧全部排列着相同的房间，并且每间房子都十分幽深狭长。这里原本是省内职员的卧室，宫殿烧毁之后被改装成了侍从室。由于建在斜坡上，靠近主楼的一侧虽有三层楼，可是往里走后就变成了地下一层、地上两层。士兵们原本打算搜查三楼，却错以为自己在不知不觉中来到了二楼[①]。

除此之外，整个宫内省的房间都挂着令士兵们费解的门牌。比如式部职、掌典职、宗秩职、内匠职、藏职等。再往侍从职这边走，还有内舍人室、缝手室等门牌。士兵们对此完全摸不着头脑，仿佛是在外国进行搜查一般，找不着北。

近卫师团通常是部署在二重桥和坂下门等内壕线上，从外围守卫皇宫。对于建筑物内部，他们一窍不通。对于省内

① 因此，关于天皇进行录音的房间，各处记载众说纷纭。有人认为是三楼，有人认为是二楼。其实从建筑物结构来看，这些说法都是正确的。

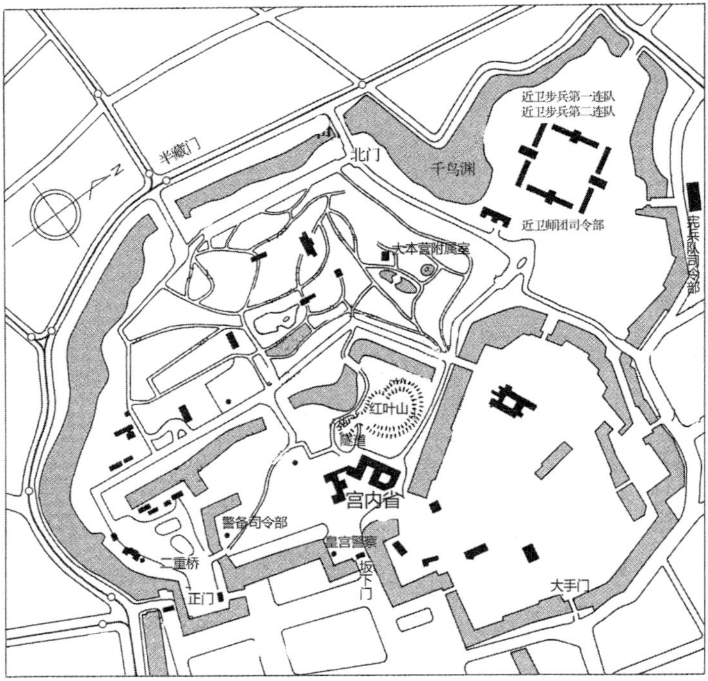

职员的卧室改装成侍从室，堆放被褥的粗糙柜橱中直接存放着重要文件等事实，他们没有一个人知情。更没有人能察觉到，天皇玉音的录音带就存放在这个粗糙的柜橱中一个简陋不堪的小保险柜里。

迷路后不知疲倦的追问终于化作了焦躁、倦怠与愤怒，让士兵们陷入了郁闷阴沉的旋涡，这种情绪逐渐沸腾起来。

他们飞脚踹开房门，翻箱倒柜，不知不觉中对录音带的憎恶变成了对鲜血的饥渴，并且不断升温。这已经要演变成一场疯狂的滑稽戏了。

这时候，他们的对手只剩下那些无论什么时候都从容不迫、不慌不忙的公卿贵族们。从侍从到宫内省的职员，他们之间的联络全被切断，各自临机而动。但是，倘若将他们的行动串联在一起，会发现这之间仿佛有一根粗线，将他们紧密地连在一起。总而言之，这是世界所拥有的一种自然规律。士兵们在这种毫不熟悉的规律之下，所有地方都被巧妙地脱漏。士兵们仿佛陷入了一个无底的沼泽，抓不住任何救命绳索，只能拼命挣扎。

还有一个让入侵者晕头转向的是他们的衣服。宫内省防空服是由官方发放的，大臣以下职员全部穿着这种质地相同、款式一样的服装，翻领也都是清一色的深蓝。对于靠星徽和金色条纹数量来判断身份的叛乱军来说，这简直是一种特制的“迷彩”服。户田侍从在侍从室前碰到被士兵押解的矢部局长时，士兵问：“录音带是不是交给了这个家伙？”矢部局长镇定地回答道：“不是，那个人个子更高，鼻子更大。”

实际上，再没有侍从比户田侍从个子更加高大了。但是士兵们却只能相信他所说的话。因为衣服的原因，他们根本分不清谁是谁，即使打过多次照面，也会以为是初次见面。

畑中少佐快要绝望了。原本计划夺取录音带，并以此作为最后的王牌，可这个如意算盘也要落空了。第一大队、第三大队的士兵被不断派来作为支援，可惜已经无力回天了。主谋者们不敢松一口气，接连不断地使出浑身解数，却接二连三地招招落空，计划已经被逼入了死胡同。对于他们来说，最糟糕的事情即将爆发。芳贺连队长终于开始对他们产生了不信任感。

占领皇宫时，畑中少佐对芳贺连队长这样说道："阿南大臣今夜也将来此，并可得到圣断指示。"师团参谋古贺少佐又说："师团长阁下也同意，他将下达师团命令。"的确，师团命令确实是下来了，却只是一个口头命令。不仅如此，占领皇宫已将近三个小时，本该同意了的陆军大臣和师团长却迟迟未能现身。芳贺连队长原本打算和这些阴谋者们同生死、共命运，实际上是以挟天子、陆军大臣带头、师团长直接指挥为前提条件，才同意将自己的军队停留在皇宫内。然而，这个前提正在逐渐破裂，和他们共命运的动机也在不断消退。

芳贺连队长向畑中少佐质问道："大臣还没有过来，这是怎么回事？"他的语气十分强硬，仿佛是在反抗原本软弱柔顺、形如傀儡的自己。

畑中少佐面露苦色。但是他在心里说服自己，不管发生什么，都必须前进。

“我打电话问问，他们是否已经出发了。”

这时，前去联络师团司令部的古贺少佐回来了，他立即把握了整个事态。他明白，现在已经到了最后关头，无论再用什么花言巧语，都无法继续蒙骗疑心四起的连队长。于是，他只好和盘托出实情：

“师团长已经死了……”

然后，他为了煽动芳贺连队长的情绪，继续说道：“现在，请求大佐代替师团长，接管师团指挥权……”

芳贺连队长愕然不知所措。他第一次对这群青年军官们行动背后的动机产生了怀疑和戒心，反问道：“让我代替师团长？师团参谋长呢？”

入江相政侍从

古贺少佐有些惊慌失措，回答道：“参谋长前往东部军司令部，要求出兵起义去了。”

“师团长怎么死的？”连队长追问道。古贺参谋的脸色闪过一丝暗色。“师团长为什么死了？怎么死的？想必古贺参谋一定知情。快告诉我。”芳贺连队长继续问道。

这场毫不光彩的会谈以沉默告终。叛乱者们虽然已经尽力做了自己力所能及之事，但是他们引起了作为靠山的连队长的怀疑，这成了致命的要害。它注定了这场阴谋将迅速走向暴露和破灭。

叛乱军指挥部内这种看不见的分裂与下面的基层军队没有任何关系。宫内省中，侍从们和负责指挥的第一大队长北畠畅男大尉、同队的小山唯雄准尉、第二中队渡边进曹长、第三大队石川诚司兵长，以及搜查的官兵们，展开了极度紧张的较量。双方之间严肃认真而又苦闷沉重的比拼仍在继续。他们都豁出性命，展开了激烈的交锋。

直到刚才，斗争焦点还集中在录音带和木户大臣、石渡宫内大臣的去向上。在侍从们的聪明才智和英勇保护下，他们都转移到了安全的地方。侍从们随即开始担心天皇所在的御文库的情况，以及该如何与之取得联络。

将木户内府从侍医室带到石渡宫相藏身的地下金库室之后[①]，户田侍从和德川侍从开始讨论联络御文库的方法。

---

① 女官们的衣服巧妙地遮掩住了地下金库入口处的房间。最终除木户、石渡两位大臣之外，石川忠、猪喰清一两位秘书和护卫（当时叫作侧卫）二宫等五人均藏身于此。其中，木户内大臣的处境尤为危险，因为木户内府手上保管着天皇的玉玺。

从宫内省到御文库有三条路可以走。第一条是先到右边的乾门然后左转，这是最大的一条路；第二条是从左边的内苑门通过贤所，再到御文库；第三条则是从正中的红叶山隧道经由道灌壕的新路。

两位侍从最初判断，作为主干道的乾门应该已经被士兵严密把控了，剩下的两条路会相对安全。德川侍从把木户内府带到金库室的途中，户田侍从试着走了一下内苑门通过贤所的这条路，不料被拦了回来。现在只剩穿过红叶山隧道这条路了。但三条路中的两条都被叛军所把控了，最后的这条路应该也不会幸免吧。

户田、德川两位侍从又商量了一下，除了突破危险的道路外，还有没有其他的联络方式。透过窗户，可以望见吹上御苑那黑乎乎的森林。御文库近在眼前，如今却成了一个无法到达的彼岸，而且全然不知那边究竟发生了什么。电话线被切断了，也不能派人过去，只能自己亲自去一趟。德川侍从对户田侍从说：

“我们想办法突破过去吧。”

不能只顾自己安全，小心翼翼地藏在后面。现在必须拿出勇气，行动起来。

德川侍从拿着手电，先站了起来。道沟壕里的水早就干涸了，但却像个水塘一般，各处都闪着微光，如同水面上的星星点点。户田侍从感到一阵诧异，明明没有月亮，那里到底是什么在反光？走到侧门的时候，他看到两三个士兵的身影。他抱着听天由命的想法，先发制人地说道："我们是侍从，到御文库办事，能否让我们通过？"

士兵们默默地让开了道路。

御文库在参天大树的环绕下静静地沉睡着。从八月九日至今，连日以来，御文库的东面入口不断有人进进出出，两位侍从就从这里进到御文库。当他们在常侍官候所看到睡得正甜的御文库值班人员入江侍从之际，无不为平安到达御文库而感到高兴。但同时，他们也感到无比的愤怒，体验到了此前从未体验过的生命的脆弱。他们在叫醒入江侍从时，不自觉地变得粗鲁起来：

"你还傻乎乎地睡什么呢！"

入江侍从听到两人那亢奋的口气不禁一惊，睡意全无。

德川侍从与户田侍从两人顺便把事件汇报给了正在拜谒间的永积寅彦侍从，同时进到里面，又向女官长保科武子做了同样的汇报。

"现在没有时间多解释了，请务必让陛下起床，万望见谅。"

此前一直置身于叛乱之外的御文库现在也被卷了进来。尽管有人在这种情况下惶恐不已、大惊失色，但御文库全体人员在德川、户田两位侍从的激励下，做出了勇于对抗叛军的姿态。他们关上了所有窗户的铁扉，由于长年未关，很多铁扉因为生锈而不易闭合。力气大的佐野、片渊两位侧卫关闭着各处的铁扉，累得大汗淋漓。入江侍从感到一阵讽刺，这些铁扉在敌人空袭时都不曾关闭过，如今却因为受到自己军队的包围而关闭。入江侍从等人还不知道，这些“自己的军队”就是近卫兵。他们还以为是外部的军队在叛乱，对近卫兵是如此之信任，以至于在一时之间无法想到近卫兵会叛乱。现在发动叛乱的正是近卫兵，知道这一情况后，恐怕会更觉讽刺吧。

在陆军大臣官邸，被畑中少佐们急切期望着能够出马的阿南陆军大臣却完全没有任何举动，他仍在和竹下中佐喝着离别之酒。时钟指针划过凌晨两点，竹下中佐抓住了一个机会，向阿南陆军大臣告知了政变计划，以及畑中少佐等人已经占领皇宫等事。但陆军大臣只是面不改色地说道：“是吗？但是，恐怕东部军是不会行动的。”

即便在这最后关头，也没有什么东西能给决意赴死的陆军大臣以告慰。陆军已经名誉扫地，不仅如此，其无序与混乱仍在继续。到了明日，徽章将被抛弃，勋章将被踏入泥土，一切的嘲讽和谩骂都将到来，真是既悲伤又凄凉。

然而，陆军大臣压抑着这些感情，只是说："啊，对了，还有一事必须要拜托你。万一我切腹不顺利，不能一下子死掉的话，你要帮我收场。不过呢，以我的技术应该没问题，不用担心。"竹下中佐应允了。

陆军大臣拿出准备好的两把家传短刀，拔去其中一把细长短刀的刀鞘，说道：

"我打算用这把刀切腹，但这不是因为怯懦。"

作为一名军人，他事先说明不用军刀切腹并非因为怯懦。可以看出，直到最后一刻，阿南将军都非常重视军人的名誉。竹下中佐收下了另一把刀作为遗物。平日里滴酒不沾的大臣在今夜却一反常态。望着他那微微泛红的两颊，中佐投去了崇敬的目光。

就在此时，畑中少佐一方派出的联系人窪田少佐前来拜访竹下中佐。中佐在会客室与少佐见了面。少佐的军服已被鲜血染红，他意气轩昂地传达了计划正在顺利进行的消息。

"森师团长同意了吗？"

少佐回答："没有，畑中少佐开枪打死了不同意起义的师团长。当时在场的某位参谋也要阻止起义，被我们同样斩杀了。"

竹下少佐心想，这个举动给计划带来的不是成功，恰恰是自我否定。但在兴奋的少佐面前，他一言未发。少佐更加兴奋地说道：

"目前东部军方面的形势还不明朗，但没多久也会起义吧。"

不，陆军大臣说得没错，东部军是不会行动的。中佐意识到，事态已经陷入了绝望的境地。要拯救这种绝望，只能是某位大臣向全军下达命令。要不要请求大臣下达命令呢？走出骏河台的旅馆时，中佐感觉到，他所处的立场相当暧昧，他从未保证过要去说服大臣，对于计划也似乎是既有责任，又没有责任的。但在了解到事态正在走向绝望时，政变似乎又变成了他的一股强烈愿望。目送着匆匆离去的窪田少佐，他自己的内心也在摇摆不定。难道真的对畑中少佐坐视不理吗？

听说森师团长被开枪打死了，阿南陆军大臣露出了无比凄凉的神情。他放下酒杯，说道："是吗？森师团长被杀了？那就把这份歉意都算到一起吧。"接着，陆军大臣缓缓地吐出一句奇怪的话，“把米内杀掉。”①

竹下中佐诧异地望着陆军大臣。但陆军大臣说完这句话后，却缄默不语、一言不发了。

① 关于这一点，拙作《战士的遗言》（NESCO刊）中记载如下：“阿南陆军大臣信奉着绝对天皇主义制。他置生死于度外，将坚决捍卫天皇视作大义。然而，现实的历史潮流是所谓的捍卫国体。倘若探究和平派的真实意图，他们只不过是对战败感到恐惧，只求自保而已。‘某种意义上来说，原子弹的投放和苏联参战是一种天佑神助，让我们可以不用迫于国内形势做出停战的决定。我一直认为，主张控制局势的理由并不是害怕敌人攻击，也不是由于原子弹的投放和苏联参战，主要原因在于对国内情况的担忧。今天我们可以不用抖落出这些国内情况就能控制局势，这可以说是一种幸运。’陆军大臣听到了身旁米内说的这一番话。米内所说的令人担忧的国内情况究竟是什么？政治领导部门、官僚和财阀们都认为这明显是指共产革命。内大臣木户幸一、近卫冈田启介等和平派所惧怕的是本土决战造成的混乱及其伴随的革命。比起革命，和平派更希望战败！天皇只是一种机构。和平派企图舍弃军部和绝对天皇主义势力，将天皇制改成君主立宪制，以保存和延续这个机构。阿南陆军大臣作为一名军人，最终未能原谅参与此事的米内。对于阿南陆军大臣来说，让天皇失去将来的保障，仅仅用期待和可能性来推动终战，这是一种莫大的不忠。”

“杀了我，也无济于事。”

——德川侍从

凌晨四点至五点

横滨警备队长佐佐木大尉率领四十名士兵与学生乘坐一辆小汽车和一辆卡车正准备沿第二国道开往东京。从鹤见出发，他们在深夜的街道上已经飞驰了一个小时。他们自称为“国民神风队”，为阻止无条件投降，企图暗杀内阁。他们现在正奔赴首相官邸。他们猜想：面临着战败这一紧急事态，恐怕内阁会议还在持续吧。他们打算趁机进行偷袭。

第一个目标是铃木首相。对于四月七日铃木组阁后发表的施政演说，佐佐木大尉至今仍记忆犹新。首相说什么了呢？他说：“毫无疑问，我将以年迈之躯投身到国民最前线，怀着这一决心处理国政。诸君也应拿出一颗勇猛之心，踏过我的尸体，奋然而起，发挥新的战斗力。”如今大尉忠实地遵守这一首相谈话。他决心杀死首相，踏过他的尸体，开辟一条通往本土决战的道路。

佐佐木大尉虽然遭到自己直接领导的中队长的背叛，无法再调遣兵力。但他仍未放弃，最后成功说服了拥有轻型机关枪的小队。虽然全都是首次碰面的士兵，但大尉毫不介怀。只要有人跟随自己，他便愿意带领他们。

此外，大尉还成功煽动了横滨高等工业学校的学生们。他以前因时局恳谈会等，曾与这些学生有过交往。应用化学专业三年级学生尾崎喜男、石井孝一、上田雅绍、村中谕和川岛吾郎等人由于勤劳动员令[①]的发布，那时在川崎的军需工厂工作。后来他们为了应对战局恶化，成立了“必胜学生联盟”[②]。佐佐木大尉请求这些学生加入“国民神风队”。

“实际上，明天就要宣布接受《波茨坦公告》了。那些懦弱的重臣们只知道吝惜自己的生命，面对日本的灭亡也无

---

① 译者注：勤劳动员令作为第二次世界大战中日本的紧急非常措施，是指有计划并强制性地让国民从事军需产业和粮食增产等方面的工作。其实施主要以初中以上的学生为中心。

② 必胜学生联盟是横滨高等工业学校的学生自发成立的义务团体，其宗旨是希望为战败色彩浓重的战局做些积极贡献。他们热心于义务劳动，如利用休息日清理废墟等。佐佐木大尉之所以能够联合学生们，是因为他们同为横滨高等工业学校的学生，并都衷心敬仰首任校长铃木达治，且曾受过其教导。

动于衷，竟然要宣布接受《波茨坦公告》。一旦宣布，万事皆休，我们美丽的祖国将走向灭亡。”佐佐木大尉眼含热泪地控诉，“祖国日本不会灭亡！若抵抗到底，到时候自然会开辟出一条道路。但是宣布接受公告后，甚至连这也变为了不可能。铃木首相曾说过‘踏过我的尸体前进吧’，那么就让我们强迫军政继续战斗吧。我已经与东京、犬山和九十九里等地的防卫队队长取得联系，他们也将一同起义……如今是国家危急存亡之秋，我强烈希望民间人士也能够加入我们的起义。”

联盟的学生们虽然身在民间，但早已拥有一颗士兵之心，他们中无一人拒绝。大尉希望他们奋起，他们便应允。尾崎喜男代表大家发言：“尽管力量微薄，但让我们大干一场吧！”

这样一来，队伍中有三十名士兵、五名学生，还有东方会横滨青年队的队长山口仓吉与队员福田重夫携一辆小汽车和一辆卡车加入。他们的武器是两挺轻型机关枪、若干手枪、若干日本刀等。尽管学生只是勉强知道手枪的使用方法，但他们热切地希望能将自己体内涌出的巨大能量奉献给祖国、天皇和佐佐木大尉。

出发时尾崎喜男就已意识到，因发动这一决定性的行动，自己可能无法再活着回来。在黑暗的深渊中，保卫祖国的导火线即将噼里啪啦地燃烧起来。学生们站在摇晃的卡车上，表情因紧张而显得僵硬，全都一言不发。行动队关掉前照灯，以道路边缘的水沟为记号，在黑暗中一路向东行驶，没有一丁点儿犹豫。

对于即将逼近首相官邸的危险，迫水书记官长他们浑然不知。迫水书记官长因顺利地完成了重要任务而精神松懈下来，正躺在临时床上舒展着四肢，贪婪地享受睡眠。在他看来，今天与其说是“败北”的日子，还不如说是“终战”的日子。他并不是充满悲伤，而是充满勇气地将接受《波茨坦公告》一事付诸实践，所以这更近似于理想的实现。最重要的是战争结束，空袭停止，众多国民得到拯救。如今这一切都已实现了。可虽说成功了，但仍残留着众多难题，而解决这些难题更是难上加难。所以现在他只想好好休息，尽情睡上一觉。

同一时刻，上原大尉浑然不知此次奋起即将化为“仲夏夜之梦”。他驾驶着近卫师团的军用挎斗摩托车，在空袭警报下的黑夜中奔驰六十公里后，回到了埼玉县丰冈的航空士官学校。当时正在值夜岗的一名少尉眼睁睁地看着上原大尉的身影消失在由自己担任区队长的第三中队的建筑物里。大尉接下来要做的事情已经近乎毫无意义，但他自己却一无所知。

这时，阿南陆军大臣为他不得不做的事情，那就是为永远安眠开始做准备。他说完“差不多开始准备吧”，便把酒杯放下，站起身，上半身赤裸，腹部缠着好几层纯白色布条。

“阁下，您还有什么话要留给家人吗？”

竹下中佐觉得询问这句话是自己作为阿南内弟的义务。

陆军大臣视线朝上，略微思考后说道：“告诉绫子，我信赖她、感谢她，她做得非常好。然后一定要告诉惟敬，因为他是那种性格，叫他千万别过早丢了性命。惟晟下面还有三个男孩，所以不用担心。我可以安心赴死了。我觉得惟晟死得真是时候，能和惟晟一起去那个世界，我也胆壮了。”

他只淡淡地说了这些。

正在此时，井田中佐劝说畑中少佐退兵后，径直驱车赶到陆军大臣官邸。可是官邸大门的护卫宪兵下士官却告诉他：陆军大臣即将自刃，谢绝会客。正当井田中佐因争吵无果不得已打算转身回去时，竹下中佐出现了。得到允许的井田中佐身穿满是汗水和灰尘的军服出现在陆军大臣面前。

上半身赤裸的陆军大臣立即把目光投向在走廊上膝行的井田中佐。瞬间的沉默过后，井田中佐很快便失去了自制力，他忘记了问候的话语，只是一个劲儿地号啕大哭。因为在即将切腹的陆军大臣面前，他无话可说，深深地沉浸在无法改变的败北现实中。事到如今，政变也好，阴谋也罢，一切都不重要了。陆军大臣之所以决定自刃，恐怕就是为了斩断全体陆军军人心中那些让他们难以割舍的些许残渣吧。这样一想，中佐除了哭泣，别无他法。

朝着低垂着头的中佐，陆军大臣愉快地说道："井田，你来得正好。再过来一点。"

井田中佐不断膝行接近陆军大臣，直到两人的膝盖似乎要碰到一起才停下。陆军大臣依然心情愉悦，他问中佐："我接下来打算自刃，你觉得怎么样。"井田中佐被带进房间前，竹下中佐曾悄悄告诉他："我还没有跟陆军大臣说过烟中的事情。"[①]于是井田当即决定：不向陆军大臣报告宫城事件，就让他这样安详地死去。

"我认为很好。"

听罢，陆军大臣紧紧握住中佐的手。

"是吗？你也同意啊。"

中佐点点头，泣不成声。现在是以祖国的存续与名誉为

---

① 摘自井田正孝的谈话。"但是，战后得知，此时大臣已经知道了宫城事件。我想正因为如此大臣才急着自刃。虽然有人批评大臣明明知道事件发生，却不采取任何对策，是玩忽职守的表现。但我反而觉得，可从此处看出一个人的'大小'。只要自己一死，万事便会迎刃而解，大臣拥有的正是这样的大自信和大信念。他眼中看到的是整个陆军，而宫城事件等只不过是局部问题。"

赌注，而非他井田一个人的长存和名誉。无论他是生还是死，都与祖国的命运毫无关联。在恸哭之余，中佐想到了殉死。陆军大臣为了祖国的存续奋战到最后一刻，如今让他一个人孤零零地死去，实在是于心不忍。至少让他这个叛乱者陪伴陆军大臣一起奔赴黄泉，这也是理所应当的吧。

“我稍后随您而去。”

还没等井田把话说完，陆军大臣便怒喝道：“别说傻话！”接着狠狠地给了他两记耳光。因为挨打，中佐不由得闭上了眼睛，但等他睁眼一看，只见陆军大臣表情安详。陆军大臣微微一笑，说道：“不许说那样的话。我一个人死就好了。你哪里有死的必要？听好了，你不许死。”

陆军大臣张开双手，用力抱住中佐。在陆军大臣怀中，中佐如泉涌般的泪水濡湿了陆军大臣白色的胸膛。陆军大臣一遍又一遍地重复问道：“明白了吧？明白了吧？”然而，急于赴死的信念已填满中佐的胸膛。就算是挨打挨踢，他也决心追随陆军大臣其后。若要说明理由的话，则不得不报告宫城事件。因为那时他是做好万死的准备加入畑中他们的，但是又不能把宫城事件告诉陆军大臣。所以他欺骗陆军大臣，也欺骗自己，答道：“我明白了。”

陆军大臣如同在他耳边低语般地说：“是吗？你明白了

啊。那就好。未来的日本就托付给你了。比起死亡，那更需要勇气。”

他还说，绝不能让国民的精神和气魄发生混乱，不能让绝望在祖国滋生。他命令中佐拿出勇气来开拓日本的未来。若没有那样的勇气的话，以后哪有脸面见祖先，甚至会被孩子们轻视。

陆军大臣放开了中佐。“好了，别哭了。再斟最后一杯酒，下次与你们在那个世界喝酒，就不知道是什么时候了。”说毕，陆军大臣放声大笑。

诀别之宴再度开启。觥筹交错间，陆军大臣接连喝了好几杯，他那张娃娃脸愈发泛红。竹下有点担心地提醒道：“您那么喝的话，待会儿手要一抖，出了什么差池就麻烦了。”

“还差得远……喝点酒反而利于血液循环，充分流血以切实达到目的。再说，我是剑道五段，不会有什么差池的。这一点你放心。”说完，陆军大臣又发出了豪放的笑声。

竹下和井田两名中佐虽然微笑着附和陆军大臣，却各自思索着宫城事件。阴谋确实已经结束了，再无挽回的余地。陆军大臣不为所动，东部军转而镇压，占领军的指挥官芳贺连队长开始心生疑虑。

两名中佐不禁感叹：谈笑自若的陆军大臣真伟大。日本帝国走向穷途末路，陆军被逼至走投无路，在这种情况下，发生两三起事件也是不可避免的。这是无法凭人力加以制止的。陆军大臣想，就让他一个人来承担所有的罪，并坚信只要他阿南一死，军队就会自动降服。他们是在感慨陆军大臣人格之伟大。

两名中佐又想起了仍在宫城坚持战斗的畑中和椎崎等阴谋者们。他们如果得知了陆军大臣自刃的消息，或许会放弃那绝望的行动。可是他们对此一无所知，被不安与绝望逼得走投无路。两名中佐担心：在这种情形下，畑中他们会不会因为过于疯狂地与命运和时间抗争，最终自暴自弃，彻底沦为暴徒。

凌晨四点至四点二十分，陆军大臣官邸的情形大致就是这样。而处于同一时段的宫城，即将发生非常巨大的变化。由于椎崎中佐与畑中少佐的疏忽，他们被迫做出新的决断。当时他们考虑到在计划顺利进行的情况下需要与外界取得联系，所以他们留下了唯一一根电话线，即警备司令所和东部军司令部间的电话线。在是否切断这根电话线上的迟疑所造成的结果就是，他们失去了可靠的芳贺连队长，而芳贺连队长正是支撑他们所有行动的前提。

从另一方面看，这也是东部军参谋长高嶋少将的坚韧不拔所获得的成功。虽然与宫城内警备司令所之间的电话难以连接，但他毫不气馁，一直耐心地等待，直到电话成功接通。一如他的行事风格——石头桥也要敲着过，做事万分谨慎。他还劝阻欲径直前往现场镇压的田中军司令官。当不破与板垣两位参谋从近卫师团司令部回来后，事件全貌变得清晰。可是参谋长仍然坚信：与处于事情焦点的宫城内的第二连队长芳贺大佐取得联系才是当务之急。正是参谋长的慎重为局面带来了转机。终于，参谋长成功地联系上了芳贺连队长。

高嶋参谋长在电话里告诉芳贺连队长：师团命令是部分策划者的假命令，现在即刻撤销这道假命令。

“请宫城护卫部队立即解除包围。”

然而，由于通话信号不好，芳贺连队长没能听明白所有内容，同一番话在参谋长与连队长之间重复了好多次。最终，参谋长好不容易才把“师团命令是古贺参谋独断专行发布的假命令”与“立即把受领命令者交到军司令部”两句话传达给了连队长。

对于这通完全不得要领的通话，高嶋参谋长联想到了其他事情。他想：连队长吞吞吐吐的回话，一定是因为旁边有某个上司在场。这一误会却歪打正着——当时连队长旁边站着畑中少佐。应参谋长的要求，少佐接过电话，冷不防地说道：

“我是畑中少佐。参谋长阁下，请务必体察我们的热忱。拜托您了。”

高嶋参谋长听完这番热情洋溢的话大声地说道：“我明白你们的心情，然而大势已定。东部军只会根据天皇的命令行动。你们也不要再继续坚持这毫无成功希望的行动了，那样只会增加牺牲而已。你们只看自己周围，或许觉得行动已经相当成功，但这就如同身处洞穴中拒不投降的残兵败将一样。我非常佩服你们抛弃了一切私情，但在日本遵从天皇命令才是最正确的道理，也是最高的道德。如果只是现在这个程度的话，你们还算不上是叛乱，现在收手也绝不算晚。你好好地听我话。明白了吗？”

德川义宽侍从

“我非常明白。请让我考虑一下。但是，我有一个请求，”畑中少佐回答道，“那就是在播放陛下录音前，请给我们十分钟让我们播音。我希望至少让普通国民听听，我们是抱着何种心情发动事件的，然后再决定今后的行动。十分钟，只要十分钟就够了。”

少佐似乎都快哭出来了，继续向电话里喊道：

“只需要十分钟，请东部军协助，让我们去广播局。”

透过听筒，高嶋参谋长切实感受到畑中少佐那走投无路的心情。但是他仍斩钉截铁地说：“那是迷恋。此时要尽量减少牺牲，这才是你们的正义。大势已无法改变。畑中少佐，你还不明白吗？”

听筒无力地从畑中少佐手中滑落，传来“嘟”的一声。那声音对少佐而言意味着丧钟。他的脸变得僵硬，看起来似乎就在这一瞬间老了好几岁。少佐仿佛哀求援助和寻求力量般将视线投向了芳贺连队长。然而，畑中看到的不是芳贺连队长的脸，而是“绝望”。连队长如今明白了一切，他的眼里燃烧着怒火，冲着椎崎、畑中及古贺等青年军官说道：“你们这是在企图叛乱。阿南大臣和东部军司令官之所以不来，就是因为这个原因。他们不可能来。你们一直都在骗我，今后我再也不会听从你们的任何领导。你们即刻给我出去。如果你们还想继续叛乱的话，就杀了我。杀了我之后……”

连队长中断了讲话，似乎在寻找适当的话题。他的脑海中浮现出“国贼”一词，但看到青年军官们并排站立着，且深深低着头，他又把那个词咽了回去。

失败来得过于轻易，所有的抵抗都被摧毁。芳贺连队长命令畑中少佐即刻离开宫城，但少佐昂然地抬起头，现在对他而言，一切都变成了敌人。他通过渴求敌人以激起自己最后的斗志，渴求战斗的人会对自己挑起战斗。对于汹涌而来的恐怖，畑中少佐正打算进行猛烈攻击。

宫城占领计划化为泡影。然而，计划虽然宣告破产，却仍在持续。大队长与中队长们率领士兵依然在宫内省继续搜寻。第一大队与第三大队的多数士兵被安排去分头寻找录音盘。第三大队石川诚司兵长仍然记得，上司严令他们不管采用什么手段，都一定要找到录音盘。不论如何，距离搜查队接到命令停止搜寻和一切恢复如初，还有很长一段时间。

户田与德川两名侍从成功地与御文库取得联系后，再度回到宫内省时，距离四点还差五六分钟。为了告诉其他人御文库安然无恙的消息，户田侍从走向楼上的侍从室，德川侍从则直奔侍从武官室。虽然中村与清家为御文库的平安无事感到高兴，但对大声说话的德川侍从则感到厌烦，于是他们请求他离开房间。

当德川侍从走出武官室后，心里正琢磨着：侍从武官也是军人，不知道他们是敌是友。可还没等他走两三步，突然听见有人怒吼道："站住！"他抬头一看，是一名军官，好像是自己刚刚从御文库回来时大门外碰见的那个少尉。少尉或许也注意到了频繁进出的侍从，他对走廊上的哨兵说："把他带走！"

德川侍从个头虽小，但骨头很硬。虽然被哨兵用枪指着，但他仍毫不示弱地反驳道："没必要去。"

少尉连声喊道："这是命令，是命令！"

他们现在位于曾进行过录音的御政务室的正下方，再上一层为内大臣室，地理位置极为重要。士兵们数人一组，不断地在楼梯上跑上跑下。看见此番情景后，德川侍从说道："如果有事的话，在这里问也行。"

"我们在找录音盘和内大臣，你应该知道在哪里吧。"军官逼问道。

侍从靠着墙，双手交叉，抱臂于胸前，继续反驳道：

"我哪儿知道！"

又有三名军官加入其中。三人中的北畠大尉对少尉说道："不用管。反抗的家伙就杀掉。"

"对，杀了他！"背后附和他的人斩钉截铁地说了两遍。但德川侍从面不改色，纹丝不动。隔了一会儿，他平心静气地说道：

"杀了我，也无济于事。"

“也是，只会让刀生锈，那就放过你吧。”少尉有点窘迫地说道。

德川侍从与军官们的对峙依旧持续着。一部分军官带兵往楼下走了，剩下的军官又开始向德川侍从说教，那台词与“五一五事件”[①]和“二二六事件”时提出的理论完全相同。无非是天皇误信谗言，为了消除它，不得不暂时采取不服从的态度。在一番长长的说教后，军官像是总结似的问道：

“你小子还有日本精神吗？”

但德川侍从仍未认输。他告诉他们，自己也是名侍从，并反驳道：“并不是只有你们在保卫国家。为了保卫国家，我们大家应该齐心协力。”

如此这般，争论在狭窄的走廊里一直持续着。当时从另一个方向过来的一队人马停住脚步，包围了正在争辩的德川侍从，但他毫不畏惧。后来，一直保持沉默的第一大队机关枪中队若林彦一郎军曹终于勃然大怒，使劲扇了侍从两巴掌。德川侍从发出一声惨叫，眼镜也飞了出去。

机关枪中队的藤田忠志军曹出面阻拦。

“够了，若林。住手！”

---

① 译者注：“五一五事件”是日本历史事件，一九三二年（昭和七年）五月十五日以海军少壮军人为主举行的法西斯政变。结果，五月二十六日成立以海军大将斋藤实为首的所谓“举国一致”的内阁，政党内阁时代结束。

四点二十分，当德川侍从被打倒时，窗外的黎明正悄悄来临。从暗黑到深灰，再从灰色到深蓝，天空正缓慢地发生变化。而此时，佐佐木大尉率领的“国民神风队”终于抵达灰色的首相官邸。四周出奇的安静，他们利索地把两挺机关枪架在正门前。然后，佐佐木大尉低声命令道：

“开枪！给我开枪！”

迫水书记官长被枪声惊醒，第一反应以为是敌人的机关枪扫射。隔壁的书记官长秘书室里，池田综合计划局长官的秘书官赤羽宏治郎也被机关枪声吵醒，他打开双扇窗往外一看，大吃一惊。因为他在黑夜中也能清晰地辨认出他们穿的是卡其色的日本军服，并且此刻正朝这里猛烈射击。

迫水书记官长的弟弟久良飞奔而来，告诉他们这里正遭受日本兵的袭击。曾经历过“二二六事件”的书记官不由得庆幸，幸好让首相回私邸了。同时他又嘟哝道：尽管如此，战争就要结束了，若这时候死了，就实在太蠢了。赤羽秘书官的想法与他不谋而合，好不容易活到现在，结果被同胞给杀了，那就太惨了。

迫水书记官长把事务托付给总务课长佐藤朝生后逃之夭夭。一行人穿过地道来到紧急出口，确定外面没有士兵后，走到了大马路上。而躲在地下防空洞的赤羽秘书官，从小小的观察窗看见迫水书记官长由他的弟弟久良和侧卫官中村袈裟男巡查陪着疾行而去，那场景就如同武打电影一般。

佐佐木大尉和学生尾崎喜男等在一番连续扫射后竟没有受到任何抵抗便冲到了首相官邸大门口。他们命令里面的人打开大门，护卫官邸的巡查就默默地打开了门，然后悄悄地对佐佐木大尉说：

“我对你们的想法深表赞同，必须清君侧，首相现在已经回到了丸山町的私邸，你们去攻击那里吧。”

佐佐木大尉不由得目不转睛地凝视巡查的脸，恨不得与他握手。他们决定立即奔赴私邸，可在走之前需要烧毁这座可恶的首相官邸。他们把带来的油泼在走廊的地毯上。可是愚蠢也得有个限度，好不容易带来的油竟然是重油，很难点着。大尉非常无奈，仰天长叹。火好不容易“呼”地一下燃起来了，他们看到火点着后便赶忙驱车赶往私邸。不过等他们离开后，职员和巡查便用备用的防空用品轻而易举地把火给扑灭了。

被袭击的不仅仅是首相官邸。四点半，当天色已大亮时，广播会馆被叛乱军近卫第一连队第一中队[①]所包围。他们守

① 根据各种记录，占领广播局的是近卫步兵第七连队。但是那时的连队长皆美贞作对此予以否定。按照“师团命令”，近卫步兵第一连队第一中队才是正确的。

住正面和内大门，切断外部联络，把值夜班的职员（以生田武夫常务理事为首，共约六十名）软禁在第一播音室。此时，古贺参谋制订的“近卫命令”仍未失效。

严格来说，女技术员保木玲子[①]注意到发生异常是在四点左右。当她听到从广播会馆前的大街上响起军靴声时，心想：美军这么早就进驻了吗？那时她因天皇广播一事已经知道了终战的消息。于是，她小心翼翼地从三楼值班室的窗户偷偷往外看，知道他们是日本兵后，便安下心来。

可是三十分钟后，当保木技术员为了进行凌晨五点广播的线路测试工作，走进楼下第十三播音室的副调整室时，竟然看见一名军官和两名士兵，她顿时愕然。因为那里可不是外部人员能轻易进入的地方。

军官说：“接下来我们自己广播，马上给我准备！”

正好此时，从扬声器传来了东部军的命令：空袭警报解除后继续警戒警报。于是保木技术员拒绝说：“防空警报持续期间，规定不可以广播。”

军官扯着嗓子吼道：“你说什么？！”

保木技术员吓得浑身颤抖。

① 因当时男性技术员多被军队征用，大量女性技术员得到培养，从事声音调整室的操作。

广播局各处都在上演着同样的情景。在报道部室，有一个军官用枪指着国内局报道部副部长柳泽恭雄，要求进行广播。虽说是威胁，却有气无力，更像是哀求的语气。

此时，业务部庶务课员朝仓正宪巧妙地利用叛乱军占领的空隙，成功地从广播局脱逃出来。他奔跑在拂晓前四下无人的街道上，紧急通知住在第一饭店五层的报道部长高桥武治。如果广播局被占领的话，那就无法进行天皇广播了。听到消息后的高桥部长脸上血色尽失，他立即想到：必须把这件事告诉大桥会长，会长去了宫城后就一直没回来。那时的他完全不知道会长等人被软禁了，只是单纯地以为会长他们受到款待，留在了宫内省过夜。

演艺部部员森永武治被赋予了紧急通知会长的重任，那是因为他曾在宫内省工作过，熟悉宫城内的情况，这在此时此刻变得尤为重要。森永部员爽快地接下了大任，整理装束后从新桥站乘上电车——电车仍跟平常一样运行着。

正当混乱在各处上演时，通过那唯一一条未被切断的电话线，宫城内部终于与外部取得了联系。通过连接海军军令部和海军武官室的秘密直通电话，米内海军大臣的秘书官古川勇少佐与海军侍从武官野田六郎中佐相互交换了信息，从而了解了事情的全貌。

森师团长被杀害，军队因假师团命令出动，近步二连队的主力——第一、第三两个大队占领了宫城内的重要位置。但是他们不久后就将被东部军镇压吧。

在侍从武官室，户田侍从与被打肿脸的德川侍从从陆军的中村武官那里得知了上述消息。中村武官看着德川侍从的脸说，他们是一群丧失了理智的家伙，要多加小心，并安慰道："不过，已经和外部取得了联系，所以不用担心。这一切马上就会结束，你再稍微忍耐一会儿。"

德川侍从回答道："这是光荣负伤。"

"话说内大臣他们没有危险吧。"中村武官问道。

德川侍从本来就不信任侍从武官。他怨愤地想：正是因为被他们从房间里赶出来，才会遇到这么倒霉的事。他瞪着中村与清家两名武官说道："不用担心。他们藏在安全的地方，但是我不能告诉你们地点。"

中村武官说了点开心的事情，又特意补了一句："总之，天亮后东部军司令官田中大将就会赶过来。到时候一切就结束了。"

“军队即将进入御文库。”

——户田侍从

凌晨五点至六点

起床时间本是凌晨五点半。可五点时，上原重太郎大尉便叫醒第四区队员，让他们在自习室集合。即使在年轻队员眼中，大尉看起来也英姿飒爽，不过他的军装上似乎沾有血迹。大尉呼吁大家为了护持国体而奋起。“接受《波茨坦公告》是天皇身边奸佞的计谋。对皇军而言，没有投降一说。让我们向陛下直言劝谏，如今抵抗到底的道路正在开启。”他昂首挺胸地高声说道。虽然跟第三中队的值周士官成濑辰美大尉说过森师团长被杀害的消息，但他并没有告诉区队员们。不过，其实谁都可以轻易察觉到已经有什么事情发生了。

与远离东京中央的上原大尉不同，畑中少佐他们已经失去了希望。在国家面临着战争还是和平的选择之际，他们看似差一点就要掌舵，但历史最终还是抛弃了他们。“只差一步”这句话无法成为他们的慰藉。他们痛饮着悲哀与屈辱之酒，继续前行在自己的道路上。虽说固守宫城失败了，但是他们掌握了占领广播局的近卫步兵第一连队第一中队的指挥权。他们可以向日本国民倾诉些什么——不是向陆军，而是向国民，述说日本为何不能无条件接受《波茨坦公告》。这并不是辩解，而是向历史抗议。

畑中少佐被赶出宫城后，带着少尉和两名士兵来到广播会馆的第十二播音室。他用枪对着男播音员馆野守，满脸痛苦地说道：“五点的新闻报道时间，让我来广播！”

此时馆野已做好心理准备：就算是取消五点的报道，也不能让他来广播。那是因为十四日晚上，馆野播音员已从陆军报道部临时职员平井政夫那里获知“军队占领广播局”的消息。现在这个消息发挥了作用。面对手枪，馆野决定，就算自己被杀也不能让发狂的军队在广播局为所欲为。

“现在警戒警报仍在持续。警报持续期间，进行广播需要与东部军管区取得联系。并且，如果是全国转播的话，还必须与各广播局进行技术上的磋商。”

馆野播音员这样拒绝畑中是需要相当大的勇气的。然而少佐并没有被他说服。为了五点的报道，播音员正坐在话筒前。这不就是为了开始播音吗？如果是这样的话，为什么自己不可以代替他播音呢？事实上，他的声音也通过电波传了出去。

然而，馆野播音员一遍又一遍地重复着同样的说辞，即没有东部军的许可，便无法进行广播。但如果向东部军请求许可的话，不会被允许吧。对于这一点，畑中少佐比他更明白。少佐左手拿着写有广播底稿的草纸，右手握着枪，与馆野播音员互相对峙，相持不下①。

五点十分，宫城内侍从们翘首以盼的田中军司令官带领塚本副官与不破参谋两人乘车赶到了近卫师团司令部。田中军司令官听从了高嶋参谋长的意见，即天色黑暗不利于掌握将士的情况，一直望眼欲穿地等待黎明的到来。现在军司令官开始着手镇压暴动。

近卫师团军营广场上，根据假命令，近卫步兵第一连队

---

① 关于占领广播局强制要求广播的“少佐”，有一种说法认为是小松少佐（留守第二师团第三连队补充队的东部第六部队所属）。该说法认为，从时间上来说不可能是畑中少佐，但这个理由是说不通的。畑中被从宫城驱逐后，再冲进广播局是完全来得及的。并且后来田中军司令官从宫城回来后，立刻下令“畑中少佐在广播局，立即逮捕他”，这一件事记录在参谋稻留胜彦大佐手上的资料中。但是在 NHK 广播史编辑室，为唤起相关人员的记忆，把畑中少佐的照片拿给他们看时，有些人认为是这个人，有些人认为不是，意见分成两种不同的，无法下结论。这一问题至今仍是个谜。

的将士已全副武装，戒备森严，在同样头戴钢盔的连队长渡边多粮大佐的指挥下，正打算向宫城行进。此时一辆车子在他们正前方停下，不破参谋慌忙下车，大声喊道：“军司令官阁下到！”

男播音员馆野守

他们让部队在原地待命。田中军司令官让连队长一同来到连队长室。那时渡边连队长对于命令是假命令，森师团长被杀害等消息一无所知，所以当他从军司令官那里得知这些消息时惊愕万分。根据连队长的报告，师团参谋石原少佐在隔壁房间，第一连队正接受他的领导①。于是田中军司令官命令不破参谋把石原参谋带来。

作为叛乱领导者之一的石原参谋并未觉得羞愧，他脸色苍白，咬紧嘴唇。军司令官怒视着笔直站立的参谋，用庄重的语气说道：

“你们这些臭小子，今天做的这些事情像什么样子！作为

① 第一连队由石原参谋、第二连队由古贺参谋领导，这是叛乱军的计划。从某种意义上说它获得了成功。因为高嶋参谋长拼命联系第一连队长，却不得要领，最终也没能联系上。

帝国军人，圣断一下，就必须绝对服从。你们的行为犯了叛逆罪。”

石原参谋并未试图作任何辩解，只是听着军司令官的怒喝。他似乎是在沉默中承认了自己的败北。

“逮捕他！”军司令官对不破参谋命令道。已经放弃一切希望的石原参谋并没有反抗。他在肉体和精神上都已崩溃，表情仿佛在告诉别人，他现在所剩的唯一心愿就是希望最后一刻早点来临。不破参谋把叛乱者移交给了在室内待命的宪兵军曹，不是作为一名光荣的军人，而是作为一名罪犯。

田中军司令官打算从乾门冲进宫城。逮捕石原参谋的同时，军司令官通过渡边大佐打电话呼叫宫城内的芳贺大佐，命令他在乾门迎接自己。事件朝着迅速解决的方向发展。黑乎乎的大门紧闭着。在大门前，军司令官的车逐渐接近。上着刺刀气势逼人的哨兵敏捷地端起枪，大声喝问："谁？"

“军司令官！”

田中军司令官凛然回答道。

户田康英侍从通过唯一一部留下的直通电话，好不容易得知“东部军司令官即将开始镇压”的消息。为了把这一消息告诉御文库的入江侍从等人，他向御文库走去。石原参谋被捕之时，他正走在红叶山隧道上。独自前往让他感到恐惧，于是便让大重侧卫跟随其后。

到达吹上门时，他们果然受到了严厉质问。“我是户田侍从，请让我过去。”他请求道，但少尉拒绝说：“不能通过。”争执中，户田侍从突然想起德川侍从那张肿胀的脸。在吹上苑那郁郁葱葱的树林里，突然有一只鸟发出了一声啼鸣。在户田侍从听来，那就好似他自己的悲鸣。

碰巧来到这里的第一大队小山唯雄准尉听到少尉的话后，漫不经心地说道：“没关系，即使让他这样地位卑微的人进去，也不会怎样。我们现在正在商议是否进入御文库，我认为多半会进去，到时候这些像树叶一样的家伙也成不了任何阻碍。”

户田侍从听到这个消息后，首次意识到这一严重且沉痛的事态即将发展至御文库。“……这样一来，军队即将进入御文库。”户田侍从表情沉重。广幡忠隆皇后宫大夫、入江侍从，以及永积侍从等人脸上写满倦意。军队将冲进陛下所在的御文库，难以想象的不祥之事即将发生。是用护卫官的手枪和刀剑坚守到底，还是开城投降？藤田侍从长用力推开唯一一个未上锁的铁窗，偷偷地观察外面的情况[1]，只见在吹上

① 侍从长藤田尚德当天回到了旧本丸内的官舍休息，但当他从皇宫警察那里得知了事件后，便马上奔赴御文库。他一边弯腰说着“辛苦了”，一边穿过配着刀剑的士兵队列，一直到达了御文库。谁也没有发现这个身材矮小的老人竟然是侍从长。

门到御文库之间，士兵不断聚集、部署。他们正在架设机关枪，并把枪眼对准御文库方向。第三大队的石川诚司兵长还清晰地记得自己接到的命令："有人计划把天皇转移到其他地方。为了保护天皇，任何企图将天皇带出去的人，全都格杀勿论。"

到了这时，终于获知事情全貌的陆军省一片哗然。多数军官立刻联想并担心的是，陆军大臣是否被推举为该事件的领导。兵务局长那须义雄少将最先知道事件的发生，他也担心叛乱者们会拥立大臣。与同来陆军省上班的若松次官商量后，他下定决心，必须把大臣从血气方刚的青年军官手中夺回来，绝不可以让陆军大臣变为西乡隆盛①。他认为，作为全陆军支柱的忠诚的将军若背上国贼的污名，那便意味着全军的崩溃。

那须局长没有片刻迟疑，驱车径直奔赴陆军大臣官邸。那须局长离开陆军省后，在省内昏暗的走廊下，荒尾军事课长与参谋本部作战课长天野正一少将围绕镇压事件的责任问题，正在唾沫四溅地进行争论。天野少将主张：既然军队已经出动，那就该由作战部长负责。对此，荒尾课长反驳道：

① 日本江户时代末期的武士、军人、政治家，与木户孝允（桂小五郎），大久保利通并称"维新三杰"。因发动反政府的武装叛乱，兵败而死。

就算军队出动了，但因为是国内问题，还是应由军事课负责。

当这一关于守法精神的热烈议论似乎要无止境地持续下去时，那须少将所奔赴的陆军大臣官邸里，终于结束酒宴的陆军大臣站起身来，穿上了纯白色的衬衫。

“这个呢，是我在当侍从武官时，陛下赏赐给我的，也是陛下曾穿过的衬衫。我想穿着它奔赴黄泉。这是作为一名军人至高无上的荣誉。”

接着，陆军大臣把所有勋章都佩戴在军装上，穿上后不一会儿又把它脱了下来，恭恭敬敬地折好放在壁龛的正面。

“我死后，帮我穿上它。”

陆军大臣打算穿着天皇曾穿过的衬衫，并用天皇赏赐的勋章来装点自己的遗体。井田中佐默默地抬头看着陆军大臣，眼泪再度夺眶而出。陆军大臣把次子惟晟的照片放在壁龛前军服的两袖之间。看着大臣，竹下中佐突然联想到乃木大将。

五点半，宪兵司令官大城户三治中将来到官邸报告近卫师团之变一事。陆军大臣便趁机差遣竹下中佐“去会见宪兵司令官”，然后命令井田中佐在走廊外面放哨。当两名中佐的身影消失后，陆军大臣穿着衬衫静静地来到走廊。

东京的日出时间为五点三十分。同一时刻，空袭警报再次响起。陆军大臣官邸的防雨窗虽然紧闭着，但天亮后，阳光仍从缝隙中照了进来。陆军大臣端坐在仍留有冰凉触感的走廊上。他的内心是把自己作为一个罪人来审判的。他想：如果要剖腹的话，那就在庭院，让自己作为陛下的大罪人死去。在榻榻米上死去是一个严谨的将军所不能容许的。陆军大臣缓缓地拿起细细的短刀。

当竹下中佐再度回到铺席客厅时，陆军大臣已经切完腹了。他正静静地用左手摸索右颈动脉。中佐蹲坐在陆军大臣背后，默默地守护着。陆军大臣的身体在微微摇晃。他把短刀抵在右颈上，使劲往前一拉，血液随之喷涌而出，但他身体却依然没有倒下。

庭院里，井田中佐跪坐在地面上，低垂着头，肩膀在微微颤抖。他在哭泣。

当陆军大臣穿着衬衫来到走廊时，佐佐木大尉他们的“国民神风队”正用机关枪袭击本乡丸山町的铃木首相私邸，然而他们在这里也没能抓住首相。在他们到达私邸的前一刻，被告知危机的铃木首相夫妻和两个秘书官铃木一、铃木武从后门逃了出去。

“叛乱军点着了官邸，现在他们正开车赶往您那边。”

接完电话后，首相等人便逃走了。现在私邸里只剩一个名为原百合子的用人。佐佐木大尉和尾崎等人从外大门蜂拥

当时的陆军大臣官邸

而入。原百合子八月十四日傍晚便得知了战败的消息，那时她便已决心赴死。因为有传言称，美军会凌辱所有女人。她对此深信不疑，并质朴地认为若被美军强奸的话，那还不如死了好。她化了淡妆，穿上新的劳动裤[①]。或许正因为她已决心赴死，所以才格外有胆量。

佐佐木大尉用刀对着这个略施粉墨的女子，问她首相在不在。原百合子回答道："不在。"她本打算镇定地回答，可没想到声音却变了样，甚至连她自己都怀疑那是不是她

① 译者注：穿在腰部以下，下摆扎在脚踝处的宽松的女子劳动裤，第二次世界大战中于日本全国盛行。

的声音。

学生尾崎和士兵们搜遍了所有房间，用刺刀刺穿壁橱。尾崎说道：

“我们不会伤害你的，你快到外面去吧。”

士兵们飞快地捅破纸隔扇，开始点火。原百合子不顾一切地把手伸向水桶。

“你要是灭火，就杀了你！”

一个士兵满脸凶恶地把她撞倒。

在黎明时分的清爽空气下，火焰冲天。原百合子看着在空袭中幸存下来的房子如今在暴徒手下即将化为灰烬，心如刀割。虽然消防车也很快赶了过来，但面对着眼前的机关枪，他们完全无法反抗，只能束手无策地看着柱子燃烧，房梁倒落，屋顶逐渐往右倾斜，最终倒塌[①]。

阿南陆军大臣面朝宫城，坐在走廊上。他的身体已微微向右倾斜，还在轻微摇晃。那须少将看见陆军大臣的背影时，怎么也没想到陆军大臣已经切腹了。少将匆忙赶来，本是打

---

① 首相的逃亡是非常幸运的。第一，佐佐木大尉他们的车不小心走过了一条小巷子，又慌忙地折回来，这为首相赢得了逃脱的时间；第二，停放汽车时一般都是车头朝里，但唯有那天车子朝着便于逃跑的方向停的，就在私邸的警卫帮忙推那辆没能一口气爬上坡道、在原地空转的车子时，佐佐木大尉闯入了空无一人的私邸。真可谓是千钧一发。关于这一幸运的逃亡剧，《圣断——天皇与铃木贯太郎》（文春文库一九八八年出版）中有详细记载。

算把陆军大臣从危险的青年军官们手中夺回来，可陆军大臣官邸如此安静，静得让人有些泄气。他原先预想，陆军大臣官邸作为叛军大本营自然会被众多士兵和机关枪等重重包围，他可谓是抱着誓死的决心冲进来的，可没想到只看见竹下和井田两位中佐在大门附近窃窃私语，四周连一个士兵的影子也没有。尽管如此，那须少将还是冲着陆军大臣的背影，说出了他一直想说的一句话。

“我来接您了。”

然而少将却受到陆军大臣的大声呵斥：

“你来干吗！回去！”

那声音铿锵有力，事后回想起来，那须少将甚至不知那声音是从何处发出来的。

听到这声怒吼，少将不由得注视陆军大臣。他这才发现陆军大臣的右颈上满是血迹。陆军大臣自刃了！这让少将无比感动。

接着那须少将如同跪拜活神仙一样，双手支地跪在陆军大臣背后。而此时，在别的房间里，竹下中佐不知在想什么，正向井田中佐灌输他那恶魔般的低声细语。

“我现在保管着陆军大臣的印章。如果想干的话……就可以以大臣之命号令全军奋起。喂，一起干吧。哪能就这么恬不知耻地撒手作罢！”

井田中佐不敢相信自己的耳朵，不禁凝视着竹下中佐的脸。难道说这才是大臣的意志吗？原来如此，如果说“只要自己一死，万事皆休”这一大臣的心境是表面意思的话，那么若自己死后军队仍然奋起，那也很可靠，或许这一期待才是大臣内心的真实想法。但是井田中佐又想，陆军大臣从容赴死，只能是将自身委身于历史长河之中，豁达地看待人生的表现。事到如今，再怎么拼命挣扎都是枉然。

“假大臣命令很快就会露馅。再说就算这么做了，大臣真的会高兴吗？”

竹下中佐马上改变说辞，称刚刚是在开玩笑。

竹下中佐不知道究竟是什么因素，致使大臣作为一个罪人孤零零地死去。但他想以某种形式尽情地宣泄内心深处的悲伤与愤慨，哪怕他知道那是鲁莽……

演艺部部员森永武治从东京站下车后，直奔宫城。败北后的黎明似乎比平常来得晚一些，下车的乘客极少，车站前的广场如同墓地般鸦雀无声。太阳一大早就暴晒着这片战后的焦土，似乎在预示当天的炎热。森永部员一边擦着汗一边走近宫城。他胡思乱想着：日本战败，从明天起这里就要飘起星条旗了吧。他像是想驱散这些念头般地摇了摇头。

到了坂下门，只见朝外架设着好几挺机关枪。那枪口在旭日下闪闪发光，仿佛在严厉地拒绝外部人员入内。森永部员不由得开始逃离，他熟知宫城情况，所以瞬间做出判断——从坂下门与大手门之间的内樱田门进去，那里应该比较安全。

他的判断是正确的。内樱田门虽然也有武装的士兵，但只有两名，并且旁边站的那个皇宫警察还是他的熟人。那个警察劝告他："进去太鲁莽了，还是回去更好。"但森永部员回答"我有特别任务在身，所以不能回去"，然后强行闯入。两名士兵也没有强加阻拦。

他那时还不知道此处是政变的中心，是终战闹剧的舞台，计划虽然失败了，但混乱依旧在持续。他觉得宫城内的一切都不同寻常。当看到在宫内省厅前的丸池前，不合作的皇宫警察被装上刺刀的士兵团团围住并被解除了武装时，他有那么一瞬间想到了自己的安危，自己这下可来到个不得了的地方。但他立刻意识到比起个人安危，尽快向大桥会长报告更加重要。他是一个忠实地履行任务，并且精力旺盛的男人。

“让士兵们听听朕的心里话吧！”

——天皇

早上六点至七点

在御文库，侍从们仍在一丝不苟地讨论着关于军队入侵时的应对措施。与森永部员不同，侍从们已经直面叛乱军的暴动超过四个小时了。方才三井侍从突然出现，得意扬扬地说道：“这次没有任何人阻拦，非常顺利地就进来了。”但当被户田侍从告知军队入侵计划后，他感到果然大事不妙，自己似乎正朝着坏的方向前进。

事情的确看似正朝着坏的方向发展，眼看军队就要闯入御文库。虽然他们绞尽脑汁地思考应对之策，但不可能会有好点子。如果军队闯进来，就带着他们在众多的房间里瞎转，以便让天皇和皇后趁机逃走。他们最后总算在这一着实不可靠的方案上达成一致。

面对机枪和步枪，他们周围并没有能与之抗衡的武器。如果说有的话，那就是皇宫警察的武器了，可惜现在连那些武器也即将被近卫兵收缴走。侧卫队长小菅警部接到解除武装的通知后，为了和大家商量而来到御文库，只见所有人都表情黯淡。

小菅警部说："近卫兵的大尉来了，要强制解除我们的武装……"

入江侍从给小菅警部打气道："如果是皇宫警察部长下令的话那另当别论，如果是军队命令的话则不能卸下军刀。您就这样拒绝他。"

小菅警部虽然口头上气势十足地说着"是啊，就那样说"，却有气无力地离开了御文库，并打算再也不回来了。侍从们面面相觑，担心会不会因为自己说了过分强硬的话反而使情况恶化呢。近卫兵会不会杀害小菅警部呢？一旦武器被收缴后，敌人攻进来的话，那可就不堪一击了。

森永部员那时看到的正是解除武装的一幕。警察官们被迫站在朝阳之下，从上衣到裤子都被脱得精光。

因为厚重的铁窗紧紧关着，御文库里听不到外面的动静，鸟啼声和蝉鸣声也传不进来。不仅如此，盛夏灼热的阳光似乎也与他们毫无关系。他们在昏暗的电灯下屏息以待，与世隔绝。

户田、三井和入江侍从考虑到，政变已变得极为残暴，仅凭他们自己的力量已无力回天。所以在军队闯入御文库前，户田侍从说道：“不得不叫醒陛下了……”由于对军队闯入的恐惧，三名侍从表情僵硬，胸闷难受，腰部以下似乎没有力气。三井与户田两名侍从并排走向御文库深处，因为不想被对方嘲笑，两人都勉强支撑着即将崩溃的身体。

天皇立刻起床出现在他们面前。三井侍从恭恭敬敬地低下头，向天皇报告了宫城被占领的事情。

天皇突然问道：“是政变吗？”

户田侍从向天皇报告了军队在内廷所做的粗暴野蛮的举动，不过木户和石渡两位大臣都平安无事。

“朕出去。”天皇沉思片刻后说道，“你们把士兵聚集到庭院来。朕出去晓谕士兵，向士兵解释朕的想法。”

听到这话后，两名侍从感动得泫然欲泣，他们怎么都无法抬起头来。

“总之，先把侍从武官长叫过来。”天皇又补充道。

侍从武官长当时被软禁在宫内省，去叫他过来是一项艰巨的任务。谁都想到了御文库外面架着的机关枪，去叫他必须闯过那机关枪阵。三井侍从委托最年轻的户田侍从说道：“拜托你啦。”户田侍从淡淡地回复：“这件事还是由身为庶务课长的您来做比较好。”

就在这一讨论仍在御文库持续之际，进入乾门的田中军司令官与芳贺连队长会面了。他告诉芳贺连队长：昨晚所有的命令都是假命令，近卫师团长已经被畑中少佐等叛乱者杀害。连队长深深地叹了一口气，说道：

“师团长阁下果真被杀害了啊……”

田中军司令官像是回应他的话一样，严令道：“今后由我田中来指挥近卫师团。”

事件至此正式宣告结束。田中军司令官命令芳贺连队长：“迅速撤兵，恢复原来部署。处理完毕后，向军司令官汇报执行情况。”

为了向陛下报告事态已得到控制，田中军司令官赶往宫城内的御文库。通往御文库的是一条宽阔的大道。只见一名侍从迎面小跑而来，戴着一副深度的近视眼镜。

三井侍从按照天皇的命令去叫莲沼侍从武官长，抱着必死的决心跑在通向内廷的道路上。当他看到一个将军模样的人迎面走来时，不由得放慢了脚步。他以为田中军司令官就是叛乱军的首领。

当两人即将擦肩而过时，田中军司令官问道：“侍从长在吗？”

虽然侍从长确实在御文库，但三井侍从立即撒谎称：“不在。”

“侍从武官长在吗？”

“他也不在。”这倒是真的。他正准备去叫侍从武官长。

“那陛下呢？”

“陛下在。”

田中军司令官笑了起来。“你用不着这么惊慌失措。叛军已经被镇压了，所以不用担心。我是……”说着，便把自己的名片递到三井侍从面前。当侍从看到名片上的文字时，体内的力气好像被抽空了一样，紧绷的神经骤然放松。他长长地呼了一口气，说道：“啊！原来是这样。太好了！”

此人正是东部军管区司令官田中静壹大将。

“陛下在，但侍从长和侍从武官长都不在，这也太奇怪了吧。”

三井侍从难为情地笑了。他挠着头说道：“实际上侍从长在。但武官长在内廷，我现在正准备去叫他。”

三井侍从领着田中军司令官来到御文库。当军司令官打开御文库的铁窗时，只见一轮耀眼的太阳正高悬在空中，似乎要融化一切。入江侍从觉得自己从来没有见到过如此炽热、如此通红的太阳。

“非常抱歉，惊扰到你们了。不过事件已经顺利镇压，现在没事了。”田中军司令官掷地有声地说道。

畑中少佐赶赴由第一中队占领的广播局，而此时椎崎中佐他们留在了宫城内。当得知因田中军司令官的镇压，他们的计划彻底失败时，椎崎中佐猛然拔出军刀，面目狰狞地使出全身力气举刀砍向松树，那刀似乎要被折断，不过最后还是松树被砍成了两段。他是否同时斩断了自己的执念？他声嘶力竭地喊了一声。当森永部员看到这一幕后，不由得浑身哆嗦。

在宫城内的骚动得到镇压的同时，广播会馆内畑中少佐他们最后的挣扎也逐渐临近终点。他们收好枪，与其说是威胁，还不如说是哀求，一遍又一遍地重复着，希望能把自己的心情传达给所有国民。柳泽副部长与和田信贤播音员等人也反复用同样的理由加以拒绝。

“空袭警报持续期间，不可以进行任何广播。需要获得东部军的许可。”

他们一边这么说，广播局为了以防万一也做好了万全之策。技术局现业部主调整主管西岛实早已切断了广播会馆与广播所之间的联络线路。假若畑中少佐强行进行播音，也只是徒劳。

报道部长室里，对峙的局面依然在持续。畑中少佐时而意气消沉，时而威压胁迫，他的精神已接近崩溃。此时，东部军参谋给畑中少佐打来了电话。

畑中少佐拿过听筒，他一遍又一遍地央求道：为了护持君臣一体的国体，除了彻底抵抗以外再无他路。他已不再是刚开始那个拿着手枪，极度兴奋的少佐了。如今，他已变成一个焦躁不安而又胆怯恐惧的男人，只是个脸颊枯瘦、嘴唇发灰的败将。

馆野播音员呆呆地望着少佐，出于职业习惯，他扫了一眼少佐放在桌子上的播音草稿，只见第一行写着："守卫宫城的我军部队……"少佐的哀求仍在持续。虽然不知道电话另一方是谁，但是连馆野播音员都能觉察到，对方正在劝说少佐放弃无谓的挣扎。但少佐仍不认输地反复恳求道："只要五分钟就好，我想把我们青年军官的心情传达给国民。"这是不知疲倦的少佐最后的努力。

过了一会儿，少佐说道："那么也没有办法了。"他放下了听筒，发了一会儿呆，接着身体摇摇晃晃地差点往后倒去，退了两三步才好不容易维持住平衡。他背对着大家用拳头使劲擦了擦眼角，然后转过身来，对着其他军官铿锵有力地说道：

“该做的事情我们都做了，到此为止吧。”

一直坚持到最后的畑中少佐他们有组织的对抗至此画上了句号。他们的宏图壮志全部落空。

如今，只有佐佐木大尉的“国民神风队”仍在继续活动。当畑中少佐他们准备从广播局撤离时，距七点差五六分。这时，男爵平沼骐一郎枢密院议长位于西大久保的家正被熊熊大火所吞噬。在烧毁首相官邸后撤回横滨的途中，佐佐木大尉他们又袭击了平沼的宅邸。他们的袭击已然变得极为疯狂。

“平沼就是臭名昭著的亲美英派的核心人物，他正准备毁灭我们的神圣国家。”

佐佐木大尉朝着熊熊燃烧的平沼宅邸边做手势边大声谩骂。当大火平息后，宏伟的平沼宅邸只剩下车库一角，不知道平沼男爵是否葬身大火之中。佐佐木大尉他们乘着一辆乘用车和一辆卡车，沐浴着朝阳，像一阵风般地撤离了。因为平沼及时躲进了隔壁国本社本部的建筑物内，所以平安无事。

与此同时，在同一轮朝阳的照射下，第一支空袭部队出现在关东平原的上空。该空袭部队由一百零三架美军舰载机组成，它们从太平洋上的机动部队出发，现在正准备发动攻击。但是在这之前，战斗舰“密苏里号”上绰号“猛牛”的哈尔西大将收到了来自太平洋舰队司令长官的命令。

命令说“停止空中打击”。

此时为六点十四分。第二支攻击队正飞往目标地区，第三支攻击队正在各航空母舰的甲板上暖机。

据称，哈尔西收到“日本投降”的消息后，脑海中首先浮现的便是 Victory（胜利）一词。连这一猛将中的猛将也在感谢上帝，因为他不再需要下达会带来无数伤亡的命令了。他向所有攻击部队的指挥官下达了命令：立即停止攻击，返航！

“请谨听玉音。”

——馆野播音员

早上七点至八点

那天早上，不同的人，在不同的地方，望着同一轮耀眼的朝阳，发出各自不同的感慨。

从私邸逃出来的铃木首相投靠在本乡西片町的妹妹家。当他往自己的私邸打电话，告知对方自己来到本乡的消息后，没想到电话另一方竟然反问道：“啊，原来你就是贯太郎！”原来私邸已经被叛乱军占领了。这样一来，这个地方也暴露了，他再度开始逃亡。这一逃亡之旅，倒也与一个战败国的首相相称。他们朝着位于芝白金的弟弟铃木孝雄大将的宅邸出发。当他们好不容易到达，要踏进大门时，秘书官铃木一抬起头，仰望那万里无云的碧空。只见太阳熠熠生辉，阳光照进眼帘，似乎在向他诉说逃离危险的喜悦之情。

竹下中佐从陆军大臣官邸奔赴陆军省的途中，也仰望着同一轮太阳。一大早，阳光便强烈而耀眼，似乎预示着当天的炎热。中佐此时想起了陆军大臣那坚韧不拔的生命。切腹已经过了一个多小时，陆军大臣虽然身体略微前倾，但依然保持着端坐的姿势，连呼吸声也清晰可辨。中佐对此感到非常吃惊，他试着问道："您感到难受吗？"但陆军大臣似乎已毫无意识。

离开官邸前，竹下中佐给位于三鹰的陆军大臣私邸打了电话，告诉陆军大臣夫人也就是自己的姐姐陆军大臣自刃的消息，让她立即过来。陆军大臣夫人似乎早已做好思想准备，表现得十分冷静。中佐觉得这样一来自己的任务就算完成了，然后准备离开官邸。此时，在感觉一切都已结束的中佐眼中，朝阳显得格外耀眼。

到达陆军省后，中佐向若松次官等人报告了大臣自刃的消息。次官听完后，问道："听说大臣的遗书上写着'以一死谢大罪'，这大罪指的是什么呢？你是怎么想的？"竹下中佐领会到，次官应该是想问近卫师团的宫城事件是否与大臣有直接关系。就算是为了日后的清算，中佐也必须表明，事件与大臣的自刃没有任何关系。

“关于‘大罪’，我并没有特别问过大臣。但我想大概是自‘满洲事变’后陆军领导国家卷入大东亚战争，以致陷入今日境地。恐怕大臣是鉴于陆军过去和现在的行为，代表全陆军谢罪。”

中佐一边说一边反省：我们全体陆军军人都应该服罪吧。战败的罪责应由整个陆军来承担。陆军呼吁统帅权的独立，无视政治，按照自己的意志，以先斩后奏的形式推行自己的意志。这样的陆军应该受到惩罚。

当川本秘书官等十七个男人[①]从警备司令所的房间被释放出来的时候，他们所感受到的太阳比铃木一秘书官和竹下中佐所感受到的更加耀眼。他们被软禁在令人窒息的闷热房间长达六个小时之久，在此期间，禁止说话，无法睡觉，对外界状况一无所知。不过他们知道似乎发生了政变。可是陛下如何？广播局呢？报社呢？铃木首相和东乡外务大臣无止尽的不安重重地压在他们心头。

川本秘书官口很渴，但他心想，自己要是就这么渴死的话实在是死不瞑目。当看守每隔一个小时换岗时，他从门缝中可以瞥见，军官们正一边畅谈一遍喝茶。这让川本秘书官怒不可遏。他们也不想想，这里有这么多上了年纪的人，也

① 中途，为了给他们带路去广播局，荒川局长被青年军官带了出去。

不稍微照顾一下。因为激动，秘书官感到口越来越渴了。

天亮了。军队突然冲了进来，说道："让大家久等了，请到这边来。"就这样，他们被释放了。十七个人深刻地体会到了什么是"久"等。一走出房间，川本秘书官便高声喊道："给我一杯水！"

十七个人走到外面。太阳光芒四射，森林绿意盎然，无比美丽，小鸟尽情高歌，空气清爽甘甜，万物蓬勃生长。这次经历让他们明白了这一切多么美好。昨天深夜，警备司令所周围布满了装上刺刀的枪，而此时只有数名士兵在悠闲地打哈欠。十七个人中有几个人伸了伸懒腰、打了打哈欠。

森永部员终于见到了大桥会长。他在宫城内各个地方四处寻找，曾多次被盘问"特别任务"到底是什么，但他都执拗地拒绝回答。而此刻他无所顾忌地向会长报告了特别任务。会长和矢部局长虽然得知了广播局被占领这一不幸的消息，但在被释放的喜悦面前，他们似乎并没有实际地感觉到不幸。

给十七个男人带来巨大喜悦的特等功臣——田中军司令官，此时正在藤田侍从长面前，深深地低着头。"请侍从长代我向陛下转达深深的歉意。因为田中来晚了一步，甚至给陛下添了麻烦，实在非常抱歉。"

藤田侍从长想着：军司令官如此恭敬礼貌地反复道歉，

就算是违反规定，也要把他带到陛下面前。

田中军司令官离开御文库后，带着副官和三井侍从驱车前往宫内省。那里的叛乱余烬未灭。莲沼侍从武官长被软禁，木户和石渡两名大臣仍无法从金库室出来。在一个房间，剩下的一名叛乱军主谋古贺少佐倍感无力，呆呆地坐在椅子上。宫内省外面站满了配着刺刀的哨兵，但田中军司令官毫不畏惧。他坐在车上，大声呵斥“我是军司令官，让开”，便进入了宫内省。

莲沼侍从武官长看见田中军司令官的瞬间，便感觉到昨夜以来的紧张感逐渐消失。“做了实在感到抱歉的事情，惶恐至极。在此深表歉意。”军司令官说道。“你真是做了件让我头疼的事情啊，到底是怎么回事？”莲沼侍从武官长问道。于是田中军司令官说明了至今为止事情的来龙去脉。

初次知晓这一危险的事情，莲沼武官长不禁发出感叹：“那你真是做得太好了。不过话说回来，森太可怜了。”

“是啊。他们杀了这样一个军人，太令人惋惜了。我深感对此负有责任。”军司令官满脸悲痛地说道。

七点三十五分，莲沼武官长来到御文库，拜谒天皇。武官长报告了昨夜的情形，并禀告天皇，由于田中军司令官适当的处置，事件得以平息，另外还说明了森师团长殉职等事情。天皇为森师团长的死感到黯然神伤。

天皇问道：“那什么时候见田中比较好？”

侍从武官长回答道：“您看下午五点如何？”

天皇应允了：“请按这个意思转告田中吧。”

十四分钟前的七点二十一分，一个令国民为之震惊的“预告”通过电波传到全国各地。由于第一中队的占领，预告比原定时间晚了两小时二十一分。虽然内容与昨晚九点钟的最晚播报时间的预告相同，但昨晚九点的播报中所说的“重要广播”，此时换成了“天皇陛下亲自进行广播”。

馆野播音员平静地读完了预告广播的全文。正因为他知道那意味着战争结束，所以语调自然格外庄重。

> 谨此传达。
>
> 诚惶诚恐蒙陛下颁布诏书……诚惶诚恐蒙天皇陛下将于今日正午亲自进行广播。
>
> 不胜惶恐，请全体国民谨听玉音。

馆野播音员在此又重复了一遍：“请全体国民谨听玉音。”

他吸了一口气，然后继续播音：“再者，即使在白天不供电的地方，在正午广播时间也会特别供电。请各政府机关、事务所、工厂、停车场、邮政局等做好安排，尽量利用便携式收音机。请全体国民以严肃的态度谨听玉音。广播将在正午开始。”

擦了擦流下来的汗水，馆野播音员重复着。

“广播将在正午开始。”①

作家高见顺在日记中记载了对于这次广播的疑惑：

> 警报。
>
> 我正准备听消息时，收音机中说，正午有重要广播，天皇陛下亲自进行广播。
>
> 这还是第一次，前所未有过的。
>
> “怎么回事呢？”
>
> 说是明天有关于战争结束的公告，难道天皇陛下要亲自就此事向国民赐言吗？
>
> 还是说——完全相反的意思？敌机来得太蹊跷

① 当时的记录记载了当日从早上七点二十一分至七点三十分的广播内容：请国民听陛下的广播；十三日鹿岛滩的航空部队的战况；十三日傍晚航空部队在冲绳本岛东海岸的舰船攻击；七月二十四日至八月十二日期间，中部太平洋方面潜水部队的战果；满洲与朝鲜方面的战况（八月十二日，苏军在罗津登陆，包围涣阳。八月十三日，牡丹江激战。八月十一日，佳木斯、海拉尔、桦太岛、惠须取登陆）；缅甸锡当河的主力汇合；巴厘巴板方面的战况（八月十日、八月十一日三马林达）；请国民听陛下的广播；延安，新华社电；华盛顿电；关岛电；莫斯科大使馆工作人员的状况；原子弹爆炸。

了。如果停战的话，敌机应该就不会来了啊……

“如果天皇陛下说，与朕一同赴死，那大家都会去死吧。”妻子说道。

我也这么认为。

我心想：与其到了最后关头赐语，为何不早点说呢？

另外，作家长与善郎也在日记中记录了他的震惊。

世事难料。

两三天前我还在想象，到了生死攸关之时，日本即将面临灭亡，除了陛下亲自广播以外别无他法。这是镇压暴动、救国图存的唯一道路，也是最后一张王牌。这话我从前年起就想过、说过。我还记得曾经跟某位友人也说过这样的话。

然而这都只是空想罢了，我无法相信它真的会实现。我一直以为，所有的私情上的障碍都会在此关键时刻成为阻力。然而，尽管不会那么简单，但是它毕竟就要成为现实了。这是自开天辟地以来，使日本的历史为之颠覆的事件。

大桥会长和矢部等人抱着不同的感慨听了这则预告。他们从心底为广播局的安然无恙，为自己的安然无恙感到开心。

七点四十分过后，警戒警报也解除了。

“今后已不再是老人的舞台。”

——铃木首相

上午八点至九点

近卫步兵第二连队的将士们堂堂正正地离开了宫城。

田中军司令官表情严肃，望着连队旗消失在乾门。当最后一个士兵的身影消失时，他终于放下心来，长长地叹了一口气。两个大队的士兵们列好队，在军旗的指引下，庄严地退出了皇居。

下级士兵什么也不知道。他们无从得知在这数小时内，自己曾作为叛乱军的一员采取了行动，参与了政变。他们只不过是遵从命令，按照部署，发起行动，最后在上午八点这一规定好的换岗时间列队撤离，仅此而已。他们不是叛乱军，至少军司令官是这么认为的。也正因为他这么认为，他们才能堂堂正正地在换岗时间离去。

如此一来，宫城内只剩下了刚刚开始执勤的一大队。昨晚的暴动已被完全忘记——田中军司令官感触颇深地凝视着远去的军旗。

已经没事了——侍从们也抱有同样的感慨。三井侍从急忙来到地下的金库室，那沉重的铁门牢牢保护着里面的五个人。他使尽浑身力气敲打铁门。敲三下是自己人——这是事前和石川秘书官约定好的暗号①，里面却没有任何回应。他又敲了一遍、两遍，似乎门太厚重了，里面听不到声音。于是三井侍从脱下鞋子，用右手拿着鞋子猛敲铁门。这下铁门终于开了，他看到了石川秘书官那无比憔悴的脸。

“已经没事了。”三井侍从说道。

这一句话使石川秘书官无比高兴。他为自己的平安感到高兴，但更让他高兴的是，这样一来就可以吃上东西了。他已经饿得再也无法忍受了。当他昨晚打算走出金库室去寻找食物时，石渡宫相劝诫道：“就一个晚上，你忍耐一下吧。”如今，这也成了美好的回忆。离开地下室后，木户和石渡两位大臣碰见了德川侍从，他们都为对方的安然无恙感到高兴。而此时，石川秘书官却从旁插嘴道：“大臣，早饭该怎么办？”

---

① 三井侍从不记得这一约定，或许是户田侍从吧。但石川却记得是和三井商量过。

这也倒是他的真心话。可是大臣却无情地大声呵斥道："现在哪是谈吃饭的时候！"

藤田侍从长应诏前来御文库书房。此时为八点十分。天皇深深地靠在椅子里，脸色阴沉。从天皇的脸上，可以清楚地看到连日操劳留下的痕迹。那天早上，天皇的脸上浮现出无力的表情，这让侍从长大吃一惊，甚至无法抬起头来。天皇突然降低音调说道：

"藤田。究竟那帮家伙想干什么？为什么那帮家伙就不理解朕这苦闷的心情呢？"

一阵沉默在他们之间流淌。侍从长再度注意到，天皇背后装饰着林肯和达尔文的雕像，它们在朝阳的照射下发出惨白的光。

木户和石渡两位大臣前来参谒，祝贺天皇安然无恙。此时，刺刀声消失后的御文库又重新恢复了往日的平静。

"国民神风队"撤回到横滨后，佐佐木大尉决定去联络横须贺镇守府[①]的小园大佐。他此行的任务是将昨晚大家奋起一事告诉志同道合的大佐，然后进一步推进行动。可当他即将进入横须贺时，却被海军的巡逻队抓住了。他一问才知道，可靠的小园大佐此刻正身处厚木基地，而整个海军在

① 译者注：镇守府过去作为日本海军的根据地，统辖舰队后方。

"承诏必谨"的方针上已达成一致。在带队的年轻的少佐参谋面前，大尉因愤怒和失望而浑身颤抖，他怒斥道：

"太窝囊了。海军就要消亡了，这样也没关系吗？"

"那也没办法。请您回去。"

少佐极为谦恭，使大尉大吃一惊。

起义部队稳定下来后，学生尾崎一个人从横滨新子安的兵舍回到了位于弘明寺的学校。学校里没有一个人，宿舍里也不见人影，四周笼罩在一片不可思议的寂静当中。只有当他来到寂静之中，自己那颗燃烧的心才能平静下来。

然而并不是所有的事情都结束了。八点三十分，来上班的冈部长章侍从骑车来到侍从室后，把车扔到了一边。他获知事件发生后，立刻想到的就是录音盘是否安然无恙。当他打开皇后宫职的事务官室的门时，只见三井侍从和筧庶务课长正凑在一起商量着什么。室内飘荡着一股沉重的气息。"被拿走了""一切安全"这两种完全相反的预感同时向冈部侍从袭来。这两种预感变成同一句话冲出了口。

"发生什么事了吗？"

"昨天黎明的时候啊……"

三井侍从一边用低沉而稳重的语调回答，一边眯缝着眼睛看着冈部侍从。"那录音盘现在在哪儿？"冈部侍从焦急地问道。三井侍从从破旧的制服中伸出手来，指着自己腰后面的那块地方说道：

“这儿。”

他微微一笑。

三井侍从所指的轻型保险柜里放着两盘录音盘。桌子上放着紫色绸巾和刻有徽章的方形托盘。冈部侍从刚进来时，他们两个人正在商量如何将录音盘平安送出。虽然叛乱军已从宫城离开，但还是没法放心。从这个房间将录音盘送到本厅的总务课，也需要经过弯弯曲曲的长走廊。说不定途中就潜伏着发狂的将士，伺机夺取录音盘。

经过一番讨论后，三人最后决定按照冈部侍从灵机一动想出的主意去做。他们商定，把最先录的那盘定为“副盘”，放在托盘上，并盖上华丽的紫色绸巾，由筧课长手捧托盘，毕恭毕敬地穿过走廊，作为诱饵。然后冈部侍从从自己的挎包中取出大豆团子便当，把“正盘”放进去，若无其事的挎在肩上，隔一段时间后再走向走廊。最后，两人再在总务课的一个房间碰面。

同一时刻，回到东部军司令部的田中大将立即下令：

“畑中少佐在广播局，立刻逮捕他，切勿让他进行奇怪的广播。”

于是，稻留大佐打电话给宪兵队司令官向他传达命令。之后，电话中又传来了不破参谋慌慌张张的声音："据说录音盘现在下落不明……"各种消息杂乱无章。稻留参谋一直坐在电话前，应对从各处不断传来的消息。这种混乱状态什么时候能够结束，他自己也不知道。

好不容易从首相私邸逃脱的铃木首相一行人，此时正在避难之处——铃木孝雄大将的私宅。他们刚吃完早餐。看到大家在热乎乎的味噌汤面前被香味消除了紧张的心情，铃木一秘书官向首相说道：

"正午就要播放天皇的讲话了。我认为这样一来我们的任务就算完成了。现在是内阁提出集体辞职的时机了吧。"

在长久的混乱和动荡中，父子两人还是首次如此心意相通。首相立刻同意了，并让秘书官来拟写辞呈的文稿。铃木一秘书官早已预料到这一刻的到来。"先前拜受重任，为打破危急战局，微臣日夜孜孜不倦，然而微臣力量绵薄，终至仰仗天皇下达结束战争的大诏。作为臣子，不知惶恐……"他的笔尖无半点停顿。老首相闭着眼睛听铃木一读完文稿后，说了一句话：

"写得很好！"

然后，他又继续说道："今后不再是老人的舞台。两度仰仗圣断，实在非常抱歉。新帝国应该以年轻人为中心……”

老首相无比憔悴的脸上也微微流露出安心的表情。依靠天皇的信赖，由首相所主导的一场大戏至此谢幕。

此时，在已告别终战剧舞台的陆军省，阿南陆军大臣自杀的消息传开了，省内的氛围转眼间完全改变。陆军大臣临终时的从容有度为士官们沉沦而又狂暴的心点亮了一盏微弱的灯。战败——面对这一严峻的事情，即使军人们仍心有不甘，省内的秩序也开始慢慢恢复。陆军大臣的死使他们重新意识到军人的义务。陆军省的人们心里缠着黑纱开始服丧。

“即刻逮捕那两人！”

——塚本宪兵中佐

上午九点至十点

首相所藏身的铃木大将宅邸，四周万籁俱静。九点刚过，迫水书记官长匆匆赶来。时隔九个小时后，他再度见到了首相那茫然而又熟悉的脸。书记官长匆忙说完祝贺平安的问候后，便开始飞快地报告工作。这时首相平静地说道：

“我想在今天的内阁会议上，汇总全体阁僚的辞呈进行总辞职，所以请你以这一打算……”

听到这话后，书记官长心里充满了安心的感觉。极度繁忙的他根本没有想过今天辞职，所以对于首相的话，在某种意义上还是很意外的。然而比起意外之情，书记官长早已被一种深深的安心感所包围。由此可见，不断累积的身心疲劳已经如此之深。

书记官长和首相商量完当日的详细行程，走出大门时，步伐格外轻快。接下来他要完成最后的义务。自就任以来四个月，他那六十六公斤的体重下降了八公斤，但此刻他对于下降的体重感到十分满足。

下村总裁和川本秘书官从长达六个小时的软禁中被释放出来后，用一杯淡茶解决了口渴问题后，便匆匆忙忙奔赴首相官邸。他们想，或许内阁会议现在仍在持续，或许决定日本帝国命运的历史性内阁会议正在彻夜进行吧。

从车上看到的官邸和平日毫无二致，鸦雀无声。然而已经吃过一次苦头的两人没敢有丝毫疏忽大意，或许这里也已落入叛乱军之手。

“不知左近司君怎么样了，你去看看。”下村总裁命令道。

因为在官邸内，下村总裁的办公室位于左近司国务相的旁边，所以总裁有点担心他。

川本秘书官跑进了官邸内。从外面看官邸毫无异样，但里面到处都被灭火的水浸泡着，如同废墟般阴沉。跑进来的川本秘书官踩上了“国民神风队”泼洒的重油，一不小心重重地跌倒在走廊上，浑身上下变得黏糊糊的。他忍不住骂了脏话，怒目环视空空如也的官邸。究竟发生了什么事情，他对此还是一无所知……

同一时间，塚本宪兵中佐正在听部下的报告。报告使他陷入悲伤之中。报告称，两名军官分别骑着马和挎斗摩托车，在宫城四周散发印有彻底抗战檄文的传单。仍有人在继续徒劳的战斗。中佐听着报告，脑海中不断浮现出几张表情凶恶的脸。

那是四天前的事情。那天，他拜访陆军省时，被强硬派的军官们——井田、畑中及椎崎团团围住，他们众口一辞：“铃木内阁是巴多格里奥（Pietro Badoglio）政权，将天皇从巴多格里奥内阁手里夺回来是我们的任务。塚本中佐，您究竟是怎么看的？”

“我认为，如果起义的话，应该全军一致，并且得在圣断下达之前。如果是那样的话，宪兵队也会起义。圣断一下，就绝对不该再行动了。”中佐回答道。

国务大臣左近司政三

他刚刚想起了那时他们的表情。在他们那杀气腾腾的表情背后，隐藏着一种悲痛的阴翳。现在圣断已经下达，他们的行动彻底丧失了意义。如果再继续行动的话，只是对国家无谓的叛逆。无可奈何，塚本中佐命令部下：

“即刻逮捕那两人。”

此时，米内海军大臣正驱车前往陆军大臣官邸。

“这个人死得太可惜了。”

在车上，海军大臣感叹道，倒也不像是在对同乘的麻生孝雄秘书官说话。他长长地叹了一口气，就这样陷入沉默之中。海军大臣确实说的是“人”而非“军人”，麻生对这一点感到非常奇怪。

陆军大臣的夫人绫子和高级副官美山要藏迎接了两人，把他们带到安置遗体的房间内。在房间中央略靠里的地方有一具盖着被子的遗体。因为盖着被子，看不见血，陆军大臣的脸上也没有苦闷的痕迹。海军大臣径直走近枕边，向那张脸施以注目礼，然后默默地坐了下来。他一言不发，只是一直注视着陆军大臣那张安详的脸，注视了很长时间。

不久，他催促站在门口的秘书官一起走到外面，仍旧一言不发。即使在车内，他那紧闭的嘴角也没有舒展。麻生秘书官跟在海军大臣后面，回想起在那间被收拾后几乎没有血腥味的房间内映入眼帘的一点点血色。在陆军大臣遗体旁边散落着带有墨渍的纸。陆军大臣辞世前，似乎曾在那张纸上试了试毛笔，后来那纸上沾上了飞溅的几滴血，这并未逃过麻生秘书官的眼睛。那鲜艳的颜色正因为只有一点点，反而让人印象深刻。

过了一会儿，海军大臣嘟哝了一句。

“这个人真是死得太可惜了。”

陆军省的庭院再度升起烟雾。他们重新开始焚烧机密文件。工作人员默默地搬运着文件，那堆成小山的文件再怎么烧也烧不完。在愈发耀眼的夏日阳光下，焚烧文件的火焰熊熊燃烧着。

“我现在要去广播电台了。”

——加藤局长

上午十点至十一点

十一点将在宫中召开枢密院正式会议。为了会议的准备工作，迫水书记官长走进宫内省，在大门口遇见了加藤总务局长。局长穿着供奉常服，绑着腿，肩上背着挎包，正准备出去。他牢牢地按着挎包，靠近书记官长时，满脸紧张地说了声“我现在要去广播局”，便立刻飞身跃上警视厅的车。十几分钟后，“正”录音盘就那么装在冈部侍从的挎包里，平安地放进了广播会馆的会长室。

笕课长手里的“副盘”由宫内省的车运送，在广播会馆的大门前靠近日比谷的地方交给了一直在等待的荒川技术局长。接着荒川局长又传给了足立现业部部长，最后放在日比谷第一生命会馆地下的预备播音室。即使“正盘”发生不测，广播也能进行，他们为此做好了万全之策。

广播会馆内，玉音放送的准备工作正在进行。直到前一天还只有十千瓦的广播电力已经增加到六十千瓦。原先白天停止供电的地方也下达了供电指示。从八月一日起，因电子管不足，全国七成的临时广播所都停止了广播，但这一天也特别为玉音放送而重新开启。不论如何，必须让每一个日本人都能直接听到这个广播。为了这一天这一刻，采取了一切

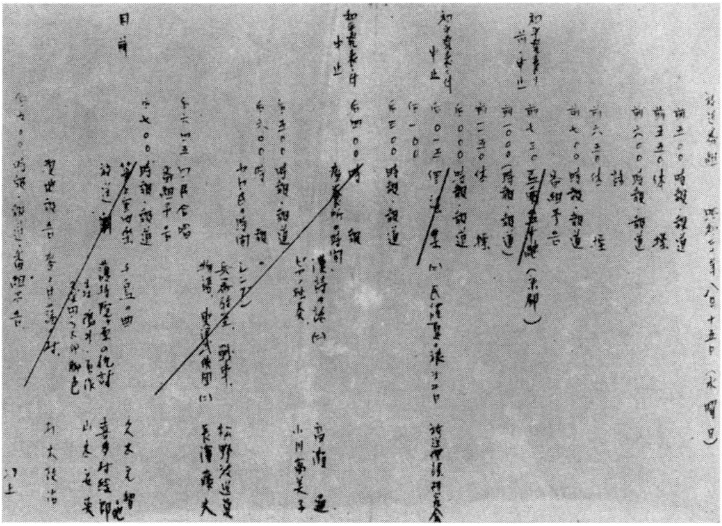

用斜线划掉的广播节目预定表

特别措施，身负该重任的人都紧张地等待时机的到来。

这一天的广播节目预定表上划了好几条表示取消的斜线。早上七点三十分，从京都发来的盂兰盆实况转播因为和平发表而取消。零点十五分开始的“民谣夏旅·第二日”也因和平发表而取消……所有与天皇广播无关的节目都被划掉了。在新闻报道的时间里，一遍又一遍地重复着：从正午开始，播放天皇讲话。

宫城中，迫水书记官长走进枢密顾问官休息室时，发现了房间中央的平沼议长。他的脸看起来突然苍老了很多。他便问道：“阁下，您好像变老了，您的身体如何？”议长放松地笑道：“我睡觉时有摘下假牙放在枕边的习惯。今天早上突然遭到袭击，逃难时忘了拿假牙。现在脸部发生变化，是因为家被烧，没了假牙的缘故。”

看来谁都是经历了慌乱和危险才走到这里的。

天皇也没有休息，在御政务室处理连续不断送过来的与终战相关的文件。木户内府、内阁与宫内省相关人员的拜谒络绎不绝。“知道终战消息后，国民的反应如何？”天皇每次见到新的面孔都要重复问同样的问题。天皇以誓死的决心希求和平并实现它，但他仍担心国民的反应。陛下的这份心情，让侍从们再次流下了已经忘却的泪水。

上午十点三十分，大本营发布战况，这是开战以来大本营第八百四十六次，也是最后一次发布战况。

“我军航空部队八月十三日下午在鹿岛滩东方二十五海里处向以四艘航空母舰为核心的敌机动部队发起攻击，破坏并焚毁了一艘航空母舰。”

很多国民对这一战况发布感到十分奇怪。因为从早上开始，广播一直用庄重的语调持续预告：“诚惶诚恐蒙陛下颁布诏书……诚惶诚恐天皇陛下将于本日正午亲自进行广播。”很多人甚至认为，终战只是谣言，天皇是主张彻底抵抗的。

同样是十点三十分，德川侍从奔赴御文库。三十分钟后，枢密院会议将在御文库会议室召开，他是为了会议的准备而来。会议室旁边有一个小小的准备室，那里放着一台旧的RCA手提式收音机。为了让天皇垂听从正午开始的玉音放送，侍从们设置了特别坐席，事先调试了收音机的灵敏度。他把天线拉到最长，御文库会议室虽然在地下，但这样一来肯定也能听得清楚吧。在收音机旁边还设了御座所，天皇将坐在这里垂听自己的声音。那是天皇在十二个小时前录制的宣告日本首次战败的声音。

现在万事俱备，只等那一时刻的到来。德川侍从也在等待那一刻的来临，但逝去的一秒让人觉得不止一秒钟。他看了好多次表，每每怀疑表是否停了，然后把耳朵贴在手表上，确认时间滴答流逝的声音。

全日本等待的时间到来了。在儿玉和厚木两个基地，飞行员和机修工全体集合，等待正午的广播。跑道的混凝土反射着太阳光的照射。儿玉基地的野中少将曾眼看熊谷市被大火所包围，他为自己的力量不足而深深懊悔。正因如此，他以为今日广播时天皇会鼓励大家继续奋勉努力。

小园司令的判断则不同。他想先听诏书，在此基础上决定今后要做的事情是否违诏。他把集合部下的任务交给副司令，自己一个人盘腿坐在司令寝室的床上，等待那一时刻的来临。他自己劝说自己：策划彻底抵抗，绝非出于一时的情绪激动。地下防空指挥所非常闷热，司令不停地擦拭脸上的汗水，注视着前方。

东部军司令部参谋室内的稻留参谋一直坐在电话前面。从警视厅打来了询问电话："首相官邸的兵力如何？"他精神饱满地回答道："军官等人三十名。"内阁的山下参事官报告称："请您放心。录音盘已经找到了。"然后是广播协会的催促电话："拜托，您的警备兵还没有到……"先出发的一队人似乎弄错了目的地。稻留参谋立即采取了善后之策，指示："神野参谋，请你即刻安排。"在这本应静静等待的时间仍如此辛勤工作的，恐怕稻留参谋是第一个。

不，还有一个在辛勤工作的军人。天刚亮，近卫师团长副官川崎中尉就开始寻找安放森师团长和白石参谋遗体的棺材。在战争末期的日本，尤其是化为一片焦土的东京，连找一口棺材都不是那么容易的事情。川崎中尉把他们的遗体放进好不容易找到的棺材里，然后在司令部的一个房间设了个小小的祭坛。棺材上只放着军服和军帽。川崎中尉一边清洗着变成血海的师团长室，一边嘟哝着要是自己能代替他们就好了。

铃木首相不紧不慢地换上礼服。这件礼服是铃木一秘书官在从私邸逃脱的混乱中带出来的。“二二六事件”时，铃木一秘书官侍奉冈田启介首相，因为有过这一经历，他才能急中生智。首相穿上儿子拼死带出来的礼服，不久后就要进宫拜谒天皇，开始枢密院会议，然后是内阁会议，最后结束作为亡国首相的一天。不，是必须结束。首相满怀决心地坐上了车。

十点五十五分，太平洋地区的美国陆海军全体部队接到了来自美联合参谋本部的电报：“立即停止对日本军的攻击行动。但是，继续保持巡逻侦察，在防卫和安保方面做好万全应对之策，以防不测。”

太平洋方面的战斗完全结束了。然而在满洲旷野，占优势的苏联军队继续发起猛烈的攻击。脆弱的关东军在各处被击败，众多无力的难民集体向后撤退，处境极其悲惨。

“从现在开始播放重要广播。”

——和田播音员

上午十一点至正午

中午，十七个男人来到地下战壕。从御文库大门到望岳台的台阶两侧挂着苇帘，他们排成一列走下来。二十四小时前，二十三个男人走过了同样狭窄、裸露着圆木的地道。那时距现在正好一整天。由这些男人开启的终战巨幕，如今将由这十七个老人来落下。杀戮就要结束，悲愤慷慨、污言秽语、刀光剑影、长吁短叹，如今这一切都将告终。长达十五年的激战过后，这一结局未免来得过于轻易、草率。危急时刻的感情激昂而短暂，瞬间的光芒转眼便消逝在厚重的历史画卷中。

平沼骐一郎议长、清水副议长，以及芳泽、三土、池田、奈良、小幡、深井、白武、林、本庄、泉二、樱内、潮等各枢密顾问官，加上政府方面的铃木首相、东乡外务大臣、村濑法制局长官三人，共十七位老前辈，他们在曾经的大本营会议室整齐地排列着，等待天皇驾临。十几个小时前的内阁会议上，阿南陆军大臣仿佛在做最后挣扎般地说道："终战诏书公布前，必须经过枢密院的讨论吧。"于是今天，召开了枢密院正式会议。

或许这是形式。然而，似乎只有不断地重复形式，才能够进一步深化对于日本战败的认识。极目远望，满眼废墟，焦土遍野。人们在原先住宅的废墟上搭建临时住处，每天过着挨饿的生活。以盐为例，若再过一个月，连牛马吃的盐都没有了。这是穷困至极的战败，是不流于形式的彻底的战败。

十一点二十分，在小出侍从的引导下，天皇进入了会场。地下室非常阴凉，与室外的炎热形成鲜明对比。十一点三十分，会议正式开始。平沼议长站起来，向天皇毕恭毕敬地行了一个礼，代替天皇宣读了指示书。

"朕已通告政府接受美英中苏的《波茨坦公告》，需事先咨询枢密院的事项，因情况紧急，只命枢密院议长予以参议。望各位谅解。"

平沼议长读完后，慢慢地卷好指示书，高高举起，拜领旨意。各位顾问官也随之一起行礼，坐回椅子上时，发出了一片挪动椅子的声音，但又立刻恢复了安静，连一声咳嗽声都没有。就如同在池塘里投入一颗石子，波纹荡漾，待一切消失后，又重归平静一般。

枢密院议长平沼骐一郎

“铃木首相。”议长指名道。身穿礼服的首相深深地吸了一口气，稍微挺直了背，然后站了起来。他的任务应该至此就全部完成了……他用郑重的语调开口说道：“关于战争终结的处置……”与他的语调完全相反，首相内心依然十分茫然。他似乎想说“处置”是由时间来决定，而非人力。

椎崎中佐、畑中少佐打算由自己来处置自己。井田中佐所说的“仲夏夜之梦”随着黎明的到来而结束。日本的黎明不需要他们。为了让国民了解自己的想法，他们乘着摩托车、骑着马四处散发传单，但随着最后一张传单的随风消逝，他们最后的挣扎、最后的心愿也消失在茫茫宇宙之中。现在他们手上什么也不剩，是到了决定自己最后态度的时刻了。他们不得不抛弃让国家再度面对战争的执拗想法。他们决心将祖国和君臣一体的日本精神从战败的屈辱中拯救出来。于是他们包围宫城，打算带领军队与敌人战斗到最后一兵一卒，然而新日本并没有采纳他们的想法。

> 为护持国体，吾等将士于十五日拂晓时分发动起义。特此通告全军将士及各位国民。吾等针对敌人阴谋，欲拥戴天皇，护持国体。成败利钝并非吾等关心之事。唯愿忠诚大义长存。
>
> 望皇军所有将士及各位国民将吾等起义之本义铭记于心。除君侧奸佞，破敌人阴谋，坚决保卫国体，直至最后一人倒下。

这也是他们为自己写的墓志铭。

在天皇现身于枢密院会场的同时，两位军官在宫城前二重桥和坂下门中间的草坪上结束了自己的生命[①]。畑中少佐轻轻切开腹部，接着用射击森师团长的同一把手枪朝自己的额头射击。椎崎中佐用军刀刺穿腹部后，再用手枪射击头部，倒地而亡。在太阳的直射下，周围被染成橘黄色。这是战斗的终点，也是他们漫长的一天的终点。

① 在几份记录中都有记载，畑中与椎崎二人先被宪兵队逮捕，后因他们想要自杀而获释。但当时身处宪兵队的几个人否认了这一事实。另外，井田正孝的手记中写道：“听到陆军大臣的死讯后，畑中他们也从容赴死。”

比这稍早一些，在近卫师团司令部的师团长室，还有一个人死去了。在安放森师团长的棺材前，古贺参谋完成了切腹自杀。那天早上，田中军司令官在宫内省的一个房间内教导古贺参谋说："凋谢的时候就果断地凋谢吧。这是日本陆军最后的姿态。"如今他按照司令官的话，在腹部画了个十字，如樱花般果断地凋谢了。川崎副官从一早就察觉到古贺参谋想要自杀的意思，一直暗中关注他……参谋低垂着头，一小时、两小时，端坐在棺材前，一动不动。副官因繁忙而暂时忘记了参谋的事情，却被他抓住了这一短暂的空隙。当副官听到声响后跑过来时，年轻的参谋已经没有呼吸了。为供奉师团长灵魂而点的线香吐出青烟，环绕在古贺参谋的遗体周围。

十一点半，青年军官们踏上了自刃之路，佐佐木大尉已经回到了鹤见本部。危机已经远去，距诏书广播还剩三十分钟。广播局如今处于东部军和宪兵队的重重保护下，录音盘由报道部长高桥武治从会长室运到第八播音室。盖在上面的棉布袋和报纸已经被拿开，录音盘正放在一个盖着紫色绸巾的桐木盒子里。

在这间宽敞的第八播音室内，宫内省的加藤总务局长、筧庶务课长，情报局的下村总裁、川本秘书官、加藤第一部长、山岸广播课长，以及广播协会的大桥会长等人，正在等待见证这一历史性的播音时刻。昨晚，他们大部分人都在刺刀和军刀下度过了恐怖的一夜，在狭小的房间内整晚没合眼。他们换掉了当时那身湿漉漉的贴身衣物，但现在，衣服又被另一种汗水浸湿。

东部军参谋副长小沼治夫少将被派到广播局担任警备工作。当他为了做准备而离开第八播音室时，事情突然发生了——只是一瞬间的事情。那名军官站在播音室外的走廊上，如同被魔鬼附身般死死地盯着天花板的一角。东部军参谋（通信主任）铃木重丰中佐最先察觉到他形迹可疑。在强烈的不安驱使下，铃木参谋走近他身边，说道："陛下的广播马上就要开始了，继续加强戒备！"话音刚落，那名军官突然把手按在刀柄上，狂喊道："让他播放终战消息还得了？让老子来把那些家伙全给斩了。"

说完，他便准备闯入播音室。铃木参谋猛扑上去，抓住他的手腕，反剪他的手臂，拼命制服那名发狂的军官，然后大声呼叫宪兵。即便如此，那名军官仍未停止反抗。

"你听清楚了，你要是再敢放肆的话，就杀了你。"铃木参谋警告说。

那个男人被押走时，嘴里还不停地叫嚷着。这件事情发生在天皇广播即将开始前，但瞬间就结束了。他率领着二十多名手下，要是真闯进了播音室……铃木中佐一想到这里便不寒而栗①。

播音员和田信贤

播音室与外界隔开了，所以里面的人听不见外面的任何动静，他们对此一无所知。此时，和田信贤播音员面朝前方坐在播音台旁，脸色苍白，神情紧张。隔着玻璃，在他对面的副调整室内，报道部员木村和两名技师小岛勇与春名静人也同样紧张得嗓子干哑，等待那一时刻的到来。

距广播还剩十五分钟时，负责播放录音的春名技术部员突然发现，还没有进行从第一张录音盘换为第二张时的衔接测试。当第一张即将播放完毕时，在第二张的开头部分唱针也开始转动，当两张盘的声音调整到完全一致时，

① 近卫步兵一连队第一大队第一中队队长小田敏生中尉接到的命令是：占领广播局，阻止广播。一直忠实地执行此命令的小田中尉又接到了率领少数兵力火速赶来的东部军参谋的命令："那个命令是假命令。从现在开始听从东部军命令。全面护卫天皇陛下的广播。"那时已是上午十一点半左右。根据评论家高杉吾民的调查，小田立即传令给第八播音室的富冈茂太少尉。在广播即将开始前，他们的任务从阻止广播到护卫广播，无疑发生了一百八十度的大转变。正是这千钧一发之际的新命令将混乱防范于未然。倘若这样，在播音室门口闹事的军官又是谁呢？至今仍是疑问。

方能从第一张盘顺利换到第二张。播放录音时必须先做这个测试。

然而，对天皇的声音进行测试，这是不被允许的，会犯下不敬之罪吧。小岛和春名等技术部员当然意识到了这一事实。但是，不先做这个测试……当大桥会长和下村总裁等人突然听到从和田播音员面前的小型扩音器中传来天皇的声音时，不由得脸色大变。其后虽然得知那是测试，但还是隔着玻璃，恶狠狠地瞪了一会儿里面的技术部员。

大日本帝国即将走到终点。几乎所有国民都聚集在收音机

进行玉音播放的 NHK 第八播音室

前，等待这一时刻的到来。烈日当空，人们放下手头的工作，在全日本各个地方，数人聚在一起，默默地排队站好，然后周围突然安静下来。人们深切地品味着这份寂静。对所有挣扎着活下来的日本人来说，他们终于迎来了战争的最后一天。

十一点五十五分，东部防卫司令部和横须贺镇守府司令部通过广播发布了战况："一、敌舰载机分为三波，主要对飞机场和部分交通设施实施了长达两小时的攻击；二、截至十一点已判明的战果：击落敌机九架，重创敌机两架。"

宫中，防空壕里的枢密院会议暂时中断，首相和各顾问官站在细长的回廊上排成一列。天皇坐在会议室隔壁休息室的御座上，前面放着一台小型收音机，天皇准备收听自己录制的重大广播。

收音机播送着最后的消息。

"……眼下，千叶与茨城上空未发现敌机。"

此时已过了十一点五十九分，紧接着正午十二点的报时开始。

正午报时后，收音机里传来了和田播音员略微紧张的第一句话，打破了弥漫在整个日本的沉默。

"从现在开始，播放重要广播。请全国听众起立。"

日本人纷纷站了起来——其中也有没站起来的。《朝日新闻》

的柴田记者把两把椅子拼成简易床，如一摊烂泥似的睡在上面。他本打算正午起来，可极度的疲惫没能让他按时醒过来。

第八播音室里，下村总裁静静地走上前去，对着话筒极为郑重地行礼。谁也不觉得他的行为奇怪，甚至还有好几个人与他一同行礼。

“诚惶诚恐天皇陛下将向全体国民宣读诏书。接下来谨播玉音。”

接着广播里响起了日本国歌《君之代》的音乐。那须兵务局长与荒尾军事课长，田中军司令官与高嶋参谋长，他们分别站在陆军省和东部军司令部各自的座位旁听着广播。他们正在出席一场伟大的葬礼。

由于阿南陆军大臣自刃与森师团长殉职，全陆军省在服丧，他们抛弃了彻底抵抗的梦想，将士心中所残留的那些难以割舍的东西也被斩断了。他们的死给予了将士们无言的教诲。陆军大臣所感受到的“大罪”是属于全陆军的。椎崎、畑中及古贺等青年军官的死给了很多军官反省这次因一时清高固执而引发的暴动，或者说是行动的机会。先前全体陆军军人倡导为了护持国体进行本土决战，后来他们呼吁为了护持国体应存活下去，向重建国家迈进等一系列的运动，这些转变都是源于此处。

在市谷台上，青天白日下焚烧机密文件的浓烟直冲天际，这等同于埋葬他们的过去。一切都将消失，化为虚空，然而新日本绝不可以“死”。

《君之代》播完后，传来了天皇的声音。

“朕深鉴于世界大势及帝国之现状，欲采取非常之措施，收拾时局，兹告尔等忠良臣民……”[1]

---

① 诏书全文如下：“朕深鉴于世界大势及帝国之现状，欲采取非常之措施，收拾时局，兹告尔等忠良臣民。朕已饬令帝国政府通告美、英、中、苏四国，愿接受其联合公告。盖谋求帝国臣民之康宁，同享万邦公荣之乐，斯乃皇祖皇宗之遗范，亦为朕所眷眷不忘者。前者，帝国之所以向美英两国宣战，实亦为希求帝国之自存与东亚之安定。至如排斥他国之主权，侵犯他国之领土，固非朕之本志。然交战已阅四载，虽陆海将士骁勇善战，百官有司励精图治，一亿众庶克己奉公，各尽所能，而战局并未好转，世界大势亦不利于我。加之，敌方新使用残酷之炸弹，频杀无辜，惨害所及，实难逆料。如仍继续作战，则不仅导致我民族之灭亡，甚将破坏人类之文明。如此，则朕何以保全亿兆之赤子，谢皇祖皇宗之神灵乎！此朕所以饬帝国政府接受联合公告者也。朕对于始终与帝国同为东亚解放而努力之诸盟邦，不得不深表遗憾之意。念及帝国臣民之死于战阵，殉于职守，毙于非命者及其遗属，则五脏为之俱裂；至于负战伤，蒙战祸，失家业者之生计，亦朕所深为轸念者也。今后帝国所受之苦，固非寻常，朕亦深知尔等臣民之衷情。然时运之所趋，朕欲忍所难忍，耐所难耐，以为万世之太平。朕于兹得以维护国体，信倚尔等忠良臣民之赤诚，并常与尔等臣民同在。若夫为情所激，妄滋事端，或同胞互相排挤，扰乱时局，因而迷误大道，失信义于世界，此朕所深戒。宜举国一致，子孙相传，确信神州之不灭。念任重而道远，倾全力于将来之建设，笃守道义，坚定志操，誓必发扬国体之精华，不致落后于世界之进化。以此相期许，望尔等臣民善体朕意。”另外，作为参考，记录下当日的广播顺序：诏书后再度奏响了《君之代》。《君之代》结束后，下村总裁说道：“天皇陛下的玉音放送到此结束。”之后由和田播音员广播：“天皇陛下思召为开启万事之太平，饬帝国政府通告美、英、中、苏四国，愿接受其联合公告。诚惶诚恐天皇陛下同时颁布诏书，宣示帝国不得以接受四国共同宣言之所以，于今日正午宣读诏书。一想到此乃未曾有之事，诚惶诚恐至极，我等一亿子民无不感泣。我等臣民定当承

宫中，防空壕里的枢密顾问官们在回廊上站成一排，侧耳倾听广播。十七个男人纹丝不动，屏住呼吸。只听见抽鼻子的声音、强忍但未忍住的哭泣声，随着诏书的不断宣读，战争结束的真实感向他们步步逼近。不一会儿，高个子的平沼枢相弯下腰来开始恸哭。

天皇坐在会议室旁边休息室的御座上，入神地听着自己录制的广播。天皇低垂着头，身体僵硬，表情无力，让站在一旁的侍从们大吃一惊。

诏必谨，为护持国体与维护民族荣誉，誓必灭私奉公。”和田播音员朗读结束后，又继续说道：“现在由我奉读诏书。”他又朗读了一遍诏书。读完后说道：“诏书奉读完毕。”然后，和田又朗读了内阁告谕：“今日诚惶诚恐拜读诏书，帝国进行大东亚战争实实近四年之久，然终仰仗圣断，依非常之措施，不得已至此结局。身为臣子，不知何为惶恐之所。回顾开战以来，无数将士命殒异域，本土灾害，无辜牺牲，亦兹其极。每念及此处，无限痛愤。然战争目的未尝实现，战势亦未必有利。加之，敌方使用科学史上破坏力空前之新型炸弹，致战争方法为之一变。并且苏联于八月九日对帝国宣战，帝国正面临空前灾难。蒙圣德宏大无边，冀世界和平与臣民康宁，诚惶诚恐，于兹颁布大诏。圣断已下，赤子应前进之方向不言自明。固然帝国前途由此愈加艰难，以至希求国民忍耐，然帝国必依此忍耐之果实，开拓将来国家之命运。本大臣于兹吞饮万斛之泪，欲希求同胞们忍耐此难。今国民齐聚一堂护持国体，不应拘泥于既往，同胞相猜，因内争给他人以可乘之机，或为情所激，轻举妄动，失信于世界。另及至阵亡者、遭受战祸者之遗族及伤残军人之救济，国民应倾尽全力。政府同国民承诏必谨，刻苦奋斗，奉归一心，必将恢弘国威，以期报父辈之遗泽。另在此之际，需特别提及，应对此苦难局面，乃官吏之任务。诚惶诚恐蒙天皇至尊宣：朕已深知尔等臣民之衷情，期陛下之有司奉行此仁慈圣旨，成唤起复兴精神之坚实先导。昭和二十八年八月十四日，内阁总理大臣男爵铃木贯太郎。”其后，和田费时三十七分半，依次介绍了“圣断的经过”“外交交换公文的概要”“《波茨坦公告》的内容”“《开罗宣言》的内容”“从八月九日到八月十四日的重要会议的召开经过”“接受通告的经过”“和平重建的诏书颁布”。至此，广播全部结束。

尾声

"天皇的每一句话每一个词都令人忍不住热泪盈眶。这眼泪既不是欢呼战争的结束，也不是哀伤战败的事实，而是对身处日本这一巨大转换之中的感动之泪。"

《朝日新闻》记者中村正吾在其著作《永田町一番地》中如上记述。那一天的事情，从那一天到今天的事情，对于大多数日本人来说，都是鲜活的每一天，无需在此书写。当这一史上最漫长的一天结束时，大日本帝国也变为了"历史"。在此，这件事情还是清楚地记下了。关于在历史的最后一页扮演了重要角色的人，在此拾取了几则其后与他们有关的轶事。

阿南陆军大臣的卷烟

十五日早晨，铃木首相怀着极度悲伤之情接受了陆军大臣自刃的消息。同时，他对陆军大臣还怀着诚挚的感激之情，感谢陆军大臣并未使用辞职这一王牌，而是一直跟随着自己。在下午召开的最后一次内阁会议刚开始时，首相望着陆军大臣空空如也的座位，由衷表达了自己的哀悼之情。

“阿南陆军大臣忠实地执行了政府决策。若陆军大臣提出辞呈的话，我们内阁便将立即土崩瓦解。正是因为阿南大将没有辞职，我们才得以达成主要目标，即结束战争。对此，我不得不向陆军大臣表示深深的谢意。阿南大将是一个非常真诚的人，是世间罕见的军人，也是一位杰出的大臣。我为他的死感到痛心不已。”

如此深切哀悼陆军大臣之死的首相，虽然得到陆军大臣临终前赠送的香烟，但根本不可能抽。数月后，在陆军大臣忌辰当天，首相把卷烟作为供品全部烧掉了。

打人的士兵和名片

那天晚上，侍从与士兵在黑暗中紧张对峙。那是一个生命极为廉价的时代，所以侍从并不那么害怕被杀。于是，德川侍从与士兵的争执继而演变为一场打斗。

离战争结束已过了十五六年，一个来自佐野市的名叫若林彦一郎的人前来拜访德川侍从。他带着礼物，为那时的粗暴行为道歉而来。此举反而让德川侍从感到过意不去。两人之间并没有其他特别要说的话。前军曹若林带来了打碎传家之宝的镜子后做成的茶壶，德川侍从收下来之后，既没有拿它作摆设，也没有用它烧水，只是一直就那么放着。

三井侍从当时在去吹上的路上遇见了田中军司令官，那时实在是太高兴了。他把那时收到的名片作为传家之宝珍藏，时不时地拿出来看看，回忆当晚的情景。

米内海军大臣和诏书

诏书的字数如同配合八月十五日这天般，正好是八百一十五个字。终战后，前海军大臣米内每日端坐在书桌前，誊写这八百一十五个字。他一直坚持这一行为，直至去世。他写完后，把它送给部下或友人。似乎有很多人都把它当作传家之宝。

佐佐木大尉和学生们

十五日傍晚，他们所有人都来到九段的宪兵队本部。然而战败后的宪兵队犹如火灾现场般混乱不堪。一名年轻的宪兵中尉露面后说道："对于诸君的精神，我深有同感，没有什么好责怪你们的，回去吧。"他们反而像是受到了安慰般被赶了出去。

全体学生和士兵在宪兵队本部门前高呼"天皇陛下万岁"后，便解散了。就在这不久前，他们收到了来自警视厅的通知："希望民间人士来一趟。想听听你们的想法。"

学生们嚷着"就让你们听些有意思的事情"，然后抖擞精神出发了，其后就那么被逮捕了。审判的结果是五名学生被判有期徒刑五年。他们在战败后的千叶监狱服刑一年半后出狱。而前大尉佐佐木的身影却就此消失了。据称，大尉在时效期满前的十四年一直秘密潜逃。

时效期满后，前大尉佐佐木重回社会。那时铃木首相、米内海军大臣、东乡外务大臣和平沼议长他们都已离开人世。据称，佐佐木大尉马上登门，向当时的首相秘书官铃木一就袭击事件道歉。铃木安慰他说："你如果不做那样的事，就会被人认为是胆小鬼吧。没关系，都过去了。"

田中军司令官的自杀

宫城、大宫御所和明治神宫等田中军司令官必须拼死守卫的这些地方，却相继因空袭被烧毁。每每念及此事，军司令官都递上请求去留的辞呈，但天皇却总是极力挽留。他觉得，自己作为一名大将，不管有多少条命都不够献给天皇的。

八月十五日后的每一天，大将都在思考自杀的事情。他早就决定，当他完成了作为军管区司令官的任务之际，便是自杀之时。可是混乱与骚动不断发生，时机迟迟未到。八月二十四日下午，预科士官学校的学生们占领了埼玉县川口的广播局。大将镇压完这最后的事件后，于当晚十一点十分从容赴死。他用手枪射穿了心脏。据称，匆匆赶来的塚本副官朝大将喊道："请您坚持住。"可是大将只是重复了两遍："万事拜托了。"

大将的桌子上整齐地放着五封遗书，分别是留给杉山元帅、各军司令官与直属部队长、高嶋参谋长、塚本副官及其家人的。他大概是想自己一个人承担责任就好，希望能阻止部下的自杀，所以遗书上有"代替所有将士"的字眼。

两个基地

天皇广播结束后，无论哪个前线基地都陷入了混乱状态。比如说儿玉基地，血气方刚的飞行员无法接受终战，他们装满鱼雷准备起飞。野中少将等人拼命说服他们，但往往是在劝说这个人的时候，刚刚本已劝说好的那个人又准备起飞。

混乱持续了两三天才平息下来。

厚木基地的叛乱实际上一直持续到麦克阿瑟元帅进驻的前一天。不过值得庆幸的是，司令小园大佐从八月十六日晚上以来高烧不退，处于癫狂状态。因此队员出现动摇，制订好的作战计划无法执行。但是，虽然没有首领反抗，混乱却依旧持续。八月二十六日，他们把飞机开到跑道上，同时起飞。计划随后烟消云散。而此时，小园司令正躺在横须贺海军医院的精神病房的监禁室里。

青年军官们

虽然阿南陆军大臣极力阻拦，但井田中佐果然还是打算追随陆军大臣而去。作为策划政变的阴谋者，他准备跟随畑中与椎崎等同志共赴黄泉。十五日晚上，他回到阔别已久的家里，毅然与妻子告别，说完“明天早上来替我收尸”后，又回到了陆军省。

关于井田中佐想自杀一事，荒尾军事课长是知道的。他不能容许部下违背自己最为崇敬的阿南陆军大臣的遗愿，便决定派人监视井田中佐。

正当井田中佐准备自杀时，奉命监视他的酒井少佐冲上来说道：“如果你要死的话，就先杀了我。”中佐求生不得，求死不能，流下了绝望的眼泪。酒井少佐也是如此。两人互相对视，一夜未眠，直至天亮。

八月十六日早晨，妻子与岳父一起来到陆军省准备领尸。当看到井田中佐活着出现在面前时，妻子忍不住哭出声来。

八月十七日，水户陆军航空师团据守上野山头，高举叛乱的旗帜。当时，有一名军官与东部军的神野参谋一起来到上野，准备劝说叛乱军归顺，却被叛乱军林少尉开枪击中，不幸身亡。他就是在司令部被田中军司令官逮捕的近卫师团的石原参谋。他也是不断寻求死亡之所的军人之一。

竹下中佐八月十五日下午来到宫城前收领了两名军官的遗骸。隔了十几个小时后再度看到畑中少佐，他的遗容非常安详。他们军装的口袋里各自放着遗书。椎崎中佐的遗书上只写了“死生通神”。畑中少佐的遗书上则写了一首辞世和歌——如今无一憾，因乌云已散，天皇安万世。

他们的尸体与从官邸运来的阿南陆军大臣的遗骸放在一起，从傍晚到深夜，在陆军省军官集会所举办了安静的守灵仪式。陆军大臣的夫人绫子从市谷台上远眺，东京一片焦土，不见一星灯火。她越发感受到战败的悲哀。

不久后，在山丘上有三股青烟在夜空升起。陆军大臣的棺材被安放在炮座上，浇上了汽油，如同象征着帝国陆军的最后时期般，几次飞溅出稍纵即逝的火花。在棺材前，参谋总长梅津美治郎大将哭得双眼通红，如同雕像般长久地站立着，一动不动。

航空士官学校

上原重太郎大尉为彻底抵抗一直战斗到八月十九日。因为他那热情洋溢的劝说，航空士官学校各中队的大多数区队长都与他步调一致。十五日天皇广播开始时，校内可以说是完全处于一触即发的紧张状态。

事实上，行动确实爆发了。当所有人集合在讲堂，收听正午的天皇广播时（上原大尉当时不在场），第三中队的区队长本乡英雄大尉与山村繁次大尉两人突然拔刀冲上讲台，劈裂了收音机。

“这个广播是君侧奸佞所为。为护持国体，我们应全体起义，向宫城进攻。”他们叫嚷道。对此，学生们齐声回应着“好”，继而陷入一片混乱。校长德川好敏中将等教官团们被拔刀相向的区队长们和学生们追赶，并被软禁在一个房间里。接着，在上原大尉和本乡大尉的指挥下，第三中队的二百名学生打开兵器库，一个个全副武装，乘坐两辆卡车，准备奔赴宫城。多亏了丰冈宪兵分队分队长柄泽勇太郎中将的机智，上京被制止了。学生们就那么全副武装地度过了几个小时，这一叛乱最终也随着时间的流逝而告终。

此后，上原大尉仍然没有放弃抗战的意愿，到处拼命寻找同伴。但志向不同，再加上因其负有斩杀森师团长的罪名，宪兵队下达了要求其出庭的命令。他或许想，与其活着受辱，不如死了为好。十九日凌晨两点，他在士官学校后面的航空神社前切腹，结束了年轻的生命，享年二十四岁。

前少佐窪田的战后

离开陆军大臣官邸后，窪田少佐便下落不明。据称，因事情失败，他曾坐在宫城前的草坪上，一度决心自杀。或许他和椎崎中佐、畑中少佐事先约好，最后在那里自尽。但当他看到了厚木航空队飞机分发的呼吁彻底抗战的传单时，却改变了主意。

关于其后的事情，秦裕彦曾直接采访过他，以下是窪田少佐的回忆内容：

“若阿南能奋起，那全军必将呼应。实在是太可惜了……看到传单后，我改变了主意，要把畑中没做完的事情继续下去。我藏身于近卫二连队的单身宿舍，聚集志同道合之人。

我认为护持国体的捷径在于活捉麦克阿瑟，将其作为人质，并为此制订计划。可是其他人纷纷脱队，最后只剩下我一个人了。稻叶中佐批评我说：‘你执念太深了！’

“后来，当我的后辈预科士官学校区队长本田中尉到来时，我决定孤注一掷，占领川口广播局，向全国国民呼吁……”

对于川口广播局的占领，如前所述，也被田中军司令官率领宪兵轻而易举地镇压了。窪田虽被宪兵逮捕，但不久后又被释放。因为陆军中央不把战败时的各种行动认定为犯罪。

窪田少佐参与了斩杀森师团长的事情公之于众时，距战后已过了三十多年。

最后一页

窗外，夜空中熊熊燃烧的焰火照亮了竹下中佐的侧脸。从八月七日以来，他一直记录着大本营机密战争日记，他在最后一页如下写道：

（昭和）二十年（一九四五年）八月十五日星期三

向次官阁下等人报告

十一点二十分，椎崎与畑中二君，在宫城前

（二重桥与坂下门中间的草坪）自尽。下午去收领尸体。

火化大臣、椎崎及畑中三人，守灵。

以上即为深爱祖国的投降经过。暂且就此搁笔。

后记

正好是三十年前的这段时间，我每天凌晨四点起来坚持写作。因为当时担任月刊杂志《文艺春秋》编辑部副主编一职，工作极其繁忙。哪怕是一天也没法休息。再加上书定在七月下旬出版，所以才如此拼命写作。每天早上坐在桌子前，我真切地感受到天亮得一天比一天早了。“窗外，黎明正悄悄来临。天空由漆黑变为浓灰，继而从灰色变为深蓝，缓慢地发生变化。”我把当时自己的实际感受写入了书中。如此一来，我终于得以在一九六五的夏天写完本书。

当时由于各种原因，该书以大宅壮一编辑，即当代第一记者的名义出版。除了这方面的原因，翌年，东宝将其改编为电影，令本书获得了众多读者的青睐。本次正值将其作为改定版再度出版之际，我想把这本书作为自己辞职后身为作家开辟门户的纪念。承蒙已故的大宅先生的夫人大宅昌允许，最后恢复了以我的名义出版。就如同对着长久分别的孩子，自报家门说“我就是你爸”一样，心里无比辛酸。

当然不光是这些感伤之事，最初出版时是三十年前，所以难免有几处错误。其中有些是因为马虎大意，有些是因为碍于当时的形势不得不隐瞒，如惨杀近卫师团长的实行者等。在经过勘误与增补的改定版出版之际，我想应明确其名义上的责任人。这也是原因之一。

本书的特点是直接向证人取证，重视实地调查。这在三十年前还是可能的。当然也查阅了那时出版的一些文献。不过，对于某些已成为定论的事情，仍然通过直接相关人员的证言进行了再度确认，不采用任何存有疑点的内容。虽然本次新增了所有已知的新内容，却不敢保证它已完美无瑕。由此，我切实体会到了正确书写历史的困难之处，更何况是书写持有不同说法的当事人所生活的当代史。

三十年前，我曾强行请求他们回忆往事，为此给他们添了麻烦。如今再次记录下那些人，一并附上采访当时他们的职务，以供参考。我想，如今他们大部分人都已与我们阴阳相隔。在此谨为他们祈祷冥福。

赤羽宏治郎（歌舞伎友会）、麻生孝雄（佐世保重工有限公司顾问）、安倍源基、荒川大太郎（协和电设有限公司社长）、池田纯久（东和有限公司顾问）、石川忠（宫内厅京都事务所所长）、石渡庄太郎、板垣彻（厚生省援护局次长）、稻留盛彦（田安商店董事）、稻叶正夫（防卫厅战史室）、入江相政（侍从）、岩田正孝（旧姓井田，电通总务部长）、宇田道夫（经营观光公司）、大桥八郎（前日本电信电话公社总裁）、大山量士（本名佐佐木武雄、亚细亚友之会理事长）、冈部长章（鹤见女子大学讲师）、尾崎喜男（神中压铸工业董事）、笕素彦（全国市町村职员共济组合联合会事务局长）、加藤进、加藤祐三郎、川本信正（运动评论家）、木村龙藏（NHK 中央研究所教授）、小沼治夫（电通印刷所社长）、近藤泰吉（东海广播有限公司）、佐野小门太（第一法规有限公司顾问）、柴田敏夫（《朝日新闻》评论委员）、铃木重丰（TAKAYA 电气有限公司董事）、铃木一（日本马术联盟会长）、周藤二三男（关东电波监理局监理部长）、清家武夫、曾我音吉（日本 HERMETICS 有限公司董事）、高嶋辰彦、清桥武治（日本广播顾问）、竹下正彦（陆上自卫队干部学校校长）、馆野守男（NHK 广播舆论调查所所长）、塚本清（塚本总业社长）、塚本诚（电通社长室室长）、德川义宽（侍从）、户田康英（东宫侍从长）、富冈定俊（史料调查会）、长友俊一（佐世保高工专门学校教授）、那须义雄（小松制作所）、滩尾弘吉（众议院议员）、野中俊雄（富士市社会福利协议会理事）、不破博（防卫厅战史室）、山岸重孝（日本大洋海底电线有限公司董事）、原百合子（现姓细田，主妇）、久富达夫、平井政夫（近畿大学教授）、古川勇（现名山本启四郎，海上自卫队幕僚长副官）、保科善四郎（众议院议员）、松本俊一（众议院议员）、三井安弥、皆美贞作（书道教授）、美山要藏（千鸟渊墓苑理事）、保木玲子（主妇）、柳泽恭雄（日本电波新闻有限公司社长）。

看着这份名单，我想起了杂志社好友安藤满与竹中巳之，分别帮我采访了横滨警备队相关人员与宫内省的相关侍从。虽然军部、政府及NHK等都是由我自己采访的，但如果没有他们两位的协助，本书就无法完成。在此，再次向他们表示由衷的感谢。此外，回想起在快来不及交稿时，竹内修曾给予我的巨大帮助，对此我心中充满了感激之情。

半藤一利

一九九五年五月二十一日